零碳社会

生态文明的崛起
和全球绿色新政

THE GLOBAL
GREEN NEW DEAL

The Collapse of the Fossil Fuel Civilization by 2028,
and the Rise of the Ecological Civilization

［美］杰里米·里夫金（Jeremy Rifkin）◎著

赛迪研究院专家组◎译

中信出版集团｜北京

图书在版编目（CIP）数据

零碳社会：生态文明的崛起和全球绿色新政 /（美）杰里米·里夫金著；赛迪研究院专家组译. -- 北京：中信出版社, 2020.4

书名原文：The Global Green New Deal: The Collapse of the Fossil Fuel Civilization by 2028, and the Rise of the Ecological Civilization

ISBN 978-7-5217-1249-0

Ⅰ.①零… Ⅱ.①杰… ②赛… Ⅲ.①世界经济—绿色经济—经济模式—研究 Ⅳ.① F113.3

中国版本图书馆 CIP 数据核字（2019）第 275161 号

The Global Green New Deal: The Collapse of the Fossil Fuel Civilization by 2028, and the Rise of the Ecological Civilization by Jeremy Rifkin
Copyright © 2019 by Jeremy Rifkin
Published by arrangement with Hodgman Literary LLC, through The Grayhawk Agency Ltd
Simplified Chinese translation copyright © 2020 by CITIC Press Corporation
ALL RIGHTS RESERVED

零碳社会——生态文明的崛起和全球绿色新政

著　者：[美] 杰里米·里夫金
译　者：赛迪研究院专家组
出版发行：中信出版集团股份有限公司
　　　　　（北京市朝阳区惠新东街甲 4 号富盛大厦 2 座　邮编 100029）
承　印　者：北京诚信伟业印刷有限公司

开　本：787mm×1092mm　1/16　印　张：17　字　数：216 千字
版　次：2020 年 4 月第 1 版　印　次：2020 年 4 月第 1 次印刷
京权图字：01-2019-4643　广告经营许可证：京朝工商广字第 8087 号
书　号：ISBN 978-7-5217-1249-0
定　价：69.00 元

版权所有·侵权必究
如有印刷、装订问题，本公司负责调换。
服务热线：400-600-8099
投稿邮箱：author@citicpub.com

谨以此书献给

卡罗尔

THE GLOBAL GREEN NEW DEAL

谢谢你建议我写这本书
和往常一样,你总是比我先想到

目 录

推荐序　向零碳社会转型已刻不容缓 / 何建坤　V
自　序　三巨头　IX
前　言　XVII

第一部分
大转型：脱钩风起，化石燃料资产遭遇搁浅

第一章　基础设施是重中之重
第三次工业革命的范式　003
连点成线　011
基础设施应该归谁所有？　018
谷歌的治理与矫正方法　023

第二章　人民的动力：免费的太阳能和风能
欧盟政治活动家怎样推出绿色新政　031
信息通信技术与通信互联网　035
可再生能源互联网　038

第三章　零碳生活：无人驾驶电动汽车、物联网节点建筑与智能生态农业

边际成本接近于零的交通　053

物联网节点建筑　063

为美国劳动力走进绿色时代做好准备　068

智能生态农业　070

弹性时代　074

第四章　转折点：2028年前后，化石能源文明崩溃

2020年的"20-20-20"目标　077

大转型：跨过绿色线　081

错过警告　086

北美视而不见　091

黑金的诅咒　098

金融界敲响警钟　100

第二部分
从废墟中崛起的新政

第五章　唤醒巨人：养老金打破沉默

颠覆马克思的观点　108

从理论到实践：革命开始　119

第六章　经济转型：新社会资本主义

社会责任投资成为焦点　130

成本几何？　134

资金从何而来？　143

收回基础设施　149
　　能源服务公司：绿色新政的商业模式　153

第七章　动员社会：拯救地球上的生命

　　欧洲新目标　164
　　像一个物种一样思考　168
　　发展中国家的绿色新政　171
　　全球数字泛大陆　175
　　超越看不见的手　176
　　绿色新政的23点重要倡议　177
　　代表大会制度　183

致　谢 195

参考文献 197

推荐序　向零碳社会转型已刻不容缓

赛迪研究院于2014年翻译了杰里米·里夫金先生的著作《零边际成本社会》，里夫金对工业革命敏锐的洞察、深刻的剖析、创新的观点及具有颠覆性的预言，在国内引起了强烈的反响和启发。赛迪研究院也因此与他结缘，并赢得他的信任，建立了合作关系。今年，里夫金先生的新作《零碳社会：生态文明的崛起和全球绿色新政》问世，赛迪研究院再次进行翻译，将其在绿色新政方面的最新思想与中国读者分享。

随着极端天气事件的频发，应对全球气候变化已是国际社会的共识，世界各国纷纷采取减排行动，多措并举，应对全球共同的挑战。但自2015年联合国气候大会通过《巴黎协定》以来，世界各国的减排承诺和效果距实现控制全球温升不超过2℃并努力控制在1.5℃以下目标的减排路径尚有很大缺口。联合国最新发布的《2019年排放差距报告》再次为世人拉响警报：如果全球温室气体的排放量在2020年至2030年之间不能以每年7.6%的水平下降，世界将失去实现1.5℃温控目标的机会。

虽然我们已经掌握了减排技术和相关政策知识，但如果不采取严厉且坚决的措施及早扭转排放趋势，我们就只能继续目睹更多灾难性、致命性的极端气候事件的发生。

今后二三十年将是气候行动的关键时期，我们需要即刻行动，在全球经济、社会和生活等诸多方面进行人类历史上前所未有的转型。

在美国，特朗普政府气候政策的逆行引发广泛争议。面对全球危机，美国年青一代正引领一场关于"绿色新政"（Green New Deal）的全国性对话，呼吁制定美国的绿色新政，向零碳社会转型，应对全球气候变化，同时创造新的绿色企业和就业机会。在刚刚闭幕的马德里《联合国气候变化框架公约》第25次缔约方大会（COP25）上，欧盟委员会宣布了其欧洲绿色新政（European Green Deal），到2050年实现净零碳排放，使欧洲成为世界上"第一个实现碳中和的大陆"。

关于"绿色新政"的理念，学术界、产业界都已经讨论了很多，但迄今为止，观点都比较零散、传统，人们还没有找到完成这一使命的清晰且系统的实现路径。《零碳社会：生态文明的崛起和全球绿色新政》这本书的问世，则正当其时，可为推动全球应对气候变化、促进经济转型、创新绿色新能源文化、建设零碳社会发挥积极的促进作用。

《零碳社会：生态文明的崛起和全球绿色新政》作者从分析碳泡沫的出现和化石燃料资产遭受搁浅开始，挖掘深层次原因并剖析绿色经济转型的必要性，进而提出绿色政治的愿景，为我们阐述了在这一历史关键时刻所需要的绿色新政，将有助于人们打消能否在短短二三十年内实现如此大规模经济转型的疑虑。

作者大胆预言，由于化石燃料工业文明的崩溃，碳泡沫将是人类历史上最大的经济泡沫。至于其原因和防范措施，希望读者在阅读本书之后会有所启迪。

应对全球气候变化已迫在眉睫，我们这一代人需要担负起时代的使命，在沟通交流、能源、交通、制造、建筑、工业、农业和日常生活等方方面面，践行绿色新政，控制和减少温室气体排放，扭转全球气温升高的趋势，使世界迈入更加美好的零碳时代，促进人类社会形态由工业文明向生态文明转型，实现人与自然的和谐发展。

何建坤

清华大学原常务副校长

清华大学气候变化与可持续发展研究院学术委员会主任

国家气候变化专家委员会副主任

2019 年 12 月 19 日

自　序　三巨头

为了应对气候变化，拥有 5.08 亿人口的欧盟长期以来一直倡导零排放绿色经济。近年来，拥有近 14 亿人口的中国也在大力推动后碳时代转型计划，在这一领域大放异彩。拥有 3.27 亿人口的美国则正准备加入。如果没有这三巨头并驾齐驱，共享最佳经验，制定通用的准则、法规、标准和激励措施，共同带领其他国家参与其中，那么在不到 20 年的时间里实现零碳文明的宏图大志必将无法达成。

在与欧盟和中国领导层合作的过程中，我发现双方政府在解决气候变化的问题上做法一致。它们都明白，第二次工业革命基础设施和正在消亡的化石燃料文明密不可分，而第三次工业革命基础设施则旨在管理零排放的绿色后碳经济和社会。因此，当务之急就是确保各个部门和行业与第二次工业革命基础设施迅速脱钩，再与新兴的第三次工业革命基础设施重新整合。欧盟称第三次工业革命为"智能欧洲"，而中国称其为"中国互联网+"，其实双方的计划相似。尽管双方存在争吵和分歧，偶尔还会互相猜疑，但是双方政府的立场相同。

首先不要忘记，欧盟是中国最大的贸易伙伴，中国是欧盟的第二大贸易伙伴，并且可能很快成为最大的贸易伙伴，因此两大巨头绑定在共同的商业领域内。[1] 其次，欧盟和中国都位于从上海延伸至鹿特丹港的欧亚大陆上，在世界上最大的连续地理空间中紧密相连。再次，欧盟和中国都无比清楚自己此刻在世界历史中的责任：应对气候变化和保护地球上的生命。另外，欧盟和中国都在向境外伸出援手，帮助其他地区进行后碳文明转型。最后，中国已经发起"一带一路"倡议，走在世界前列。在连接中国、亚洲、西方的古代丝绸之路的启发下，中国于2013年提出该项倡议。[2]

　　在2019年举办的第二届"一带一路"高层论坛上，习近平主席正式将"一带一路"升级为"绿色一带一路"。该倡议的愿景是，建设21世纪的智能化数字基础设施，连接整个欧亚大陆，形成历史上最大的一体化商业空间。该倡议不仅是与传统基础设施投资相结合的全球贸易新倡议，以确保充足的运输和物流走廊，加快欧亚供应链和市场的贸易，更是中国方面计划建立的"生态文明"更广泛的哲学议程的一部分。[3]

　　2012年，中国将"生态文明"写入宪法，作为"十二五"规划及后续所有"五年规划"的主题，表明中国的执政策略和世界观发生重大转变。在实践中，中国政府规定，中国未来的经济规划和发展必须坚持与自然和谐相处的指导原则，并遵循地球运行机制。

　　生态文明不仅是中国国内政策的核心，也是"一带一路"倡议的核心。这一愿景将中国从地缘政治世界观（在19世纪、20世纪的第一次和第二次工业革命的化石燃料文明中主导国家政治）带入生物圈世界观（在21世纪第三次工业革命生态时代来临之际，越来越多地指导国际事务）。

然而，这并不意味着传统的地缘政治会随着"一带一路"倡议突然消失。中国、欧盟各国、美国和世界其他国家之间地缘政治和生物圈的政治斗争，将在21世纪长期存在。但可以肯定的是，与化石燃料文明相结合的地缘政治世界观正在消亡，而生态文明的生物圈世界观正在兴起，后者代表人类旅程的下一阶段。格局更大的绿色愿景、叙事和转型已经在中国和欧盟各国出现，美国和全世界其他国家现在则刚刚起步。

2018年9月，欧盟委员会和外交与安全政策联盟高级代表发表联合通讯——《连接欧洲和亚洲的战略》，概括了欧盟创建欧亚大陆无缝智能基础设施的思路。欧盟明确表示，要向中国的"一带一路"倡议学习，努力帮助欧亚大陆的社区和国家，重点建设智能化数字网络，将电信和互联网的连接、可再生能源的加速发展、运输脱碳和交通数字化、现有建筑能源效率的优先级和第三次工业革命的所有其他基础设施要素等结合起来。[4]

2019年7月，欧盟委员会新任主席乌尔苏拉·冯德莱恩（Ursula von der Leyen）宣布，在欧洲开展"绿色新政"将成为其任期内的核心工作和管理内容中的最高优先事项，并承诺大幅加快欧洲向零排放后碳生态时代过渡的步伐。她还承诺，欧盟28个成员国将采取前所未有的整体财政计划和措施，在更大范围内建设无缝零排放智能基础设施，以期在联合国气候变化专门委员会提出的最后期限之前，在未来12年内将二氧化碳排放量在2010年的水平上减少45%。[5]

欧盟的联合通讯指出，欧亚大陆智能基础设施的数字化连接要想获得成功，须本着"公开透明"的原则，制定所有参与国普遍接受的准则、法规、标准、激励和处罚措施，从而在全球最大的陆地上部署一体化智能绿色商业空间。

不单单是欧盟和中国,现在美国的两个重点州——加利福尼亚州和纽约州,都开始调整投资策略,力图与化石燃料文明脱钩,并与新兴的可再生能源、可持续技术和新兴生态文明的弹性商业模式再结合。

一个新的、强大的、未使用的资本投资来源和配套的部署机制正在出现,并且可以迅速推动这些经济体和世界其他地区实现充满活力的绿色文化转型。金融界、政府和企业正在觉醒的巨大潜力在于高达41万亿美元的养老基金,截至2018年,这些资本已经聚集为世界上最大的资金池。觉醒后的金融界、政府和企业很可能在扩大绿色第三次工业革命经济和可持续21世纪社会的规模方面发挥关键性作用。

欧盟成员国、现在掌握先机的美国城市和各州以及世界其他地方政府正在迅速将数万亿美元的养老基金从垂死挣扎的化石燃料相关产业和基础设施中剥离出来,并积极将这些基金投资于构建后碳经济的新兴可再生能源和可持续的技术和企业。

目前看来,中国也已经将目光投向养老基金的潜在影响,希望创建一种"良性循环",能够同时完成以下三大国家重点目标,并使其相互促进。第一,建立长期个人财务保障:优先考虑通过一项经过修订的国家养老基金计划,在21世纪中叶之前的几十年内为数亿退休人员提供财务保障。第二,促进经济和社会繁荣:将这些退休基金用于建设强大的新型后碳绿色基础设施,从而推动强劲稳健、生产率高的"互联网+"经济,创造丰沛的收入,以实现"全面建成小康社会"的中国梦。第三,发展生态弹性:建设零碳生态文明,保障人类的未来,保护地球生命。这三大重点目标相互关联、相互促进,是中国21世纪未来经济计划的核心,也是世界其他地区在相关方面的建设蓝图。

为了实现相互促进的三大国家重点目标，中国正在着手整合绿色发展基金，并发行中国养老基金和全球养老基金都可购买的绿色债券。筹集的资金可以投资于建设和管理21世纪"互联网+"绿色基础设施，创造收入流，从而推动三大国家重点目标的实现。

此外，中国也在逐步建立和发展一种相对较新的商业模式——能源服务公司。能源服务公司过去一直处于全球经济的边缘，但现如今，这一模式将逐步取代整个化石燃料时代传统资本主义市场中使用的交易型商业模式。在一定程度上，能源服务公司用智能合作网络中的供应商和用户取代了传统资本主义市场中的卖方和买方。在这种新型后资本主义模式中，私人能源服务公司将承担为"互联网+"第三次工业革命基础设施的建设融资的责任，并有机会进行与之相关的许多商业实践。它们的投资回报完全依赖于保障充足的能源节约和能源生产以及跨越经济价值链的总效率，而新的生产性资产的所有权以及总效率提高带来的所有未来生产力仍然掌握在用户手中，无论它是企业、业主，还是负责公共事业和服务的政府机构。

能源服务公司模式在20世纪80年代起源于美国，而这一模式在中国90年代末开始被应用，并在"十五"（2006年至2010年）计划之后发挥主导作用，确立为后资本主义时代的一种新型商业实践模式。养老基金基本投资于银行等金融机构发行的绿色债券，然后被能源服务公司用于为中国"互联网+"基础设施建设和绿色"一带一路"倡议提供资金，这将成为中国推进中国梦的实现、帮助其他国家建设和发展生态文明的必由之路。（这一经济、社会和环境策略在第六章中有更加详细的讨论。）

中国、欧洲以及美国的加利福尼亚州和纽约州，对于从化石燃料文明撤资、重新投资生态文明至关重要。这几大超级巨头的转型之旅已经走了很远。尽管有批评家认为，中国仍然会把资金投入"一带一路"沿线与化石燃料相关的基础设施之中，但是中国正在快速转向构成第三次工业革命模式的可再生能源、智能电网和电动运输网络。

2017年5月，中华人民共和国环境保护部（现更名为生态环境部）、外交部、国家发展改革委和商务部联合发布《关于推进绿色"一带一路"建设的指导意见》，作为"一带一路"倡议的基础，目标是推动各个国家、地区、地方通过全球合作建设生态文明。中国说到做到，在亚洲各地开展大规模的绿色基础设施项目建设。[6]

我曾参加过中国国家发展改革委、国务院、中科院和工信部推进绿色"一带一路"倡议的几次早期讨论，并与中国领导层分享我们在欧盟委员会以及欧盟各成员国和地区的第三次绿色工业革命转型中的努力和计划。2017年，我应中国工信部的要求，为《数字丝绸之路："一带一路"数字经济建设的机遇与挑战》作序。这项政府计划预期投资超过1万亿美元，旨在帮助欧亚大陆各国和地区实现数字连接的绿色零排放基础设施转型。[7]

从人类处理经济事务、社会生活和治理方式的角度来看，将全球范围内的人类家庭通过数字化智能基础设施连接起来意义非凡。但是，人们也越来越担心甚至害怕，中国可能利用这一历史时机出资建设智能基础设施，并将其用于监督和干预，控制大部分人的生活。从我在中国的经验来看，我认为中国意不在此。就算中国存在这样的企图，只要"一带一路"沿线的地方、地区和国家从一开始就谨慎行事，确保辖区内基础设施的建设及其后续的所有权和管理处于自己政府的严格控制之下，那么任何企图都会失败。

我们还要记住，第三次工业革命数字化基础设施的本质正是倾向于分布式控制而不是集中式控制。只有开放透明而非封闭私有，才能实现网络效应；只有横向扩展而非纵向扩展，才能让总效率和循环性达到最佳水平。平台设计要考虑灵活性和冗余性——在气候变化的世界中建设地区弹性的两个关键要素。

如果任何国家或叛变组织有监视、控制、破坏或摧毁网络的企图，终端用户只需在自己的系统中安装便宜、简单的技术组件，家庭、街区、社区、企业、地方政府、地区政府在接到通知后可以马上脱离电网，先分散，然后再重新集结。如果全球的各个社区都脱离欧亚电网或全球电网，独自在自己的街区和周边社区开发利用太阳能和风能，那么任何超级大国都没有可能威胁数百万社区的几十亿人。

人类正迈向数字互联的全球本地化绿色世界。欧盟和中国目前一路领先。美国需要参与进来。三巨头要开始合作，建立安全保障，确保实现绿色新政转型。生物圈时代的政治必然是以准则、法规、操作标准为中心，以保障新兴数字基础设施和配套网络的透明度，并始终关注各地区把基础设施作为公共场所进行管理的自由。

最后一点，如果这三巨头不能抛开地缘政治，开始逐步走向生物圈式合作，认识到我们是濒危地球上的濒危物种，那么人类注定会走向灭亡。虽然我们的国家和信仰不同，但是气候变化正迫使我们第一次把自己当作"同一个濒危物种"。我们要接受这个新现实，用前所未有的共同纽带把人类团结起来。

对此，年青一代已经深有体会。他们紧盯着环境方面可能存在的巨大分歧，不在乎冷酷务实甚至愤世嫉俗的长辈们所说的"绿色新政不切实际""生活就是一场零和游戏"。在这个历史性时刻，我们要彼此信任，超越政治界限，开始把自己和他人视为同一个物种。

前　言

我们正面临全球危机。科学家们表示，由于人类燃烧化石燃料而引起的气候变化，已经使人类和其他生物面临地球上第六次大规模的生物灭绝，但是世人甚至对此毫无所觉。联合国的科研机构——政府间气候变化专门委员会于2018年10月发出严重警告：温室气体排放量正在加速上升，一系列更严重的气候事件一触即发，地球上的生命正在遭受威胁。政府间气候变化专门委员会估计，人类活动已经导致气温较工业化时代之前上升了1℃。他们同时预测，如果升温超过1.5℃的临界值，反馈循环将失控，进而引发一连串的气候变化事件，严重破坏地球生态系统。[1] 我们今天熟悉的生活，将一去不复返。

哈佛大学著名生物学家爱德华·威尔逊（Edward Wilson）说："人类活动导致物种灭绝的速度不断加快，到21世纪末足以使一半以上的物种灭绝。"届时，今天蹒跚学步的孩子已经步入老年。[2] 地球上一次经历如此规模的生物灭绝是6 500万年前。[3] 政府间气候变化专门委员会的结论是，要避免环境危机，我们就必须保证温室气体的排放量较2010年的水平下降45%，实现这一目标的时间只有12年。⁴这需要全球经济、社会和生活方式进行人类历史上前所未有的转型。换言之，人类要在极短的时间内，彻底改变文明的方向。

2018年11月美国大选期间，警钟敲响了。为了应对气候变化，同时创造新的绿色企业和就业机会，确保更加公平地分配生活成果，年青一代的美国国会议员来到华盛顿和众议院，强烈要求美国经济从根本上进行转型。11月，"日出运动"的年轻抗议者冲进国会大厅，在即将成为众议院议长的南希·佩洛西（Nancy Pelosi）和即将成为众议院多数党领袖的斯坦尼·霍耶（Steny Hoyer）的办公室里静坐示威。国会当选女议员亚历山大·奥卡西奥－科尔特斯（Alexandria Ocasio-Cortez）也加入了抗议者的行列。

奥卡西奥－科尔特斯呼吁，在新一届众议院成立专门委员会，负责制定美国的绿色新政。该委员会将在一年内制订应对气候变化的工业计划，10年内实现经济基础设施的去碳化，创造新的商业机会，在新兴绿色经济中雇用几百万弱势工人。这项具有"雄心壮志"的提议远非美国各市、县、州迄今为止的任何提议可比。⁵新一届的国会领导层对这项提议含糊其词，虽然最终成立了专门的气候危机特别委员会，但是该委员会几乎没有采取行动的权力。

与此同时，2019年2月7日，众议院的奥卡西奥－科尔特斯和参议院的埃德·马基（Ed Markey）提出的绿色新政，现已得到103名国会议员的支持，其中包括伯尼·桑德斯（Bernie Sanders）、卡马拉·哈里斯（Kamala Harris）、科里·布克（Cory Booker）、伊丽莎白·沃伦（Elizabeth Warren）和基尔斯滕·吉利布兰德（Kirsten Gillibrand）等民主党主要总统候选人。⁶民主党内有希望参选总统的朱利安·卡斯特罗

（Julián Castro）和贝托·欧洛克（Beto O'Rourke）也对绿色新政表示支持。前副总统阿尔·戈尔（Al Gore）和南本德市市长皮特·布蒂吉格（Pete Buttigieg，另一位民主党总统候选人）等全国各地共300名州政府官员和地方政府官员也都支持绿色新政。毫无疑问，激励着进步政治家和年轻选民的绿色新政将成为2020年总统大选的核心主题。

当选官员们已经感受到公众舆论的巨大转变，气候变化问题从鲜为人知迅速成为美国人民关心的核心问题。全美蓝红各州的个人、家庭、工人和企业都因为气候剧烈变化，以及因其导致的日益恶化的影响而感到恐惧，这将造成多地遭受财产损失、商业循环中断乃至人员伤亡。

耶鲁大学气候变化交流项目和乔治·梅森大学气候变化传播中心于2018年12月进行的一项民意调查发现：73%（自2015年以来提高10个百分点）的受访者认为全球正在变暖；近一半（46%，自2015年以来提高15个百分点）的受访者表示其已经受到全球变暖的影响。此外，48%（自2015年以来提高16个百分点）的美国人认为，美国人民"正在遭受全球变暖的危害"。最令人不安的是，绝大多数美国人认为，全球变暖正在危害全世界的穷人（67%）、动植物（74%）和下一代（75%）。[7]

过去十年间，灾难性气候事件越来越多，国民情绪也随之转变。气候变化之所以如此可怕，是因为它将破坏地球的水圈，而水圈对维持生命至关重要。地球也可以被称为水球，我们的生态系统经过几十亿年的进化，与通过云层在全球循环的水密不可分。可问题就出在这里。温室气体排放量增加会导致地球温度升高，每升高1摄氏度，空气的持水能力就提高约7%，从而导致降水更加集中，极端降水事件增多：[8]冬季严寒，降暴雪；春季爆发大洪水；夏季长期干旱，发生可怕的野火。地球上的生物群落在11 700年前的上一个冰河时代结束后，一直与相当有规律的水文循环同步发展，但是它们已经跟不上目前地球水文循环的失控速度，时刻处于崩溃之中。[9]

因此，与20世纪30年代帮助美国摆脱大萧条的罗斯福新政相似，2018年大选后的调查显示，应对气候变化的绿色新政也获得了美国所有政治派系的选民的广泛支持。

绿色新政"将在未来10年内实现100%用清洁可再生资源发电，升级全国电网、建筑和交通基础设施，提高能源效率，投资绿色技术的研发，为新绿色经济提供就业培训"。92%的民主党人支持绿色新政，其中，该政策在自由派中的支持率为93%，在中间偏保守派中的支持率为90%。也有64%的共和党人支持绿色新政提出的政策目标，其中，该政策在中间偏自由派中的支持率为75%，在保守派中的支持率为57%。88%的独立派别也表示支持绿色新政。[10]

民主党、共和党和独立派别对绿色新政的广泛支持表明，美国政治潜在的分水岭将对2020年及以后的总统选举产生深远影响。对数百万美国人来说，气候变化不再仅仅是学术问题和长期政策问题，而是可怕的现实。他们意识到，美国和全世界即将走入史无前例的、令人痛苦的未来。

胆战心惊并积极行动的，不是只有美国人。2019年1月，在瑞士达沃斯举行的世界经济论坛年会上，各国首脑、《财富》500强企业的首席执行官和亿万富翁等全球精英齐聚一堂，对科学家提出的严重警告进行讨论。关于气候变化对经济、企业和金融的影响成为公开会议和私人谈话的主题。对与会者的调查显示，在造成经济损失最大的五大风险中,气候问题占了四项。[11] 英国《金融时报》的吉利恩·泰特(Gillian Tett)报道,"达沃斯会议的与会人士非常担心极端天气事件越来越多",而且他们一致认为,"全世界还没有形成有效的应对机制"。[12]

在达沃斯世界经济论坛举行的同时,27 位诺贝尔奖获得者、15 位前总统经济顾问委员会主席、4 位美联储前主席和 2 位前财政部部长,也一起紧急呼吁美国政府制定碳排放税,他们认为这是减少二氧化碳排放,鼓励企业转向零碳时代的新型绿色能源、技术和基础设施的最佳和最快手段。作为代表,哈佛大学名誉校长、前财政部部长拉里·萨默斯(Larry Summers)称:"气候变化问题的严重性凝聚了人心,搁置了分歧。原本几乎没有共识的人似乎在这一点上也能达成一致。这很不寻常。"[13]

他们表示,拟议的碳排放税将发出"强有力的价格信号,利用市场这只看不见的手,引导经济主体走向低碳未来,促进经济发展"。他们建议,碳排放税"应逐年增加,直到实现减排目标;并且为了避免政府陷入规模之争,不应因收入差异而有不同",因为"碳价格的持续上涨将鼓励技术创新和大规模基础设施建设,并加快向低碳、零碳商品和服务转型"。该提案旨在"尽可能提高不断上涨的碳排放税的公平性和政治可行性"。税收产生的所有收入将"通过平等的一次性退税直接返还给美国人民",从而使"包括最弱势家庭在内的大多数美国家庭,通过获得高于能源价格的'碳红利',在经济上受益"。[14]

强烈呼吁绿色新政的不是只有美国人。十多年前,一场类似的应对气候变化的运动曾席卷整个欧盟。该运动也被称为绿色新政,并且激发了越来越多的积极分子参与其中。之后,"绿色新政"这一名称得以保留,迄今仍是欧盟各成员国强有力的集会口号,也是2019年欧盟委员会新主席和欧洲议会议员选举的核心主题。

2019年3月15日,100多万名Z世代学生与千禧一代的前辈一起史无前例地罢课一天,他们走上街头参加了128个国家的2 000多场示威游行,抗议政府应对气候变化的不作为,要求全球向绿色后碳时代转型。[15]

尽管政治各界普遍认为向零碳社会转型是一个难题,但是我们并非无路可走,总有办法可以阻止气温再上升可能毁灭地球生命的0.5摄氏度,给我们重新调整人类与地球关系的机会。

可能的办法之一就是迅速上线太阳能、风能及其他可再生能源。全球最大的独立投行之一的拉扎德投资银行在2018年11月进行的研究表明,公用事业规模的太阳能发电厂的平准化度电成本已降至36美元/兆瓦时,风力发电厂已降至29美元/兆瓦时,"比效率最高的燃气电厂、燃煤电厂、核反应堆都低"。[16] "平准化度电成本是指在项目生命周期内,用建造和运营发电资产的平均总成本除以其发电量现值得到的经济评估指标。"[17] 未来8年内,太阳能和风能将比化石燃料能源便宜很多,从而迫使化石燃料行业与可再生能源行业决一死战。[18]

为能源业服务的伦敦智库"碳追踪计划"公开的报告称,太阳能和风能发电价格的骤降"将不可避免地导致企业产生数万亿美元的搁浅资产,重创无法自我改造的产油国",同时"使忽视能源转型速度的无经验投资者面临数万亿美元的资金风险"。[19] "搁浅资产"是指由于需求下降,与化石燃料文明紧密结合的管道、海洋平台、储存设施、发电厂、备用发电厂、石化加工厂以及其他产业被废弃之后,留在地下的所有化石燃料。

由于信息通信（电信）、电力、交通运输及建筑等引发全球变暖的四大责任行业开始与化石燃料脱钩，转向采用更便宜的绿色新能源，幕后的激烈斗争可能将导致化石燃料"约100万亿美元的资产面临'碳搁浅'"。[20]

碳泡沫是人类历史上最大的经济泡沫。过去24个月的研究和报告（来自全球金融界、保险业、全球贸易组织、各国政府以及能源、交通运输和房地产等行业的许多大型咨询机构）表明，随着关键行业放弃化石燃料，转向更便宜的太阳能、风能等可再生能源和随之而来的零碳技术，化石燃料工业文明的崩溃，可能会发生在2023年至2030年。[21] 目前是全球产油大国的美国，将陷入太阳能和风能价格骤降与石油需求见顶、石油业搁浅资产增多的夹击之下。[22]

正在出现的大转型在很大程度上是市场主导的，这一点需要明确。各国政府只有紧跟市场，否则将面临后果。率先扩大新一轮零碳第三次工业革命的国家将保持领先地位。不能紧跟市场力量采取行动、继续停留在濒临崩溃的20世纪化石燃料文明中的国家，将会举步维艰。

毫不奇怪，一场从石油业撤资、投资可再生能源的全球运动正迅速壮大。不确定因素可能是超过40万亿美元的全球养老基金，其中美国劳动者的养老基金总量约为25.4万亿美元。[23] 截至2017年，养老基金是全世界最大的资金池。如果养老基金继续投资于化石燃料业，那么等到碳泡沫破灭之际，数百万美国劳动者的经济损失将难以估量。

金融界刚刚开始一场深度对话，讨论主题为是否要继续投资数万亿美元以支持化石燃料业，还是选择放弃，转而投向绿色新能源，以及美国和世界各地建设和扩大新型绿色基础设施带来的新商机和就业机会。在这场正成为资本主义历史上最大规模的撤资/投资运动中，以全球养老基金为首的许多机构投资者已经开始将资金从化石燃料业撤出，投向可再生能源。迄今为止，包括最大的一些城市和工会在内，37个国家的1 000多个机构投资者已经承诺从化石燃料业中撤出8万亿美元资金，投入实现零碳未来的绿色能源、清洁技术和商业模式。[24]

全球绿色新政运动兴起的同时，碳泡沫的出现和化石燃料业的资产搁浅，为基础设施在未来20年内可能会转型进入近零碳生态时代打开了一扇窗。尽管绿色新政的呼声正迅速高涨，但是拥护者和支持者清楚，迄今为止，人们还没有找到完成这一使命的清晰的"工业革命"道路。本书将分享我在过去20年中，在欧盟及最近在中国的经验，帮助欧中各国政府为零碳第三次工业革命做好绿色新政转型准备。我希望并期待在美国各地蔓延的绿色新政草根运动，将有利于美国打造第三次工业革命的绿色后碳基础设施，从而缓解气候变化，创造更公正、更人道的经济和社会。

就我个人而言，我想打消一些人对绿色新政及能否在短短20年内实现如此大规模经济转型的疑虑。我合作过的全球企业和行业（电信、电力、交通运输、建筑和房地产、先进制造业、智慧农业和生命科学、金融界）都清楚，转型是可以实现的，而且我们已经开始在世界各地落实这些工作。

我想对认为绿色新政不切实际的美国民选官员说，欧盟和中国政府都相信，他们可以在一代人的时间内完成这一大规模变革。他们此刻就在做这件事，而美国已经落于人后。现在，美国该放开眼光，让全世界看看美国人一旦下定决心实现新的愿景,将能做到什么——这次是为了美国、全人类、其他生物和我们共同的星球实施绿色新政。我希望美国与欧盟和中国一道,引领世界进入零碳生态时代。

历经200多年的考验、磨难、挑战和机遇,美国的标志精神——"能干就撸起袖子干"的乐观主义,从始至终都深深根植于美国人的文化基因中。现在,新一代美国人将踏上全国乃至全球舞台,承担起人类历史上前所未有的使命。绿色新政还有很长的路要走,并将继续得到人们的广泛支持,特别是40岁以下的人群的支持——这些数字原生代人已经做好准备,渴望在未来几十年里给美国打上他们的烙印。

第一部分

大转型：脱钩风起，化石燃料资产遭遇搁浅

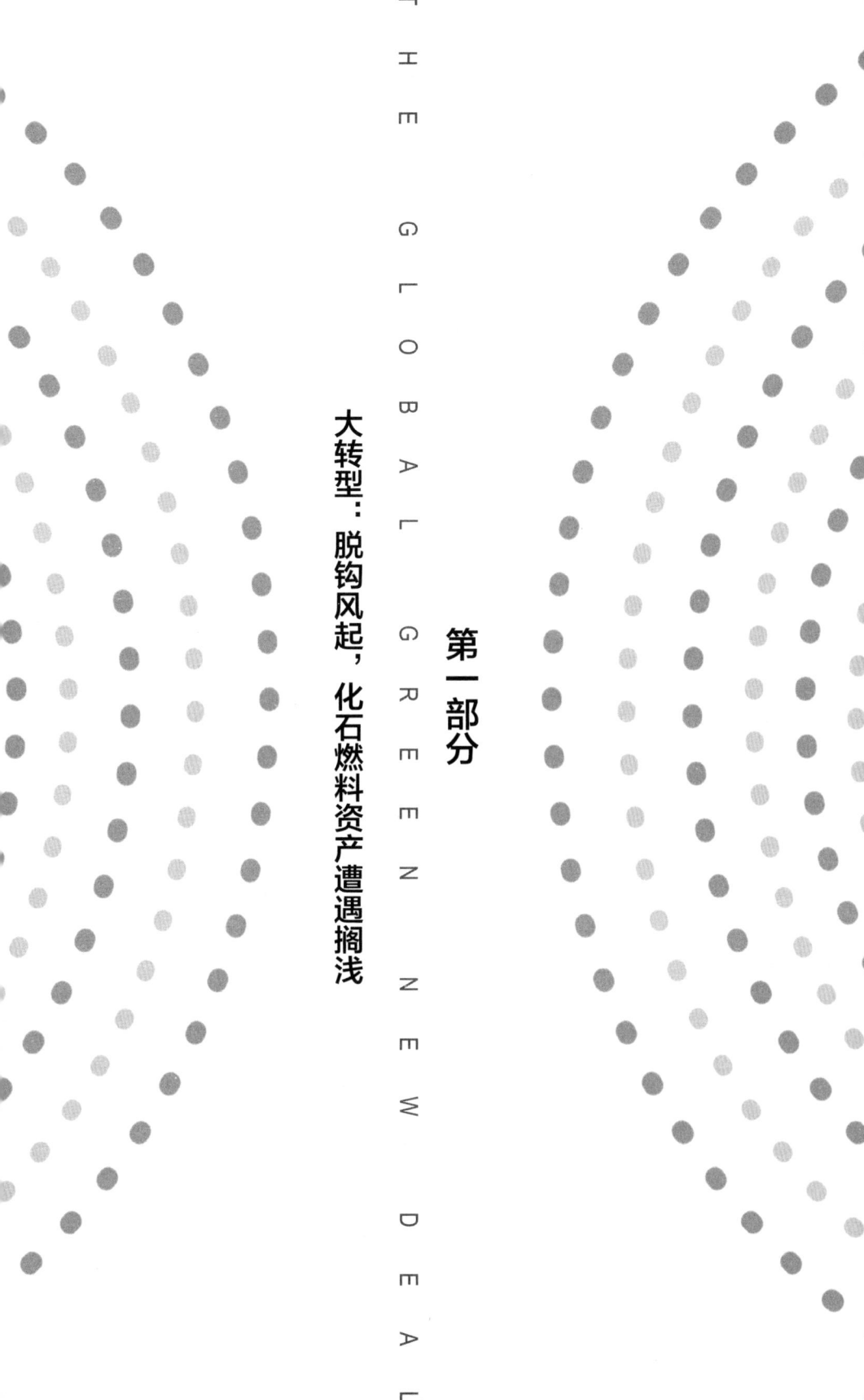

THE GLOBAL GREEN NEW DEAL

第一章
基础设施是重中之重

我们要为美国和世界树立绿色新政的经济愿景。这一愿景对大小城市和农村社区必须都有吸引力,必须都可以执行。如果我们要赶在最后期限前使全球经济脱碳,并用绿色电力和配套的可持续服务为其重新注入活力,那么就必须在20年左右的时间内迅速部署,扩大规模。现在,我们应该退一步问:"历史上的经济模式大转型是如何出现的?"如果知道了这个问题的答案,各国政府就可以制定路线,实施绿色新政。

第三次工业革命的范式

历史上的重大经济转型都有一个共同点,即通信媒介、能源和运输系统这三大要素缺一不可,各要素间相互作用,以确保系统的整体运行。没有通信,人们就无法管理经济活动和社会生活;没有能源,经济活动和社会生活就没有动力；没有运输和物流，经济活动和社会生活就无法正常流转。这三大运营系统共同构成了经济学家所称的通用技术平台（全社会的基础设施）。新型通信、能源和交通基础设施也改变了社会的时间/空间观念、商业模式、治理模式、建设环境、生活环境和叙事身份。

19世纪，由蒸汽驱动的印刷机和电报机、丰富的煤炭资源和国家铁路系统的火车结合起来，形成了管理、驱动社会和推动社会流转的通用技术平台，从而引发了第一次工业革命。20世纪，电力、电话、广播、电视、廉价的石油和国家公路系统的内燃机车紧密结合，为第二次工业革命创造了基础设施。

现在，我们正处于第三次工业革命之中。在嵌入商业建筑、住宅和工业建筑中的物联网平台上，数字化通信互联网融合数字化可再生能源互联网（由太阳能和风能驱动）和数字化交通运输互联网（由绿色能源驱动的无人驾驶电动汽车和燃料电池汽车组成），将改变21世纪的社会和经济。

传感器会与每一件设备、器具、机器和专用工具相连接，在延伸到整个全球经济的数字神经网络中，它把万物和人连接起来。目前，已经有数十亿个传感器被连接到资源流、仓库、道路系统、工厂生产线、输电网、办公室、住宅、商店和车辆上，不断监测其状态和性能，并将大数据反馈给新兴的通信互联网、可再生能源互联网和交通运输互联网。到2030年，全球分布式智能网络中连接人类和自然环境的传感器的数量可能达到数万亿。[1]

连接人和万物的物联网，可以带来巨大的经济效益。在不断扩大的数字经济中，个人、家庭和企业在家中或工作场所都可以连接物联网，访问万维网上影响其供应链、生产服务以及社会生活方方面面的大数据。然后，它们可以通过自己的分析，挖掘这些大数据，创建自己的算法和应用程序，提高总效率和生产率，减少碳足迹，降低生产、配送、消费商品和服务及回收废弃物的边际成本①，使自己的企业和家庭在新兴的全球后碳经济中更环保、更高效。

绿色数字经济中，有些商品和服务的边际成本甚至将接近于零，这会迫使资本主义制度发生根本性改变。经济学理论教导我们，最优市场是企业以边际成本作为销售价格的市场。企业应当被鼓励引进新技术和其他效能，以降低生产和销售商品、服务的边际成本，从而降低销售价格，赢得市场份额，为投资者带来足够的利润。

然而，经济学家从来没想过，在商品和服务的生产和交付中，最终可能会出现一个超级高效的通用技术平台，导致经济活动的边际成本低到使利润空间大幅缩水，从而破坏资本主义的商业模式。当边际成本极低时，市场流通会变得过于缓慢，并且和商业机制一样，也会变得不再重要。这正是绿色数字第三次工业革命的最终结果。

市场是交易启停的机制。买卖双方在某一时刻聚在一起，确定交易价格，交付商品或提供服务，然后各自散去。交易之间如果出现空档期，就会造成固定间接费用及其他费用的损失，此时卖方处于不利地位。除了损失生产成本外，卖方还要考虑买卖双方再次对接的时间和费用，例如广告成本、营销成本、货物仓储成本、整个物流供应链的停工时间及其他仍需支付的管理费用。这种边际成本缩水、利润缩水的现象与买卖双方一次性销售商品和服务的缓慢交易形成鲜明对

---

① 边际成本是指吸收固定成本后，每生产一个额外单位的商品或服务所需的成本。

比，使得数字增强的高速基础设施对传统市场而言毫无用处。在第三次工业革命中，商品"交易"将让位于持续"流动"的全天候服务。

在新出现的经济体系中，所有权将让位于使用权，市场中的卖方和买方在一定程度上被网络中的供应商和用户所取代。在由供应商和用户组成的网络里，各行各业被平台上汇集的"专业能力"所取代，并由这些"专业能力"来管理智能网络中不断流动的商品和服务，即使利润很低，整个系统全天候的连续流量也能为其带来充足的利润。

有些商品和服务的利润率甚至会缩减至"接近于零"，以至即使在资本主义网络中，也很难获得利润，因为生产和配送的商品和服务几乎是免费的。因此，一种新的趋势应运而生，即共享经济。全世界数亿人每时每刻都在制作和分享自己的音乐、YouTube（优兔）视频、社交媒体和研究。有些人在最好的大学教授开设的大型开放式网课上学习，通常还能免费获得大学学分。人们需要的只是一部智能手机、一个服务供应商和一个用来充电的电源插座。

世界各地用太阳能和风能发电自用和（或）卖回电网的人也越来越多，其边际成本同样也接近于零，因为太阳和风可从来不会向你收费。越来越多的千禧一代共享房屋、游乐设施、衣服、工具、体育器材及其他商品和服务。优步等共享网络是资本主义供应商/用户网络，其连接乘客和驾驶员的边际成本也几乎为零，但是其供应商会对临时服务定价。其他共享网络是非营利组织或合作社，会员可以自由地相互分享知识、商品和服务。流量排名全球第五的维基百科是完全免费的非营利性网站，在这里，数百万人正在构建和共享全世界的知识。[2]

共享虚拟商品和实物商品是新兴循环经济的基石。人们可以把自己不用的资源传递给别人，以减少地球资源的使用，从而大幅减少碳排放。共享经济是绿色新政时代的核心特征。

共享经济现在处于起步阶段，将向多个方向发展，但有一点是可以肯定的：共享经济这种新经济现象是通过正在改变经济生活的通信、能源和交通的数字基础设施实现的。从这个角度来看，继18世纪和19世纪出现资本主义和社会主义之后，共享经济是第一个登上世界舞台的新经济体系。

40岁以下年轻的数字原生代已经适应了这种新型混合经济体系。他们一部分时间是在世界各地的开源共享平台上以几乎免费的价格分享各种商品和服务（大部分不计入国内生产总值或国民经济核算），其他时间则越来越多地参与资本主义供应商和用户组成的网络，付费获取商品和服务。这种混合经济体制构成了未来几年绿色新政即将登上的舞台。

绿色新政智能基础设施的建设将涉及方方面面：信息通信技术领域（包括电信公司、电缆公司、互联网企业和电子行业）、电力和电力设施、交通运输、建筑和房地产业、制造业、零售贸易、食品、农业和生命科学以及旅游业。反过来，可持续的新型智能基础设施又使标志着向绿色经济转型的新商业模式和新型大规模就业成为可能。

从第二次工业革命向第三次工业革命转型的任务艰巨，堪比从农业社会到工业社会的转变，需要两代美国人的集体智慧和技能。为此，我们需要培训数百万人上岗或者重新上岗。

我们必须停用并拆除所有搁浅的化石燃料和核能基础设施——管道、发电厂、仓储设施等。在这方面，机器人和人工智能没有用武之地，我们需要的是一个更加灵活的半熟练的、熟练的以及专业的劳动力队伍。

通信网络必须升级，加入通用宽带。人类必须铺设电缆并保证其连接畅通。

为了适应太阳能、风能等可再生能源，我们需要对能源基础设施进行改造。机器人和人工智能既安装不了太阳能电池板，也组装不了风电机组。为了适应无数微型绿色发电站生产的可再生电力的流通，我们必须把笨拙的集中式电网改装为分布式数字化智能可再生能源互联网。这项工作也很复杂，只能由半熟练的以及熟练的专业人员完成。

20世纪老旧的全美输电网需要更换成21世纪的全美高压智能电网。在20年的转型期内，这将为劳动力大军提供许多就业机会。

交通运输业也必须实现数字化，转型为GPS（全球定位系统）导航的自动化交通互联网——由可再生能源驱动的智能电动汽车和燃料电池汽车组成，在智能化的公路系统、铁路系统和水路系统上行驶。这项任务也要由技术水平或高或低的员工承担。引进电动汽车和燃料电池电动汽车需要设立数百万个充电站和数千个加氢站，还必须铺设智能道路，配备无处不在的传感器，以提供交通流量和货物移动的实时信息。这也将增加大量的就业岗位。

改造建筑物以提高能源效率，以及配备可再生能源搜集装置，并将其改造为微型发电站，都需要技术工人为建筑安装隔热材料和新型门窗。为了确保间歇性可再生能源的安全，基础设施的每一层都必须使用储能技术。这仍将提供大量就业机会。

现实情况是，第三次工业革命既会终结就业，也会创造就业。到21世纪中叶，通信互联网、能源互联网和物流互联网构成的智能物联网基础设施将通过一支规模较小的监管和专业人员队伍，开展许多文明的经济活动。

在短期和中期内，美国和世界各个国家的物联网基础设施的大规模建设将带来最后一轮大规模雇佣劳动力和带薪劳动力的激增，并且这一势头将持续 30 年。

从中期到长期来看，越来越多的就业机会将产生于非营利部门、社会经济和共享经济之中，而不是市场部门。在市场经济中，当生产商品和服务所需的人员数量减少时，机器代理人在公民社会中所起的作用也将日渐削弱，原因很明显，深入的社会参与和社会资本的积累是人类与生俱来的事业。因此，即使是最狂热的技术爱好者也不会认可机器人有朝一日可以创造社会资本的观点。

在全球许多发达工业经济体中，非营利领域已经成为增长最快的就业领域。不但有数百万志愿者自愿奉献自己的时间和精力为大众服务，还有数百万雇员在积极地工作。截至 2010 年，在约翰霍普金斯大学公民社会研究中心调查的 42 个国家中，非营利部门雇用的全职员工已经达到 5 600 万人。今天，在部分国家中，非营利领域的就业人数占劳动力总数的 10% 以上。不仅如此，未来几十年中，随着新增就业机会从日益自动化的市场经济转向劳动高度密集型的社会经济，非营利领域的就业数据可能会稳步上升。[3]

我预计，到 21 世纪中叶，甚至更早，世界各地的大多数就业人口将在非营利性行业中工作。他们一边忙于推动社会经济，一边在传统市场上购买至少部分商品和服务。智能技术将负责管理传统的资本主义经济，小批具备专业技术的劳动力则参与其中。

随着第三次工业革命基础设施的大规模建设，新型工作类别和商业机会相继出现。现如今的商业活动将为现有的劳动力和即将进入市场的学生提供培训和适当的技能发展机会，以缓解他们过渡至新工作的压力。与此同时，为了抓住公民社会开放的就业机会，学生将需要学习新的专业技能。尽管需要付出巨大的努力，但人类绝对有能力顺利完成这一过渡，特别是在1890年至1940年从农业生活方式迅速转变为工业生活方式的过程已经充分证明了这一点。

数字经济也带来了风险和挑战，其中最重要的是保证网络中立，确保人人可以平等访问网络，保护隐私，保障数据安全，以及遏制网络犯罪和网络恐怖主义。我们怎样防止民族国家侵入别国的社交媒体，传播错误信息去影响选举结果？我们怎样阻止大型互联网企业成为垄断企业，将个人网络数据变成商品，出售给第三方用于商业目的？

地方、州和国家等各级政府都要提高警惕，监督互联网的阴暗面。网络系统内置的冗余层要为监督提供支持，确保智能数字物联网基础设施在受到干扰后，都可以随时通过分解、分散、重组到街区层面或社区层面的新网络中，吸收冲击。

向全面数字经济和第三次工业革命转型带来的总效率飞跃将远远高于20世纪第二次工业革命所取得的成就。随着美国基础设施的发展，美国总能源效率（能源和材料中发挥作用的能源量与实际消耗的能源量之比）在1900年至1980年间，从2.48%稳步提高到12.3%；20世纪90年代末，稳定在13%左右；随着第二次工业革命基础设施的建设完工，2010年达到14%的峰值。尽管总效率的大幅提高使美国的生产率和经济增长无人可比，但是，美国在第二次工业革命中使用的86%的能源在传输过程中被浪费了。[4]其他工业化国家的总效率曲线也与其类似。

即使我们对第二次工业革命中基于碳的基础设施进行升级，也不可能对总效率和生产率产生很大影响。化石燃料能源日趋成熟，内燃机和集中式电网等为运用这类能源而设计的技术，其生产力已经达到极限，几乎没有潜力可挖了。

然而，新的研究表明，随着向物联网平台和第三次工业革命转型，在未来20年内，总能源效率有望提高到60%。这相当于大幅提高了生产力，同时转型为几乎完全使用可再生能源的后碳社会和高度弹性的循环经济。[5]

我经常会见世界各地的政府首脑、省长和市长。跟他们讨论时，我会讲到通过绿色智能基础设施实现第三次工业革命零碳经济转型是绿色新政的核心，然后我会问他们，有没有更好的计划来缓解气候变化，同时创造新的商业机会和就业机会。我得到的回应常常是沉默，因为另外的计划只有一种，就是继续在以碳为基础、总效率和生产力几十年前已经见顶、现在要使地球进入第六次物种大灭绝的第二次工业革命经济中垂死挣扎。那么，阻碍我们实施绿色新政的到底是什么呢？

连点成线

为了创建可持续社区，应对气候变化，9 000多个城市和地方政府已经加入《全球气候与能源市长盟约》。[6] 这些城市可以炫耀自己引进的许多令人眼前一亮的绿色试点项目，例如太阳能和风能发电厂、电动汽车和氢燃料电池公交车、LEED（一个国际性的绿色建筑认证系统）认证的建筑、回收项目等。但是最终，各个社区除了推出互不相连的孤立计划，几乎没有其他东西可言。

它们缺少的正是第三次工业革命的绿色基础设施，也是连接所有孤立项目的"神经系统"。最深层的基础设施并不像人们普遍认为的那样，只是商业和社会生活中无足轻重的附属品。新的基础设施一直都是新的政体不可或缺的"延伸"。

最深层的基础设施是技术与社会的纽带，它将新的通信技术、新的能源、新的交通运输模式和新的建筑环境结合在一起，使人们能够更有效地管理社区，驱动经济活动、社会生活和政府治理。通信技术是监督、协调和管理经济有机体的大脑。能源是血液，在整个国家中循环，提供营养，把自然的馈赠转化为商品和服务，保持经济的活跃和发展。交通运输是四肢的延伸，使各个社区可以跨越时间和空间交换实物，促进商品、服务和人员的流动。建筑是皮肤，使我们能够克服恶劣天气生存下来，储藏维持身体健康必需的能量等资源，它不仅为生产和消费延续生命必需的商品和服务提供安全场所，还为养育子女和社会生活提供聚居地。基础设施就像一个巨大的技术有机体，它将大量的人聚集在一起，形成广泛的象征性家庭，并让其参与更加复杂的经济关系、社会关系和政治关系。

例如，20世纪的第二次工业革命可以被看作管理新经济范式中各类事务的技术神经系统。1900年到1929年大萧条爆发期间，美国城市实现了电气化；1936年到1949年间，美国乡村也完成了电气化改造。[7] 工厂的电气化为以汽车为代表的批量生产时代开辟了道路。没有电，亨利·福特（Henry Ford）就不会有电动工具为工人提供工作，并为数百万美国人制造负担得起的汽车。大批量生产的汽油动力T型车则改变了社会的时空方向，数百万人开始把他们的马车换成汽车。为了满足日益增长的燃料需求，新兴的石油业加快勘探开采，在全国各地修建输油管道，建起几千个加油站，为从装配线上下来的几百万辆汽车提供动力。美国大片地区铺设混凝土高速公路，最后建成美国州际公路系统，成为世界历史上最大的公共工程项目，实现了美国东西海岸的无缝连接。随着州际公路的建成，数百万个家庭离开城区，涌向高速公路出口外崛起的新兴郊区。数千英里①长的电话线被架了起来，广播和电视走进千家万户，它们重塑了社会生活，形成了管理和推广石油经济和汽车时代的广泛活动的通信网络。

美国的辉煌已经成为过去。今非昔比，美国现在明显落后于高度发达的工业化国家，甚至落后于许多发展中国家。在世界经济论坛2017年的报告中，美国的基础设施质量仅居第9位，落后于荷兰、日本、法国、瑞士和韩国等。[8]麦肯锡公司的报告预计，为了满足对传统基础设施的需要，美国不得不在2017年至2035年间，将当前GDP（国内生产总值）中基础设施总投资的占比提高0.5个百分点。[9]

不幸的是，在衡量新兴第三次工业革命新型数字基础设施的一项关键指标上，美国的排名甚至更糟——美国固网宽带的用户数在世界各国中仅列第19位，而且网速较慢。[10]至于数字可再生能源互联网和自动化交通互联网方面，美国甚至连名都排不上。

回看第一次和第二次工业革命时，美国坚持让国家、州、地方各级政府和经济全力支持建设世界一流的基础设施，当时这是世界上任何其他国家都无法匹敌的。相比之下，现状令人沮丧。显而易见的

---

① 1英里≈1.6093公里。——编者注

是，由于迟迟未对经济优先事项进行重新评估，美国在 21 世纪被其他国家迅速抛在身后。

欧盟和中国已经在不断扩大第三次工业革命的规模。过去 20 年里，我在布鲁塞尔和华盛顿的办事处一直与欧盟就第三次工业革命基础设施的构想和部署进行密切合作。自 2013 年以来，我们的北京办事处与中国方面也在共同研究类似的第三次工业革命路线图和部署计划，目前正在"十三五"规划中实施。

经常有人问我："美国为什么落后于欧盟和中国这么多？"为了回答这个问题，我想先带你一起回顾奥巴马总统 2012 年的连任竞选。这次竞选中的一件事可以反映美国在基础设施问题上如何顽固不化。当年 7 月 13 日，奥巴马总统在弗吉尼亚州罗阿诺克对支持者发表讲话时，抛弃了传统竞选的花言巧语，转而反思美国历史上的哪些政策使其成为世界其他国家的灯塔。他认为 19 世纪和 20 世纪私营企业的成功，在很大程度上取决于政府参与"基础设施的宏观转型"。他对人们说：

> 如果你成功了，一路走来肯定有人给过你一些帮助。在你生命中的某个时刻，曾经有伟大的老师给你指引。有人建立了令人难以置信的美国制度，让你可以在其中得到发展。有人投资修路建桥。如果你有家企业，它不是你创建的，而是别人帮助你实现的。互联网不是天上掉下来的。政府研究和创造了互联网，以便所有企业都可以通过互联网赚钱。[11]

奥巴马总统接着指出，联邦政府资助的各种基础设施项目和政府研究，使企业得以运转和繁荣。共和党竞选对手米特·罗姆尼（Mitt Romney）抓住"不是你创建的"这句话，声称奥巴马总统是在弱化小企业在打造强大的美国经济中发挥的作用。但实际上，奥巴马总统仅仅是试图据此解释每个公民都离不开联邦、州、地方各级政府努力提供的基础设施和公共服务，商界的成功和公民的安居乐业也是如此。

"不是你创建的"这句话在社交媒体上迅速成为热门话题，引发全国对小企业在美国经济成功中的作用的争论。几天内，共和党首脑们就用"是我们创建的"反驳了这句话，指明美国经济的卓越成就主要是小企业的功劳，而不是政府的功劳。"是我们创建的"这句口号在共和党大本营大受欢迎，在坦帕举行的美国共和党全国代表大会甚至把这一主题纳入了会议议程。[12]

分布在全美各大街道的小企业主感觉自己为美国经济建设做出了贡献，却遭遇税负过重、监管过度、重视不足、尊重不够的局面。"不是你创建的"这句话触动了他们的神经。一切都是理所应当！"不是你创建的"还反映出一个更加令人不安的事实，即很多美国人认为，"大政府"正在不断地通过破坏个人自由和自由市场的运作，侵犯他们的生活。在1980年的总统大选中，里根总统用一句戏言"别让政府骑在人民头上"[13]，使这个主题深入人心。

公平地说，大多数美国人都知道，他们日常生活中许多必不可少的东西都来自纳税人的钱和地方、州、联邦各级政府的项目：孩子们接受教育的公立学校、人们开车行驶的公路、引导航班的航空交通管理员、提供本地天气情况的国家气象局、照料病人的公立医院、登记车辆的机动车管理部门、递送邮件和包裹的美国邮政、保护安全的消防和公安部门、看守犯人的监狱、确保自来水流入企业和千家万户的供水系统、回收垃圾的卫生部门等。

民意调查显示，美国人至少在理论上支持联邦、州和地方各级政府增加资金支出，以改善基础设施。[14]至于基础设施部署的程度、条件，应该交给政府还是市场等细节，则众口不一，争论激烈。

欧盟人民认识到，维持政府和商界合作伙伴关系的平衡至关重要，他们非常赞赏政府在提供公共基础设施和服务方面发挥的作用，商界和公众在日常生活中都能从中受益。因此，欧洲的纳税人愿意承担更高的税收，以换取他们通过从全民医疗到高速铁路系统等公共服务中获得的好处。

相比之下，今天美国各地的公共基础设施都很糟糕，道路、桥梁、大坝、公立学校、医院、公共交通等，无一不是年久失修，破败不堪。美国土木工程师协会每四年发布一份基础设施状况报告，其中包括轨道交通、内河航道、税收、港口、学校、废水和固体废物处理、危险废物处理、公园、航空、能源等。在2017年的报告中，美国土木工程师协会给美国公共基础设施的评级是D+，分数低得令人难堪。报告指出，公共基础设施的状况不断恶化，这会拖累美国经济的发展，对美国的健康、繁荣和安全造成越来越大的威胁；报告还警告说，美国基础设施的账单只有一半支付到位，资金缺口危及企业、工人和千家万户。[15]

也就是说，路况不佳、出行时间延长、桥梁倒塌、机场延误、电网老化、供电不足、给水管网不可靠、排污系统故障及其他许多公共服务均不到位，这些都会"增加企业生产、配送商品和服务的成本"。美国土木工程师协会认为："增加的成本反过来又转嫁给工人和千家万户。"据该协会估计，到2025年，美国基础设施状况的持续恶化将导致美国损失3.9万亿美元GDP，7万亿美元销售额，以及250万个工作岗位。为了避免有人质疑损失的重大及其对美国家庭的影响，据美国土木工程师协会估计，因为"基础设施状况不断恶化的代价是造成家庭可支配收入遭受损失，影响美国经济中就业岗位的质量和数量……2016年至2025年间，每个家庭每年将损失3 400美元的可支配收入"。[16] 该协会最后认为，美国公共基础设施如果想达到B级，则要在十年间（2016—2025年）每年对基础设施增加2 060亿美元的投资；到2025年，投资总额要达到4.59万亿美元——比美国目前的基础设施投资多出2万亿美元。[17]

历史告诉我们，一个国家的活力取决于人民是否愿意牺牲部分收入和财富，以确保公共基础设施和服务的安全，从而提高人民的生产力、健康水平和福利。这种牺牲意愿的减弱预示着一个国家走向衰落。一想到自己不仅要满足这代人的需要，还要满足未来几代人的需要，相当大一部分人已经不再愿意通过支持重建和改造国家基础设施为美国的未来做贡献。这时候，"让美国再次伟大"的花言巧语，在很大程度上听起来空洞非常。

美国"因小失大"的原因就是人们普遍忽视基础设施的重要性。尽管从短期来看，美国人民面临的只是路况不佳，桥梁摇摇欲坠，公共交通不可靠，手机网络速度慢等问题，但是从长远来看，如果第三次工业革命所需的基础设施无法获得投资以支持其建设，这可能会对我们和地球造成更严峻的威胁。如果我们能更好地了解这些投资带来的回报，那么把税收用于基础设施建设可能就会更容易些。马里兰大学2014年为美国制造商协会进行的一项全面研究可以说明一切。这项研究发现，每投资 1 美元改善基础设施，就会使 GDP 增加 3 美元。[18] 此外，麦肯锡估计，仅占 GDP 1% 的基础设施支出增长就将为美国经济增加 150 万个就业岗位。[19] 除了"我们真可悲"，还能说什么呢？

基础设施应该归谁所有？

年轻的后辈们，即现在主导美国的千禧一代和 Z 世代，强烈要求实施绿色新政，以扭转美国的前进方向。这次还有一个更重要的议程，即不仅要改善每个美国人的社会前景和生活水平，还要让美国和美国人民成为减缓气候变化和拯救地球生命的先锋。从第二次工业革命垂死挣扎的化石燃料基础设施转型为第三次工业革命绿色零排放的智能基础设施，是绿色新政的核心。

基础设施革命一直依托于公私合作伙伴关系，需要健康的社会市场经济把各级政府、工业、民间团体和适当比例的公有资本、私有资本、社会资本结合起来。美国 19 世纪的第一次工业革命和 20 世纪的第二次工业革命，都是靠强有力的公私合作伙伴关系来建设和扩大改变美国生活的新基础设施的。

美国民众可能对伴随第二次工业革命而来的"新政"比较熟悉，但是他们可能不知道的是，第一次工业革命也伴随着一项新政，尽管当时它并未被称为"新政"。联邦政府在 1862 年和 1890 年颁布《莫雷尔法案》，在全国政府的赠地上创办公立学院和大学，提供改造美国农业和工业所需的教育和技能。在过去的 150 年里，数百万美国人从这些学校中毕业。如果你上过宾夕法尼亚州立大学、俄亥俄州立大学、佐治亚大学、得克萨斯农工大学、亚利桑那大学、加州大学或各州的其他赠地大学，就应该感谢联邦政府的《莫雷尔法案》。联邦政府资助并铺设的第一条电报线路，从国会大厦一直延伸到巴尔的摩。[20] 联邦政府颁布《宅地法》，将超过2.7亿英亩①的联邦公共土地——占美国土地总面积的10%——免费出让给160万拓荒者。[21] 联邦政府还颁布了《太平洋铁路法案》，批准发行政府债券，并向铁路公司赠送土地，加快建设横贯美国大陆的铁路基础设施。

为了促进基础设施向第二次工业革命过渡，20世纪30年代的罗斯福新政不仅包括金融改革，也包括大规模的联邦计划，例如成立公共工程管理局（PWA）。[22] 公共事业振兴署（WPA）雇用数百万失业人员建设公共工程项目，包括建房修路和管理公共土地。[23] 罗斯福政府还成立了田纳西河流域管理局，负责建造巨型水坝，为尚未通电的农村社区供应廉价的补贴水电。[24] 随后，政府帮助农村地区成立电力合作社，为在美国偏远地区生活的数百万美国人供电。联邦政府于1956年颁布了修建国家州际与国防公路的法案，建设全国统一的公路系统，此举推动了美国郊区的发展。[25] 第二次世界大战和朝鲜战争后，联邦政府制定《退伍军人权利法案》，为近800万退伍军人提供免费的高等教育，教授他们所需的知识，提高劳动力素质，从而完成第二次工业革命的基础设施建设，以及管理其中穿插的新商业机会。[26] 1934年成立的联邦住房管理局于战后帮助数百万美国人在州际公路出口附近迅速发展的郊区购置住房（不过应该注意，联邦住房管理局在抵押贷款方面经常歧视少数族裔）。现如今，绿色新政想要成功，也需要做出类似的努力。

---

① 1英亩 ≈ 4046.8648 平方米。——编者注

第一次和第二次工业革命的基础设施的设计具备集中式、自上而下和专有性特点，需要垂直整合才能创造规模经济，将利润回报给投资者。因此在第二次工业革命结束时，全球《财富》500强企业（大部分在美国）的收入达到30万亿美元，约占全球GDP的37%，员工却只有6 770万（全球劳动人口近35亿）。[27]这些统计数据可以清楚地说明工业时代的利益分配。

这并不是说，很多人，特别是西方世界的人，没有享受到19世纪和20世纪前两次工业革命的成果。在高度发达的国家中，大多数人的经济状况无疑比工业时代开始之前的先辈们好很多。但是，公平地说，世界上近一半的人口（46%）每日生活费不足5.50美元（贫困线），他们的经济状况充其量只比先辈们好一丁点儿——也许还不及先辈。与此同时，最富有的人成为大赢家。[28]目前，全世界最富有的8个人所持有的财富等于全球一半人口（35亿人）的财富总和。[29]

相反，第三次工业革命的基础设施设计为分布式，具备开放性和透明性，可以实现网络效应，并横向扩展，让数十亿人能够以极低的固定成本和接近于零的边际成本，和世界其他各地区的人以虚拟形式或实物形式直接对接。他们只需要一部智能手机和互联网，就能够即时访问大数据和由其他数百万个企业及其网站组成的全球网络。

第三次工业革命的分布式后碳智能平台可以实现更密切、更包容的商业、贸易和社会生活，随着从全球化转变为"全球本地化"，个人、企业、社区可以一对一直接对接，绕过20世纪作为商业贸易中间人的全球企业。随着智能化高科技中小企业的大量涌现，全球本地化使得社会创业的大规模扩张成为可能。这些中小企业形成横向扩展的合作社，在世界各地的区块链网络中运营。简而言之，第三次工业革命带来了规模前所未有的商贸民主化前景。

从某种意义上说，从全球化向全球本地化的转变正在改变各国政府与地方社区之间的关系，在一定程度上使负责经济运行和治理事务的中心从民族国家转向地区。这种变化预示着人类组织社会经济生活的方式将发生巨变。

那么，联邦政府还剩下什么作用呢？虽然联邦政府仍将在美国的一些基础设施建设中发挥关键作用，但主要作用将是为向第三次工业革命基础设施和零碳经济转型，制定新的法律、法规、标准、税收优惠及其他财政激励措施。各市、县、州将依次负责为自身量身打造目标和可交付成果、绿色新政路线图、建设地点和部署举措，推动其向第三次工业革命范式转型。它们将跨越边界，在物联网平台上创建一个由通信互联网、可再生能源互联网和交通互联网组成的综合性联邦基础设施网络，覆盖现有的建筑及其环境。第三次工业革命的新型基础设施将带来新的商业模式。这些商业模式可以嵌入平台，发挥其价值链和供应链中潜在的总效率优势。

政治权力从国家向地方的部分转移将改变治理的本质。一直以来，所有政治都具有地方性，但是在全球本地化时代，经济发展将越来越多地分布在世界各地互相联系的地区之间。"地区赋权"将是即将到来的全球本地化时代的战斗口号。

一些市场的支持者承认，美国各地基础设施的老化问题需要解决，他们甚至支持建设第三次工业革命的部分智能数字基础设施，但是反对绿色新政，理由是绿色新政意味着大政府会更多地侵犯美国公众和美国企业的日常事务。他们更偏向于让联邦政府、州政府和地方政府通过慷慨的税收抵免和补贴来激励私营部门。有了这些激励措施，私人开发商将挺身而出，为加固现有的第二次工业革命的基础设施和建设第三次工业革命的基础设施慷慨解囊。

几十年来，美国基础设施私有化的速度一直在加快，但是随着美国从第二次工业革命过渡到第三次工业革命，这一进程现在正处于爆发的边缘。许多企业都希望利用目前美国公共基础设施崩溃的辩论，一下子为未来几十年大部分基础设施的私有化正名。

将每个美国人赖以生存和繁荣的所有公共基础设施私有化的观点似乎会让人产生误解，政治上也不明智。一群互不相干、不负责任的商业利益体控制着每个人的日常生活，而公众对它们几乎或者根本没有控制权，公众甚至连使用和支配维持每个人日常生活的服务的能力都有所降低，这种情况无异于民主治理和民主监督缴械投降。但不幸的是，悲剧已经发生，不仅在美国，在其他国家也是如此，只是程度略轻一点。

更不妙的是，如果构成第三次工业革命的数字化智能基础设施全部私有化，前景将会怎样。一方面，如果把人类与全球神经系统连接起来，使每个人（如果他们这样选择的话）都能成为多元化、全球互联的大家庭的一分子，彼此接触的边际成本接近于零，那么这将很有吸引力，尤其是对于把地球看作是家庭延伸和竞技场的年青一代来说。另一方面，如果第三次工业革命的数字化智能基础设施完全掌握在对其所服务的社区几乎或根本没有责任感的全球公司手中，这些公司毫无限制地监视每个人的生活，把搜集的数据卖给第三方用于市场营销和广告，或者卖给政党和说客用于推动他们的议程，又会怎样呢？

我爱谷歌，谷歌是个百宝箱。每次有东西要查，我都会用谷歌搜索。但是，如果谷歌成为唯一的搜索引擎，全世界每个人查东西都需要借助谷歌，那又会怎样呢？Facebook 是非常棒的社交平台，聚集了全球 23.2 亿人，创造了历史上最大的虚拟群体。[30] 但是，如果 Facebook 是全球唯一一个我们彼此"邂逅"的论坛，那么每个人都将受其访问标准、全天候监控和算法治理的制约。亚马逊也是如此。亚马逊的全球物流网络令人钦佩。但是如果亚马逊是唯一一个可以递送商品的载体，那么我们都将受其支配，日常生活中的穿梭来往都要受到持续监控。这种全新的情况发生的可能性有多大？

谷歌的治理与矫正方法

2017 年 10 月，加拿大总理贾斯汀·特鲁多（Justin Trudeau）在加拿大多伦多召开了一场举世瞩目的新闻发布会。与他一起出席的还有当时担任谷歌母公司 Alphabet 执行董事长的埃里克·施密特（Eric Schmidt）、安大略省省长凯瑟琳·韦恩（Kathleen Wynne）和多伦多市市长约翰·托利（John Tory）。他们共同宣布，Alphabet 旗下的城市设计和开发公司 Sidewalk Labs（人行道实验室）将与多伦多建立公私合作关系，在多伦多湖畔建设综合多用途社区。[31]

该计划将建设加拿大第一个数字连接的智能城市社区，在无缝物联网神经系统上安装最先进的传感器。为了提高商业、社会生活、治理的效率和便利性，无处不在的传感器将通过监视，搜集家里、商店里、街道上的活动数据。如果原型街区获得成功，下一步可能是向外扩展，最终将多伦多市区的基础设施全部改造成智慧城市的展示案例。其中最引人注目的是谷歌的"智慧城市"实验，它也是这家互联网巨头首次涉足对整个城市的算法治理。

2007年，人类历史进程达到一个里程碑——人类成为"城市人类"，即大多数人生活在城市里，其中很多人生活在人口达到或超过1 000万的大城市和郊区。³² 10年后的今天，几十亿人在使用谷歌搜索引擎、用于定位和导航的谷歌地图和位智、YouTube视频以及无数的其他谷歌数据驱动的服务，而且其用户主要集中在人口密集的都市地区。对于谷歌来说，下一个前沿领域是在其公司的传感器网络监视下，实现整个城市的私有化。

在宣布 Sidewalk Labs 与多伦多建立新型合作伙伴关系的记者招待会上，埃里克·施密特对加拿大允许谷歌进入城市街区表示感谢，他说："有人给了我们一座城市，让我们负责"，公司长久以来的梦想终于成为现实。³³

吉姆·巴尔西里（Jim Balsillie）一年后在《环球邮报》上撰文，总结了第一次试点对于创建令施密特如此兴奋的私有化智慧城市的意义。吉姆·巴尔西里是黑莓手机制造商RIM公司的前董事长兼联合首席执行官，该公司在150多个国家开展知识产权商业化业务。他指出："'智慧城市'是科技巨头的新战场，因为'智慧城市'最有希望成为使科技巨头市值再增加1万亿美元无形资产的温床。"在他看来，真正的商业价值是"依托于知识产权和数据的'智慧城市'将提高大量城市传感器的功能价值；在私有利益的控制下，这将会成为巨大的新利润池"。³⁴

在官方宣布这一决定后的这一年里，人们越来越清楚地认识到，Sidewalk Labs希望得到多伦多的支持，但并不喜欢多伦多积极参与和监督湖滨区智能社区的建设和管理。

与此同时，Sidewalk Labs 与当地独立开发机构多伦多湖滨开发公司的谈判一直处于保密状态。吉姆·巴尔西里指出，多伦多湖滨开发公司是"未经选举的、由政府出资的公司，在知识产权、数据甚至基本数字权利方面毫无经验……根据公司合同，负责引导城市私有化力量、算法控制和规则"。[35] 到 2018 年末，Sidewalk Labs 的智慧城市项目前景黯淡——至少目前看来确实如此。随着政府官员和公众的怀疑开始增多，一年前宣布之初对此的热议已经渐渐消失。

加拿大总理贾斯汀·特鲁多和多伦多一开始的公共关系妙计变成了公众的噩梦，多伦多湖滨开发公司受尽嘲讽。受谷歌启发的智能未来城市愿景已经烟消云散，因为人们越来越担心"老大哥"Alphabet 会接管多伦多的一小块湖滨，用智能技术将其改造成全天候监控云，搜集人们的日常活动数据，然后 Sidewalk Labs 会将这些数据出售给第三方用于商业目的。

2018 年 7 月，多伦多湖滨开发公司首席执行官、Sidewalk Labs 早期支持者威尔·弗莱西格（Will Fleissig）突然辞职。此后不久，当地著名房地产开发商朱莉·迪·洛伦佐（Julie Di Lorenzo）退出了多伦多湖滨开发公司董事会，称与 Alphabet 的合作令人不快。她质疑，如果未来智能开发区的居民不同意分享自己的数据该怎么办，"难道你要隔离他们，并告诉他们'你不能在这里住'吗？"[36]

加拿大 Tech Reset 公司的技术政策顾问、联合创始人比安卡·威利（Bianca Wylie）认为，"我们需要由对人民负责的组织来决定这些问题，而不是私营供应商"。她的观点正好表明了许多多伦多人的看法。威利明确表示，她并不反对智能基础设施对居民、企业和社区进行"合理的监督"，但是"我们需要明确地声明，这些基础设施是公共的"。[37] 10 月，安大略省前信息与隐私专员安·卡沃金（Ann

Cavoukian)也宣布退出该项目。当时，Sidewalk Labs 委托她帮助制定湖滨区开发的"隐私设计"协议，可后来她发现第三方可能有权访问"身份数据"。她在辞职信中写道，"我原以为我们创建的是智慧隐私城市，而不是智慧监视城市"。[38] 此番话一时间引起轩然大波。

　　问题不是出在 Sidewalk Labs 的专业能力上。Sidewalk Labs 引以为傲的就是拥有最优秀的人才，可以建设数字化连接、环境可持续发展的高效智慧城市。这都是优势。错就错在商业模式上，即在公私合作伙伴关系中，当开发商的商业利益主要是保障长期利润丰厚的收入来源时，往往会违背"基础设施作为人人都离不开的公共产品和服务，因而最好归代表所有公民意愿的地方政府所有"的理念。（我在第六章中会介绍能源服务公司的公私合作商业模式。在这种商业模式中，私营企业能够为政府融资，建设和管理基础设施，保证有适当的收入来源，同时地方政府对部署和管理的性质进行控制，确保市民受益于它们提供的公共服务。）

　　贾斯汀·特鲁多与 Sidewalk Labs 召开新闻发布会后不久，我在渥太华与加拿大的部长们开会，讨论将联邦政府现有建筑改造成零碳数字化智能物联网建筑环境的前景。在其中一次会议上，有位副部长就曾问过我关于多伦多市民对智慧城市建设态度的看法。其实我对此并不惊讶，在与我们的全球团队合作扩大第三次工业革命智能基础设施的七个地区中，公众的意见一直都很明确。尽管人们欢迎企业帮助打造智能社区，甚至参与平台的扩展和管理，但是监督权和决策权必须留给管理当局和公众。人们也一致认为，第三次工业革命的数字基础设施要作为公共开源共享设施进行管理和使用。另外，这种监督和监管都要确保每个人在任何时候都享有参与或退出任何智能服务的明确权利。

在向绿色智慧城市或区域过渡的过程中，确保每一步都有公众参与的方法是，在从构想到后续部署的每个开发阶段中都融入"公众的深度参与"。在这方面做得不足正是导致谷歌的多伦多智慧城市项目土崩瓦解的主要问题。

我们团队在欧盟的经验可能会有所帮助。我们目前在欧洲有三个绿色试验区，已经制定了全面的第三次工业革命路线图，并把辖区变成了用20年部署基础设施项目的建设点。以前在另外四个地区开展的工作使我们确信，我们过去用于管理这些地区的传统模式不足以完成这项任务。我们认识到，决策过程和治理模式要与正在部署的横向扩展的分布式开放基础设施兼容。

当第一个灯塔地区——上法兰西大区（原北部-加莱海峡大区）请我们的TIR咨询集团有限公司为其制订第三次工业革命的绿色零排放部署计划时，我们一开始是拒绝的。上法兰西大区是法国的工业老区，曾是煤矿开采区，占大陆总人口的9%以上。我向大区区长提出的建议是，政府应当从传统的"统帅"角色变成"推动者"，鼓励由几百人组成的一级委员会和来自公共部门、企业界、民间团体以及学术界的几千人组成的二级非正式网络，通过"代表大会"展开合作，就分布更为广泛、横向扩展的基础设施的构想和部署集思广益。

我们想明确一点，即我们谈的不仅仅是征求焦点小组和利益相关群体的意见、建议和批准，而是各代人持续进行的代表大会。在20年的时间里，不管当时由哪个政党执政，他们都可以继续在建设点工作，保持连续性和团结，确保长期的基础设施转型获得成功。上法兰西大区同意了这项全新的治理措施，于是我们开始合作。

随后，代表28个成员国350个地区的欧洲地区委员会把人人梦寐以求的欧洲最佳创业地区奖颁发给上法兰西大区。该地区目前处于第三次工业革命部署的第6年，涉及1 000多个项目，雇用数千公民，[39]成为经济和政治上赋权的新型代表大会的典范。

还有两个试验区也成立了类似的代表大会：鹿特丹－海牙大都市区的23个城市构成欧洲的石油化工联合体；以及欧盟的主要金融首府和政治中心——卢森堡。

在代表大会管理模式下，各区域可以更快地部署基础设施，同时在开发建设点时可以保持凝聚力，因此反对的人很少。尽管世界上其他地方和地区也在试验小规模的代表大会模式，但是仅限于短期内的特殊项目。据我们所知，目前部署大规模代表大会模式的地区，仅有上述三个灯塔测试区。

安吉拉·默克尔（Angela Merkel）担任德国总理后，她曾在刚执政的前几周邀请我去柏林，讨论德国如何激励新的商业机会和创造新的就业机会。我向她描述了第三次工业革命基础设施横向扩展的分布式开放架构，以及各个地方和地区如何充分利用其设计特点进行部署，并根据自己的特殊情况量身打造，然后再与其他地区进行数字连接。默克尔总理评论说，她倾向于德国采用横向扩展的分布式第三次工业革命基础设施。我问她原因，她说："杰里米，你要多了解点德国的历史。我们国家是联邦制，各地区在管理经济事务和治理方面相对独立。第三次工业革命的治理模式适合德国，可以确保经济决策过程和政府监督在地方和地区一级进行。"

美国各市、县、州同样也特别适合采用代表大会模式来扩展第三次工业革命的定制化基础设施。美国和德国一样，也是联邦制共和国。传统上，政治权力和经济发展主要掌握在市、县、州等各级辖区手中。联邦政府本身应代表和维护共同的民族叙事，提供国家认同感，保护国家安全，制定法律、法令、法规、准则和激励措施，确保各地方和各州在全国范围内保持一致。

尽管联邦政府在制订绿色新政改革方案时将发挥重要作用，但是部署绿色基础设施革命的大部分重任将由各市、县、州承担，因为在新崛起的横向分布式全球本地化时代，理应如此。

第二章
人民的动力：免费的太阳能和风能

在这个历史转折点上，我们现在处于什么位置？繁荣了两个多世纪的化石燃料文明，正使我们面临一系列气候变化事件和我们几乎理解不了的新现实。越来越多的人认为，我们正在为此付出巨大的代价。

人类正经历着另一种大觉醒。在自然规律和模式变得与之前截然不同的地球上，我们开始把自己当作一个物种，思考我们面临的共同命运。

年青一代挺身而出。他们切身感受到周围的黑暗正在蔓延，坚决要打破即将令我们陷入地球危机的冷漠。他们愤怒、坚定、积极，对各种束手束脚、不能行动的理由置之不理，仔细思考什么现实，什么不现实，而此刻，现实主义本身似乎并不现实，不足以让我们完成面前的任务。

然而，我们并非完全处于毫无出路的黑暗之中。前进的道路是存在的。欧盟和中国，甚至美国的加利福尼亚州、纽约州、得克萨斯州、华盛顿州、新墨西哥州、夏威夷州以及零零散散的其他地区，都已经铺就了一条道路，可以带领我们踏上新的征程，逃离处于崩溃边缘的第二次工业革命，迈向生机勃勃的第三次工业革命。

欧盟政治活动家怎样推出绿色新政

美国各地回荡着的对绿色新政的热情，这在我听来就像音乐，是带我梦回2007年的甜美副歌。十多年前，欧盟各地出现的紧迫感浮出水面，亚历山大·奥卡西奥－科尔特斯和日出运动对现状的"当头棒喝"吸引了全国的注意。

欧盟已经行动起来。到2007年，欧洲已经超越美国，成为脱碳社会的"创意工厂"和部署引擎。同年，欧盟最终确定"20-20-20"计划，迫使欧盟成员国直接迈向生态时代的大转型。新协议要求欧盟所有成员国到2020年将能源效率提高20%，温室气体排放量减少20%（以1990年排放水平为基础），可再生能源的发电量增加20%。在应对气候变化和数亿人的经济转型方面，欧盟因此成为第一个做出有法律约束力的正式承诺的主要政治势力。[1]在后面几页，我会回顾这次大转折事件及后续情况。

"20-20-20"计划是一剂强心针，为欧洲提供了实施零碳社会转型所需的框架。就在全球变暖新规还在酝酿之时，绿色新政运动已经萌芽。9名长期从事气候活动的有志之士齐聚英国，成立"绿色新政小组"。[2]该小组兼收并蓄，其成员来自各个领域，具备能源、金融、新闻、环境科学方面的专业知识，在面临气候变化的世界里，这正是重新思考经济模式所需要的跨学科团体。

2008年，绿色新政小组发表一份长达48页的宣言，题为《绿色新政：解决信贷危机、气候变化和高油价三重危机的联合政策》。[3] 该计划总结了当年围绕新规定的"20-20-20"计划采用的核心主题，概述了向第三次工业革命零碳模式转型的关键构成要素和组成部分。

诚然，有点讽刺的是，总部设在欧洲的组织靠美国最伟大的公共工程项目——罗斯福新政为欧洲经济向绿色时代转型的构思找到了灵感。绿色新政的落脚点就是罗斯福新政。

就在一年后的2009年，德国绿党的官方基金会——海因里希·伯尔基金会发表题为《迈向跨大西洋绿色新政：应对气候和经济危机》的宣言。美国的欧盟朋友受到奥巴马当选美国总统的鼓舞，并且认识到美国和欧盟"在世界经济中所占份额很大"，因而希望适时达成绿色新政合作，使美国和欧盟结成强大的跨大西洋合作伙伴关系，推动向后碳时代的过渡。[4] 同年11月，海因里希·伯尔基金会在柏林召开会议，讨论绿色新政是否能成为几周后即将召开的哥本哈根气候大会的总体表述和行动计划。[5]

同年，欧洲绿党把绿色新政作为党的政治纲领，并发表了题为《欧洲绿色新政：面对危机的绿色现代化之路》的详细计划。[6] 这份报告是欧洲绿党参加2009年欧盟选举的政策文件，也是他们的行动方案。欧盟最杰出的绿党领袖克劳德·图尔梅斯（Claude Turmes）和丹尼尔·科恩–本迪特（Daniel Cohn-Bendit）都对这份报告表示支持。我与他们两位密切合作多年。

联合国环境规划署同年也加入了这场争论，爱德华·巴尔比耶

（Edward Barbier）撰写了学术报告《经济复苏反思：全球绿色新政》[7]。该报告在联合国各机构和各部门中推动了关于绿色新政的新表述，并迅速传播到世界各国，给绿色新政的表述带来新的参与者。

韩国于2009年也带着自己的绿色新政举措加入这一行列。该国签署了一项为期4年、预计耗资360亿美元的计划，将建设低碳项目并创造96万个新就业机会，主要涉及建筑、铁路、节能汽车、改造建筑和节能等领域。[8]

2011年，我与西班牙著名建筑师恩里克·鲁伊斯－杰力（Enric Ruiz-Geli）合著了《绿色新政：从地缘政治到生物圈政治》，该书重点关注了应对气候变化的建筑绿色化和建筑环境绿色化。[9]

几年后，欧洲联邦主义者运动采纳了绿色新政，提出《欧洲绿色新政：欧洲可持续发展和就业特别计划运动》请愿书，并以此发起2015年的一项针对全欧洲公民的倡议，动员人们支持欧洲向零碳绿色经济转型。[10]这些年来，绿色新政的论调持续升温，成为2019年欧洲各国选举的主题。

与此同时，"绿色新政"成为美国绿党和吉尔·斯坦（Jill Stein）在2016年总统竞选中的口号。[11]

提供左翼问题研究和民意调查的智库"以数据推动进步"紧随其后，于2018年发表了《绿色新政：环境可持续性和经济稳定的进步愿景》报告。[12]2018年秋，刚刚兴起的日出运动和其美国代表亚历山大·奥卡西奥－科尔特斯发表声明，加入绿色新政的行列。[13]

综上所述，经过十年发展，绿色新政运动已然具备扎实的基础。随着千禧一代和Z世代在欧盟和美国推动的政治革命成为主流，这项运动即将开花结果。

我在前面讲过，绿色新政转型的核心是构成第二次工业革命基础设施的四大行业，即信息通信技术/电信，能源和电力，内燃机交通和物流，以及住宅、商业建筑、工业建筑、机构建筑。仅仅过去十年，四大基础设施行业都开始与化石燃料文明脱钩，转而与绿色能源、清洁技术、可持续效率以及相应的循环性和弹性等生态社会的核心特征结合，化石燃料资产搁浅的情况随处可见。2015年，花旗集团预测，如果巴黎气候大会成功敦促世界各国达成约束性承诺，将全球变暖幅度限制在2℃以内，那么将有100万亿美元的化石燃料资产搁浅，这对整个能源行业乃至全球经济都会造成冲击。[14]

我们提到的100万亿美元的化石燃料搁浅资产引起了全球商业界的关注。搁浅资产是指在预期生命周期正常运行之前提前减记的资产，它是市场日常运行的一部分。但是，偶尔也会出现一整类资产突然意外搁浅的情况。这通常发生在一类革命性新技术和其配套基础设施平台突然进入市场之时，由此产生约瑟夫·熊彼特（Joseph Schumpeter）所说的"创造性破坏"，导致现有资产迅速贬值，直至消亡，把它们从资产负债表的资产栏移到负债栏。这类破坏通常是通信技术、能源、运输方式、居民习惯等发生巨大转型的鲜明特征，例如从邮政通信到电话，从马车到汽车。

通常只有会计师对搁浅资产感兴趣。但是最近，这个术语突然在大众领域内，至少在金融界和公司高管的办公室里流传。管理层正在目睹一场史诗级的战斗——20世纪化石燃料文明中即将消亡的能源、技术和基础设施，与21世纪第三次智能工业革命中的新兴绿色能源和随之而来的数字技术一争高下。

研究行业内和供应链上搁浅资产的轨迹和影响的很多早期开创性

工作都出自牛津大学的一个跨学科中心——史密斯企业与环境学院，特别是牛津大学可持续金融项目主任本·卡尔德科特（Ben Caldecott）的研究。

花旗集团投下100万亿美元的重磅炸弹后不久，英格兰银行行长马克·卡尼（Mark Carney）在劳合社的晚宴上发表演讲。他告诉工业领袖们，世界各国商定的气候变化目标可能会使投资者遭受"潜在的巨大"损失，导致大量石油和天然气储量"的确无法燃烧"，使整个化石燃料文明的资产搁浅。他警告说，"等气候变化成为对金融稳定起决定作用的问题时，可能为时已晚"。[15]

2018年，化石燃料资产搁浅的问题不再与各国的气候目标协议挂钩。这些协议当时是出于自愿达成的，而且往往得不到支持。相反，现在进入公众对话的更重要的核心问题是市场上太阳能技术、风能技术及绿色发电和储电的成本下降，推动着第二次工业革命的四大行业以几年前无法想象的速度和规模与化石燃料基础设施脱钩，这可能会导致数万亿美元的化石燃料成为搁浅资产。下面，我们来看看当前正在发生的转型。

信息通信技术与通信互联网

当我们思考全球经济中哪些行业使用的能源最多、排放的温室气体最多时，我们通常会想到电力、建筑、供暖和运输，可能还会犹犹豫豫地加上农业，但很少有人会想到信息通信技术行业（包括电信、互联网、数据中心）。事实上，就连监测能源使用和全球温室气体排放的研究人员，因为缺乏实际研究的支持（至少最近仍是如此），也很少考虑信息通信技术相关产业。

现在，因为信息通信技术设备——特别是平板电脑和智能手机的用户量呈指数级增长，接入网络的设备数量增多，数据中心激增，以及物联网中嵌入了多达数十亿台的传感器，所以生成、存储和发送的纯数据量不断攀升，与此同时，这一过程中的用电量也在不断增加。

2018年的一项评估全球温室气体排放量的研究发现，"如果不加以控制，信息通信技术行业的温室气体排放量在2007年约占全球温室气体排放总量的1%~1.6%，2016年超过14%，到2040年将达到当前整个交通运输业的一半"。[16]

该预测甚至没有将本应纳入考量的制造所有电子设备所消耗的能量和碳排放包括在内，也没有考虑这些设备较短的寿命周期——该行业为了寻求更大的利润率，被迫每两年向市场推出新一代设备，特别是智能手机和平板电脑。仅制造这些设备使用的能源就占设备寿命周期内每年碳足迹的85%~95%。[17] 从信息通信技术供应链上再退一步看，该预测既不包括开采和处理稀土以及将其嵌入设备所消耗的能源和排放的温室气体，也不包括数十亿台设备的废物处理成本。

尽管智能手机和平板电脑的能源消耗量很高，并且这一数字还在急剧增长，但是消耗能源最多、用电最多、排放温室气体最多的其实是信息通信基础设施，占信息通信技术行业碳足迹的70%，其中绝大部分的能源消耗和碳足迹来自数量激增的数据中心。据估计，到2020年，数据中心的能源消耗比例将占全世界发电量的近4%，占整个信息通信技术行业碳足迹的45%。[18] 因为其消耗的电量在全球发电量中占比越来越高，绿色新政的议程将不得不密切关注信息通信技术领域的脱碳进程。

第二章 人民的动力：免费的太阳能和风能

在苹果、谷歌和 Facebook 的带动下，全球大型互联网公司正引领信息通信技术行业与化石燃料脱钩，并将资金投入绿色能源。2018 年 4 月，苹果公司宣布其全球所有的数据中心均采用可再生能源。该公司还宣布，其全球 23 个主要制造合作伙伴已同意全部采用绿色能源生产苹果产品。苹果公司首席执行官蒂姆·库克（Tim Cook）在谈到这一里程碑时表示："我们将继续在产品材料的选择与回收方式、公司的经营场所、与供应商的合作等方面突破限制，确立新的具有创造性和前瞻性的可再生能源，因为我们知道未来取决于这些可再生能源。"[19] 2017 年，谷歌实现了所有数据中心 100% 使用可再生能源。谷歌目前运营着 20 个可再生能源项目，它对可再生能源基础设施的总投资额为 35 亿美元。[20] 2017 年 7 月，Facebook 宣布，以后"所有"新数据中心将 100% 使用可再生能源供电。[21]

在与化石燃料文明脱钩方面，互联网巨头走在了前列，其他许多领先的信息通信技术公司和电信公司也在飞速发展，成果惊人。2018 年，微软数据中心 50% 的电力来自可再生能源，到 2023 年，这一比例将达到 100%。[22] 美国电话电报公司、英特尔和思科等公司也正力图迅速完成可再生能源与各自业务运营的整合。[23]

太阳能和风能现在比煤炭便宜，与石油和天然气相当，短短几年内还会便宜更多，而且太阳能和风能发电的边际成本接近于零，因此，简单来说，前期与化石燃料脱钩并将资金投入可再生能源的财政承诺是明智的商业决策。再加上还要考虑保障数据中心和其他敏感运营的安全，如果电网和输电线出现故障（随着气候事件和网络恐怖事件不断增多，故障更容易发生），那么采用太阳能和风能供电的公司也可以保证离网数据中心设施和其他运营的安全。

可再生能源互联网

大多数政府领导、商业团体和公众还不知道，太阳能和风能的发电成本一直在呈指数级急剧下降。下降曲线与早期计算机行业的指数曲线极为相似。第一台电子计算机 ENIAC 是 1945 年在宾夕法尼亚大学发明的。[24] 据说，时任 IBM 总裁的托马斯·沃森（Thomas Watson）预测，由于潜在的高昂成本，全球对电子计算机的需求不会超过 5 台。当时没人能预测到 20 世纪 70 年代英特尔的发展。英特尔的工程师们成功地每两年将一块集成电路的元件数量翻一番，使计算机芯片的成本呈指数级下降。今天，40 多亿人能连接到互联网，廉价的智能设备居功至伟。[25]

同样地，太阳能电池板使用的硅太阳能电池每瓦的固定成本，已由 1977 年的 76 美元，降至现在的 50 美分以下。[26] 目前，电力和公用事业公司正悄悄地以每千瓦时 2.42 美分的价格签定太阳能发电的长期采购合同。[27] 国际可再生能源机构于 2019 年发布的报告称，使用向岸风力发电的成本现已低至每千瓦时 3~4 美分，[28] 绿色新能源的发电成本呈指数级下降，并且没有结束的迹象。[29]

当我们考虑这些能源的巨大潜力时，边际成本接近于零的太阳能和风能对社会的影响更加明显。太阳每 88 分钟向地球辐射 470×10^{18} 焦耳的能量，相当于人类一年消耗的能量。如果我们能获取到达地球的千分之一的太阳能量，这就相当于目前全球经济所用能量的 6 倍。[30] 风和太阳辐射一样，也是全世界无处不在的——尽管二者的强度和频率各不相同，但是都遍布世界各地。斯坦福大学关于全球风力发电能力的一项研究认为，如果全世界风力的利用率达到 20%，发电量就能达到目前用来运行全球经济的电力的 7 倍。[31]

斯坦福大学和加州大学伯克利分校的研究人员于 2017 年在《焦耳》杂志上发表了一项详细的研究。这项研究称，美国有能力通过可再生能源完全满足本国的能源需求，其中太阳能占比为 57.28%，风能占比为 38.41%，水力、潮汐和地热占比为 4%。[32]

美国有 3 000 多家电力供应商，其中有 2 000 家公立公用事业公司、187 家投资者所有的公用事业公司、876 家合作的电力公用事业公司、9 家联邦供电机构和几百家电力营销机构，服务客户数量为 1.51 亿。[33]

欧盟和中国的电力行业已经开始与化石燃料行业脱钩，而在美国大部分地区，这才刚刚起步——这并不是什么秘密。可再生能源互联网由五大基础支柱组成，它们必须分阶段同步投入使用，系统才能有效运行。

第一，建筑物需要进行翻修改造，提高节能水平，以便安装太阳能技术设备进行发电，供直接使用或输送回电网以获得补偿。第二，必须制定雄心勃勃的目标，用太阳能、风能和其他可再生能源取代化石燃料和核能。要实现这个目标，就要推出激励措施，鼓励早期采用者将建筑和地产改造成微型发电站。第三，本地发电站和整个电网需要嵌入电池、氢燃料电池、抽水储能等储能技术，管理绿色电流断续，稳定峰值负荷和基本负荷。第四，每栋建筑都要安装先进的仪表和其他数字技术，把电网从当前的机械伺服式运行改造为数字连接，从而管理从本地发电机流入电网的多种绿色电力源。分布式智能电力基础设施将使以前被动的电力消费者变成自有绿色电力的主动管理者。第五，停车位要配备充电站，让电动汽车可以从可再生能源互联网获取电力。数百万辆连接到能源互联网的电动汽车还将提供一种储能系统,可以在需求高峰时,即电力价格飙升时,将电力输送回电网,车主可以因为向电网提供电力而获得补偿。

全国智能电网将成为能源互联网的支柱。美国电力研究院全面定义了国家智能电网的组成结构:

> 今天的电力系统……主要由大型中央发电站组成,通过将高压电网或电网连接到当地的配电系统,然后为家庭、企业和工业供电,主要通过机械控制电力向一个方向流动……虽然智能电网仍然依赖大型中央发电站发电支持,但是它还包括在大容量电力系统层次上以及在各地分布式系统层次上的大量电能储存设备和可再生能源发电设施。此外,智能电网还大大增强了感知能力和控制能力的配置,可以容纳这些分布式资源、电动汽车、消费者直接参与的能源管理和高效通信设备。这种智能电网加强了网络安全防护,可以确保极其复杂的数百万个节点的系统能够长期运行。[34]

美国电力研究院早在2011年就估计,美国智能电网及配套储能技术在未来20年的建设成本将超过4 760亿美元,但是电网将来创造的总体经济效益为1.3万亿~2万亿美元。该研究院还估计,美国智能电网设施可以使温室气体排放量"比2005年减少58%"。[35]

但是这项研究开展的时间是在电力部门从化石燃料向可再生能源转型的初期,当时电力公司、交通运输、建筑等行业刚开始与化石燃料脱钩并与可再生能源发电结合。2011年,电动汽车还处于起步阶段;

在新兴的数字化智能基础设施中,将万物与每个人连接起来的物联网基本上还只是个没有向全社会推广的概念;全美住宅、商业建筑、工业建筑和机构建筑等从石油和天然气供暖转向全电力供暖也很少被人讨论。

这些新发展将大幅增加对电力的需求,并推动经济和社会生活的进步,而这反过来又会使可再生能源和各处进出国家电网的发电管理更加复杂。这些变化发生的速度表明,留给可再生能源互联网骨架建设的时间至多只有10年,而不是美国电力研究院预测的20年,否则系统将会连未来10年增加的用电需求都不能满足。如果可再生能源互联网不能如期建立,这将阻碍甚至阻止绿色新政的转型。如果真是这样的话,那么在政府间气候变化专门委员会为避免地球温度上升1.5℃的临界值而规定的最后期限内,美国将无法实现脱碳目标。

此外,人们对国家电网的需求不断增加,以及整合各个组件和服务的复杂性也日益增加,使得用于保证国家智能电网系统在全美上线并顺利运行的支出也越来越多。

能源电力领域一流的专业能源咨询公司布拉特集团于2019年1月发表的新研究报告估计,2031年至2050年之间,仅建设和扩建美国智能电网的"输电基础设施"每年就要耗费400亿美元以上。美国国家可再生能源实验室2016年的研究称,即使让美国每座"适合"的建筑都安装太阳能电池板,这种分布式能源也只能满足美国当前约40%的电力需求。[36]这意味着要将美国西部太阳能和风能丰富、人口较少的农村地区公用事业规模的太阳能和风能发电并入国家电网,向美国东部地区输送绿色电力,以此作为大都市分布式太阳能和风能发电的补充,这就需要建设国家高压输电系统。布拉特集团认为,对于

"确保电网稳健、灵活,保持高可靠性和反能源威胁的弹性"[37]而言,投资建设输电基础设施至关重要。

其他研究对需要扩展的国家智能电网基础设施各部分的估计和预测各不相同。由于国家电网要迅速从以化石燃料为基础的集中系统,转型为以数百万个太阳能发电站和风力发电站(在高度数字化的全国智能电网中输入和输出电力)为基础的分布式系统,目前所有研究都是最乐观的猜测。这就需要召集联邦、州、地方等各级利益相关者,开始微调国家电力基础设施各组成部分的优先次序、随时间变化的成本,以及寻找在20年内整合到全国运营系统中的方式。

可再生能源互联网运营平台五大支柱分阶段整合,把电网从集中式电力系统转变为分布式电力系统,从化石燃料和核能发电转变为可再生能源发电。在新系统中,每个企业、社区和房主都可能成为电力生产商,通过逐步向美国大陆各地区延伸的智能能源互联网与其他人分享多余的电力。美国的绿色新政要吸取欧洲的经验教训,从一开始就确保可再生能源互联网的五大支柱成为无缝结合的整体,否则就可能遭遇挫折,延缓第三次工业革命模式的成功部署。

德国联邦政府通过制定全国上网电价,刺激企业、社区和个人安装太阳能电池板和风力发电机——他们将以高于市场价的价格把绿色电力卖给电网。激励措施成效显著,中小企业、社区协会和农民纷纷成立电力合作社,向银行贷款,目前正在用太阳能和风能发电,并将多余电力卖给国家电网。2018年,可再生能源发电量占德国总发电量的35.2%,其中近25%来自太阳能和风能,并且大部分来自小型电力合作社。[38]2018年2月,联邦政府宣布一项新命令,要求到2030年,德国65%的电力来自可再生能源,再次督促欧盟其他国家乃至全世界加快步伐。[39]

德国曾经不可一世的电力公司意昂集团、莱茵集团、巴登－符腾堡州能源集团和大瀑布电力公司等在21世纪生产的绿色电力仅占绿色新电力总量的5%，这使它们从"生产"绿色电力的竞争中出局。[40]这些公司值得称道的是它们非常适合用煤炭、石油、天然气等集中能源发电，而这些能源的开采、运输和发电入网需要动用大量资金。如此巨大的资本需求不可避免地催生出行业巨头。它们垂直整合业务运营，以创造规模经济，并用利润回报投资者。

相对而言，绿色新能源是分散的，不是集中的。阳光普照，风满人间，屋顶上、地面上，任何地方都可以实现太阳能和风能发电，这对数百万个微型发电站的建立和落实非常有利。从化石燃料到绿色能源的转变是"赋予人民电力"（Power），这里的Power既指字面意义的电力，也指比喻意义的"权力"。几亿人在工作和生活的地方成为自己的能源和电力的生产者，这昭示着世界各地社区权力民主化的开始。

批评人士长期以来一直认为，德国钟爱可再生能源是为了掩盖更黑暗的现实：德国仍然依赖污染严重的煤炭。尽管太阳能和风能的发电量占德国总发电量的近25%，而且现在的发电成本低于煤炭，但是1/3以上的德国能源需求依然要靠煤炭来满足。[41]为什么德国仍在使用煤炭？这与德国依靠煤炭开采以维持当地经济和就业的地区有关。为了解决这一问题，德国政府的一个委员会于2019年1月宣布将着手实施一项雄心勃勃的计划：在未来20年内完全消除煤电，补偿产煤地区400亿欧元，以帮助当地经济过渡到绿色时代。[42]世界上其他仍然依赖煤炭的国家则在观察德国的试验。它们也意识到，必须在帮助产煤区站稳脚跟的同时，迅速淘汰煤炭。

在脱离化石燃料文明的速度可能加快的情况下，代表163个国家和地区331个下属组织的2.07亿工会工人的国际工会联盟，要求国际社会关注解决搁浅工人和社区的困境。该联盟已经成立"公义过渡中心"（Just Transition Centre），帮助搁浅的劳动者和弱势群体迎接新兴绿色能源经济中新的绿色商机和大规模就业机会。

国际工会联盟秘书长沙兰·伯罗（Sharan Burrow）警告说："我们面临行业转型和经济转型，其规模之大、进程之快，在历史上都是前所未有的。"[43] 幸运的是，统计数据显示，即使在从化石燃料文明向可再生能源社会过渡的早期阶段，许多社区和地区的半技术型、技术型、专业型绿色就业岗位的数量也比传统能源业要多。但是，伯罗也明确表示，地方政府和中央政府要再接再厉，"所有国家都要为弱势的社区、地区和部门设立合乎公义的过渡基金"，覆盖"对教育、进修和再培训的投资，扩大对劳动者及其家庭的社会保障，以及为社区和地区实现经济多样化提供拨款、贷款和种子资金计划"。[44]

太阳能和风力发电技术成本下降带来的能源民主化，加上新成立的电力合作社的早期采用，不仅干扰了化石燃料行业的劳动者，也动摇了发电和电力设施行业，强行颠覆了二者的商业模式。世界上许多能源巨头和电力公司正迅速与化石燃料行业脱钩，转向管理合作社中数百万个人生产的绿色能源，同时为客户制定新的能源服务商业模式。

在新的能源实践中，电力公司将挖掘每个客户价值链上的电力消费大数据，通过分析创建算法和应用程序，帮助客户提高总的能源效率和生产率，减少客户的碳足迹和边际成本。作为回报，客户将与电力公司分享总效率和生产率提高带来的利益。电力公司的利润将更多地来自能源使用的管理效率提高和售电减少，而不是售电增多。

2006年，巴登-符腾堡州能源集团首席执行官乌茨·克拉森（Utz Claassen）两次请我到德国与该公司高层会面，协助制定公司转型战略，让其摆脱化石燃料和核电，转向可再生能源及第三次工业革命带来的能源服务。[45] 克拉森迅速同意转型计划，并在一次大会上向500名高管宣布，巴登-符腾堡州能源集团将带领德国电力公司进入分布式可再生能源服务的后碳新时代。2012年，该公司宣布转型计划，即逐步脱离化石燃料和核能，提高对可再生能源和能源服务的重视。[46]

2008年，我也收到了意昂集团的邀请，与其首席执行官约翰内斯·泰森（Johannes Teyssen）博士公开讨论了管理新兴绿色社会能源服务的商业新模式。8年后，意昂分拆成两家公司，一家负责化石燃料能源和核能的传统业务，另一家专注于可再生能源服务，以适应德国电力行业的颠覆性变革，这种变革正迫使模式发生转变。[47]

德国另外两大电力公司——大瀑布电力公司和莱茵集团，根据我们在欧洲推出的新商业模式，也宣布了类似的转型战略。[48] 德国的电力公司仅仅10年前还是欧洲电力行业无人可比的巨头，但是当它们认识到自己的能源体制及搁浅的配套化石燃料资产基础设施已经过时，不再是可行的商业模式时，它们果断改变了方向。

德国的电力公司并非特例。中国现在已经进入可再生能源领域，目前在太阳能和风力发电技术的制造和安装方面处于世界领先地位。2017年，中国对其的投资占全球可再生能源投资总额的45%以上。[49]

新华社2012年12月报道称，李克强总理阅读了《第三次工业革命》一书，并指示国家发改委和国务院发展研究中心密切关注。[50]2013

年至 2018 年，当时担任广东省（中国首屈一指的工业中心）省委书记、中共中央政治局委员，此后不久担任中国副总理的汪洋，也提及该书，这也推动了该书思想的传播。（后来，我于 2013 年 9 月、2014 年 10 月、2015 年 10 月和 2016 年 3 月，四次正式访问中国，会见了汪洋和来自中国国家发改委、国务院发展研究中心、工业和信息化部、中国科学院的其他政府高级官员，共同探讨中国的第三次工业革命经济转型。在访问中，我感受到中国为确保在部署第三次绿色工业革命方面的领先地位所下的决心。

在我 2013 年 9 月首次访问中国 3 个月后，中国宣布了一项大规模的财政承诺：在全国建立数字能源互联网，确保中国几百万房主和公寓住户以及成千上万家企业能够在住宅建筑、商业建筑、工业建筑的内部和周围，利用太阳能和风能自己发电，并在国家电网上共享盈余电力。中国国家电网公司董事长刘振亚在宣布这一消息的同时，发表了题为《智能电网与第三次工业革命》的文章，描述了中国实施电网数字化并将其改造成能源互联网的宏伟计划。点对点横向扩展的分布式协作能源基础设施将改变中国的经济生活，同时确立中国在下一次重大经济革命中的领导地位。刘振亚董事长宣布将能源互联网作为新经济时代的"洲际骨干网架"，标志着中国历史上一个决定性时刻。他还表示，如果我们"能牢牢把握第三次工业革命的历史机遇，将很大程度上决定我国在未来全球竞争中的地位"。[51]

习近平主席在 2014 年 11 月宣布，中国承诺到 2030 年，中国的非化石能源（主要是太阳能和风能）在一次能源消费中的比重提高到 20%。[52] 这一举动震惊世界。行业研究机构彭博新能源财经对世界电力行业的年度长期经济分析认为，到 2050 年，中国 62% 的电力将由可再生能源提供,从而使中国受益。[53] 这意味着,为中国经济提供动力的大部分能源将以接近于零的边际成本生产,从而使中国和欧盟成为全世界生产力和竞争力最强的两个商业地域。

中国在第一代太阳能和风能转型中紧跟欧盟之时,中国绿色能源有远见的开拓者、汉能集团创始人兼首席执行官李河君,在第二代绿色能源应用方面也走在全球前沿,汉能集团已成为世界第一大太阳能薄膜生产商。李河君在其著作《中国领先一把——第三次工业革命在中国》中说,《第三次工业革命》的"强大定位和见解"深深地打动了他,特别是关于太阳能"更适合未来的独立分布式生产"的论点。[54]

2013年9月,时任全国工商联副主席的李河君邀请我到北京,与中国20位关键政策领导人、思想领袖和企业家分享可再生能源的愿景、理论和实际应用,以及中国在下一次能源革命中可能发挥的作用。这次会议是一次开创性活动,有助于激发人们支持中国领导人关于创造生态时代绿色商机的新使命。[55]

快进到2018年。汉能集团在薄膜太阳能技术方面已经领先世界。新推出的太阳能物流配送车配备薄膜组件,每天可以行驶100公里,目前已经上路使用。[56] 汉能实现的29.1%的太阳能转化率还保持着太阳能利用率的世界纪录,同时,该公司为无人驾驶飞行器、背包、伞等一系列物品配备薄膜,使个人无论去哪里都能携带太阳能,为大部分活动提供动力。[57]

中国可再生能源业的就业人数已经达到380万。[58] 在未来30年里,太阳能和风能发电技术相关设备的制造、安装、维修,以及国家电网从以化石燃料和核能为基础的机械伺服系统向数字可再生能源互联网的转型,还将增加几百万个就业岗位。

美国的电力公司刚刚开始追赶欧洲和中国同行。得克萨斯州圣安东尼奥市是美国人口第七大城市，其公共电力公司——CPS 能源公司是美国最大的市属能源电力公司，也是该市财政收入的主要贡献者。[59] 2009 年，CPS 能源公司和圣安东尼奥市邀请我们 TIR 咨询集团的团队共同制订一项总体计划，帮助大都市区率先完成美国第三次工业革命的零排放基础设施转型。我们的团队包括来自世界各地的 25 名专家，分属信息通信技术、可再生能源、全球运输物流、建筑、建设、城市规划、经济建模和环境设计等领域。[60] CPS 能源公司的团队由其首席执行官奥罗拉·盖斯（Aurora Geis）领导，日常工作由时任可持续发展主管、现任 CPS 能源公司首席运营官的克里斯·优格斯特（Cris Eugster）主持。

制定路线图用了几个月时间。当时，圣安东尼奥市的能源未来有两条路可选。自从 1979 年三里岛的核反应堆熔毁后，CPS 能源公司成为美国第一家委托建造两座核电站的公司。在我们去之前，该公司已经开始着手规划核电站的建设。[61] 此外，CPS 能源公司的未来计划同样大胆，该公司力图将其应用于全州大规模的风能和太阳能发电，并且已经开始进军这些新能源领域。

圣安东尼奥市已经有人反对在附近建两座核电站。他们担心核电站可能会出现成本超支，危及 CPS 能源公司和圣安东尼奥市的收入，因为其他核电站设施在建设时遇到过类似的问题。针对成本超支的潜在风险，CPS 能源公司开展了一项研究。该研究报告预测，当核电站落成时，其最终成本可能比最初的估值要高 50%。

当时，我们的咨询小组敦促 CPS 能源公司抓住绿色能源这个机会。我们认为，风力发电的边际成本接近于零，所以仅凭风能潜力，未来得克萨斯州的绿色零排放能源建设就能一举成功。

得克萨斯州在第二次工业革命中声名鹊起,是因为它曾是美国和全世界最大的产油州。我们认为,随着第三次工业革命的展开,如果得克萨斯州大胆转向风能,再加上太阳能,可能会使该州重新定位为美国领先的可再生能源发电州。CPS能源公司在这次内部对话期间获悉,负责监督核电站设备安装的日本东芝公司刚刚预计,实现该计划的成本将比最初商定的价格高出40亿美元,达到120亿美元。[62]

危机接踵而至。尘埃落定之时,圣安东尼奥市和CPS能源公司因为经济损失严重退出了核协议,从而为风力发电打开了大门。结果证明,这个商业决定实属明智。目前,建造和运行核电站每兆瓦时的平准化度电成本最低为112美元,而前面提过,风能发电每兆瓦时的平准化度电成本最低为29美元,公用事业规模的太阳能发电为每兆瓦时40美元。[63]不过很显然,不是所有电力公司都注意到了这一点。在过去的30年里,美国唯一在建的新核电站是佐治亚电力公司的沃格特勒核电站。这座核电站最初合同中的造价为44亿美元,现在项目工期已经比原计划推迟了5年,并且造价飙升至270亿美元——按任何标准看都是巨额成本超支。[64]一些民选官员仍然支持全国建设新核电站,此举着实令人费解。

与此同时,CPS能源公司在过去的8年里,一直在得克萨斯州开辟道路,与牧场主协议在平原上建设风力发电厂。现在,得克萨斯州的牧场主在牛群徜徉的牧场上经营着风电厂,畅享第二份收入。

得克萨斯州目前是美国领先的风力发电州,其装机容量在全世界仅次于5个国家。2017年,风能发电量占得克萨斯州总发电量的15%,与欧盟目前的绿色能源发电量持平。[65]2016年3月31日,CPS

能源公司的报告称，圣安东尼奥市45%的"日常能源需求……是由7个签约农场的风电满足的。"[66]

得克萨斯州勇冒风险，坚持认为风电将重塑孤星之州，在不到10年的时间里完成了大部分任务，这种果断和勇气值得我们学习。得克萨斯州与加利福尼亚州一样为美国其他48个州树立了榜样，它们可以在同样的绿色能源环境中大展拳脚，在未来20年里带领美国进入由太阳能和风能组成的几乎100%可再生能源的王国，同时提高能源效率。

安妮·普拉玛基尔（Anne Pramaggiore）是美国绿色能源转型中的另一位关键人物。她多年来一直担任为芝加哥服务的大型电力公司联邦爱迪生的总裁兼首席执行官，现在也是美国爱克斯龙公用事业公司的首席执行官。爱克斯龙旗下有6家企业（包括联邦爱迪生），是美国最大的天然气和电力配送公司。2016年在得克萨斯州奥斯汀市举行的能源思想峰会上，普拉玛基尔发表主题演讲。她提到，公司两年前召集电力行业的一些利益相关者，讨论如何提高电网的智能化水平。尽管许多领先的能源管理公司和咨询公司提供了宝贵的建议和见解，但是她认为，在阅读《第三次工业革命》之前，这项工作缺乏统一的概念。[67]她研究了我们20年来在欧盟参与引进的生产和管理绿色能源的可再生能源互联网基础设施，以及模式转变带来的新型"供应商-用户"能源服务商业模式，然后思考了这种方法怎样适应美国的电力网络。

普拉玛基尔在演讲中说："这有点像玩拼图游戏，把所有红色拼图堆在一起，以及把所有蓝色拼图堆在一起，你差不多能看出来怎么拼，但是还没拼起来。然后，突然间，在我们开始学平台经济之后，这些东西开始拼凑起来。我们也恍然大悟。"[68]在美国新一代熟悉可再生能源生产和配送的数字平台能力,并愿意接受推动社会进入零碳未来的颠覆性新商业模式的电力公司主管中,安妮·普拉玛基尔是第一人。

太阳能和风能大举进入市场将对化石燃料行业及其配套电力行业的转型造成多大冲击?德国政府曾委托国际可再生能源署制作一份比较化石燃料生产消费和可再生能源未来生产消费的预测报告,并在2017年的20国集团首脑会议上发布。报告中有一部分用情景推演了从化石燃料驱动的文明加速向可再生能源驱动的社会转型可能造成的搁浅资产成本。

国际可再生能源署对可再生能源的应用和能源效率部署的速度,采用双时间轴情景预测,来评估每条时间轴将如何影响上游能源(能源来源)、发电、建筑和工业等"约占今天与全球能源直接相关的二氧化碳排放量3/4的三大主要责任领域"的搁浅资产规模。在第一种称为"重绘地图"的情景中,可再生能源和能源效率"加速"部署,2015年至2050年间将减少排放量,使全球温度变化比工业化前高出2℃以内的概率维持在三分之二。在第二种称为"政策行动延缓"的情景中,2030年之前保持现状,此后加快可再生能源部署,"确保在2050年之前,全球能源系统保持在同样的排放预算之内"。[69]

在第二种情景中,如果化石能源的资本支出保持不变,一直持续到2030年,那么化石燃料搁浅资产总计约7万亿美元;而在第一种情景中,化石燃料搁浅资产损失为3万亿美元。搁浅资产将占目前石油上游产量估值的45%~85%。[70]

发电方面,在第二种情景中,与化石燃料相关的资产总额为1.9万亿美元;而在加速提前转型的第一种情景中,化石燃料搁浅资产为

0.9万亿美元。[71]

数万亿美元的亏损前景触目惊心。当涉及伟大文明的兴衰时，过去的资产不可避免地会成为未来的负债，给后人造成负担。由于通信、能源、交通运输技术的新革命遥遥无期，而导致一种文明崩溃的事件，历史上并不鲜见。幸运的是，这一次强有力的绿色基础设施新革命将撇开旧的基础设施，同时创造机会，让地球人生活得更轻松、更可持续。

第三章
零碳生活：无人驾驶电动汽车、物联网节点建筑与智能生态农业

值得再次重申的是，汽车是第二次工业革命的顶梁柱。20世纪全世界的大部分 GDP 可以追溯到生产和销售的几亿辆内燃机汽车、几百万辆公共汽车和卡车，提供原料的所有行业和部门，以及所有受益于"汽车时代"及新城市、新郊区建设的行业和企业，例如房地产、购物中心、快餐连锁店、旅游观光业、主题公园和科技园区等。

边际成本接近于零的交通

交通运输业会消耗大量的化石燃料，是温室气体排放的主要来源，现在也要与化石燃料业脱钩，转向生产电动汽车和燃料电池汽车（由电力公司的太阳能和风能提供动力）。德国、中国、印度、法国、荷兰和爱尔兰等18个国家已经宣布，它们打算在未来几十年内逐步停

止销售和登记使用化石燃料的新车。¹

随着汽车公司转向电动汽车和燃料电池汽车,用于交通的石油将大幅减少。美国银行预计,到 2030 年,电动汽车将占汽车总销量的 40%。美国三大信用评级机构之一惠誉的一项研究称,到 2040 年,全球电动汽车的数量可能高达 13 亿辆。考虑到这一点,美国银行认为:"电动汽车很可能在 21 世纪 20 年代初开始侵蚀石油需求增长的最后一个主要堡垒,使全球石油需求在 2030 年见顶。"²

世界上许多大城市已经将目前关于汽车工业从化石燃料驱动的内燃机汽车迅速转型为绿色可再生电力驱动的电动汽车的预测纳入考虑。2019 年 4 月,洛杉矶市长埃里克·贾希提(Eric Garcetti)公布了一项全面的绿色新政总体计划,将未来的交通运输作为该市向零排放经济转型的核心。他还宣布,到 2025 年,洛杉矶市 25% 的汽车将是电动汽车,到 2035 年这一比例将达到 80%。对这个以汽车文化闻名的城市来说,这些预测引人注目。³

石油巨头们并非不知道这一切对石油行业意味着什么。2017 年 7 月,荷兰皇家壳牌公司的首席执行官本·范·贝登(Ben van Beurden)表示,随着电动汽车开始大规模取代 20 世纪的内燃机汽车,全球石油需求量可能在 21 世纪 20 年代末见顶。他还在彭博电视台的一次采访中补充说,下一次买车,他也会买一辆电动汽车。⁴

荷兰皇家壳牌公司的首席执行官只是随口说说吗?全球其他一些石油巨头仍然不为所动。康菲石油的首席经济学家海伦·柯里(Helen Currie)表示,该公司已经对关于电动汽车需求及其他可能影响石油行业未来前景的因素进行了情景推演,并"努力确定需求峰值",可以确信,峰值至少不可能出现在"未来 20 到 30 年内的任何时候","我们欣然承认这些推测是合理的,但是我们确实常常发现石油需求相当强劲"。[5] 其他人则不以为然。

石油需求峰值何时出现在很大程度上取决于改革交通运输业的三大因素:从燃油动力汽车转型为绿色能源电动汽车和燃料电池汽车、向共享汽车服务转型、推出无人驾驶汽车。这三大转型都是革命性的,单独一项就足以颠覆交通运输业的现有模式。三者结合,相互补充,意味着彻底颠覆全世界现有的交通运输模式,导致大量资产搁浅,其规模尚难确定。

通信互联网和可再生能源互联网的结合,使建设和扩大自动化交通运输互联网成为可能。三大互联网互相融合,构成物联网平台的核心,在第三次工业革命经济中管理、驱动、运输货物和服务。

与能源互联网的支柱类似,自动化交通运输互联网的四大基础支柱也必须分阶段同步投入使用,系统才能高效运行。第一,各地要广泛安装充电站,以确保电动汽车(轿车、公共汽车和卡车)可以随时充电,或向电网供电;第二,物流网络设备中要嵌入传感器,允许工厂、仓库、配送商、零售商、最终用户即时掌握影响其价值链的物流数据;第三,使用数字化增强的智能集装箱,供应链上所有实物货物均需实现标准化储存和运输,能够高效传递到任意运输车辆上,并沿着任意通道运送出去,从而使在物流系统中传送货物像在万维网上传输信息一样轻松高效;第四,物流通道沿线的仓库运营商要结成合作网络,把所有资产加入共享的物流空间,以优化货物运输,发挥横向经济的规模优势。例如,成千上万个仓库和配送中心可以建成连锁合作社,共享空余空间,承运人可以在任一仓库卸货并转给另一家公司的另一个承运人,后者可能有更多的货物要运往特定目的地附近,从而使所有承运人的货车都时刻满载,确保货物沿效率最高的路线抵达最终目的地。

物联网平台将提供关于货物取送的时间表、天气状况、交通流量的实时物流数据,以及沿线仓库存储容量的最新信息。自动化调度将使用大数据和分析技术来创建算法和应用程序,以确保物流路线上的总效率达到最优,提高生产率,减少碳足迹,同时降低每批货物的边际成本。

到 2028 年,至少部分公路、铁路、水上运输将交由无人驾驶的电动汽车和燃料电池汽车完成,其动力来自边际成本接近于零的零排放可再生能源,操作则由复杂的分析和算法负责。在智能自动化交通运输互联网上,由于无人驾驶的电动汽车和燃料电池汽车的动力来自边际成本接近于零的可再生能源,其总效率和生产率将加速提升,货物运输的劳动力边际成本也将降低到接近于零。

交通运输技术的转型已经开始改变运输公司的本质。2016 年,我在杜塞尔多夫和当时担任戴姆勒卡车和公共汽车公司负责人的沃尔夫冈·伯恩哈德(Wolfgang Bernhard)一同向来自世界各地的记者介绍戴姆勒新的交通运输商业模式。[6]

我用几分钟阐述了交通运输互联网的工作原理,然后伯恩哈德向与会记者宣布,戴姆勒将向新设的"数字化解决方案与服务"部门投资 5 亿欧元,为各公司提供最先进的智能物流服务,帮助它们改善物流供应链的管理。宣布这个消息的时候,戴姆勒已经为 36.5 万辆商用车装配了传感器,使驾驶室可以监测和搜集有关天气状况、交通流量、目前可用仓库空间的大数据。伯恩哈德指出:"对高效物流来说,实时数据必不可少。我们的卡车所提供的数据将提高客户的效能,帮助他们更安全、更环保地经营业务。"[7]

然后，让在场的记者们大吃一惊的是，伯恩哈德调暗了现场的灯光，连线一架盘旋在德国高速公路上空监控三辆戴姆勒长途卡车运输的直升机传输来的实时视频。视频放大了卡车的驾驶室，以便伯恩哈德与司机交谈。他让三位司机手离方向盘，脚别踩油门。然后，卡车进入自动驾驶模式，像火车一样编队行驶，把一队汽车变成了移动大数据中心，在高速公路上实时获取相关物流数据。驾驶员则进入物流分析师的角色，监控传感器的反馈，通过网络向物流合作伙伴提供大数据。一年后，戴姆勒把其顶尖工程师请到柏林，与我们一同进一步完善了交通运输业务的工程模型。

"福特智能移动计划"是福特汽车公司推出的新型交通运输业务。福特正在与"灯塔"城市建立合作伙伴关系，与城市规划人员和民间组织合作开发私家车以外的新型载客和货物运输方式。福特的目标是全方位与伙伴合作，开发无缝交通服务，使福特的无人驾驶电动汽车能够与公共交通、共享自行车服务、共享摩托车服务、人行道结合，轻松通过各种交通方式转接运送乘客和货物到达最终目的地，从而减少拥堵和碳排放。[8]

2017年1月，底特律北美车展开幕当天，我与时任福特首席执行官的马克·菲尔兹（Mark Fields）一起介绍新的商业模式。福特还赞助了我们办公室与Vice Media（互联网媒体公司）联合制作的影片《第三次工业革命：激进的新共享经济》在纽翠贝卡电影节上的首映式，以及该影片在迈阿密、旧金山和洛杉矶的首映。

自动化交通运输互联网的建立改变了乘客的出行观念。今天，在交通运输互联网的初期，年轻人正利用移动通信技术和GPS导航，与愿意共享汽车服务的司机建立连接。至少城市里的年轻人更喜欢"用车",而不是"买车"。在自动化智能交通时代,未来几代人可能再也不会"买车"。每共享一辆车,就会使汽车的产量减少 5 至 15 辆。[9] 通用汽车负责研究、开发和规划的前副总裁拉里·伯恩斯(Larry Burns)研究了美国密歇根州的中等城市安阿伯市的出行模式,发现汽车共享服务可以使上路汽车比目前减少 80%,并能以更低的成本提供同等或更好的出行体验。[10]

在世界各地人口密集的城市里,目前有 12 亿辆轿车、公共汽车和卡车在车流中缓慢前行。[11] 在过去的 100 年里,大规模生产的内燃机汽车已经吞噬了地球上大量的自然资源。伯恩斯的研究表明,随着下一代广泛使用汽车共享服务,目前在各地行驶的 80% 的汽车都可能会面临淘汰。[12] 剩下的 2.4 亿辆车将是电动汽车和燃料电池汽车,由边际成本接近于零的可再生能源提供动力。这些共享汽车将是无人驾驶汽车,在自动化智能道路系统上运行。

从"买车"到在智能道路系统上"用"无人驾驶汽车出行的长期转型,将改变交通行业的商业模式。世界各地的大型汽车制造商在未来 30 年将减少汽车的生产,并将自己重新定位为全球自动化交通运输互联网的整合者,管理交通服务。

再回来说说荷兰皇家壳牌公司首席执行官本·范·贝登的大胆预测,即随着电动汽车开始取代 20 世纪的内燃机汽车,石油消费可能在 21 世纪 20 年代见顶。对此,全球能源业和运输业的其他主要参与者有何看法?

斯德哥尔摩环境研究所 2018 年发布的报告预测了欧洲交通业的资产搁浅风险。这份报告唤起了人们对于美国乃至世界各地将来会发生的情况的关注，并直截了当地估计，随着欧洲交通革命的展开，仅欧洲汽车行业就面临着2 430亿欧元（合2 770亿美元）的资产搁浅风险。值得一提的是，截至2017年，欧洲汽车业的企业总价值为6 040亿欧元（合6 890亿美元）。[13]

电动汽车的销售额急剧下滑，部分是因为锂电池价格的迅速下跌。2010年，锂电池价格为1 000美元/千瓦时，但是到2017年底，锂电池价格仅为209美元/千瓦时，短短7年就暴跌79%。电动汽车电池的平均能量密度也在以每年5%~7%的速度提高。[14]

各国政府一面为汽车制定更严格的燃油经济性标准，一面又为购买电动汽车的群体提供慷慨的补贴，迫使汽车大规模电气化。中国在使用这种"胡萝卜加大棒"的方法方面成绩斐然。2017年，中国仅6个城市的电动汽车销量就占了全球销量的21%。欧洲在这方面又一次与中国正面交锋。随着欧盟各成员国也提出了类似的"胡萝卜加大棒"政策，戴姆勒、大众和沃尔沃都宣布了雄心勃勃的部署计划，它们要在未来10年里实现汽车电气化。[15]

截至2018年，电动汽车销量仅占全球汽车销量的2%。但是彭博新能源财经预测，随着电动汽车的价格降到低于内燃机汽车的制造成本，全球电动汽车2030年的销量将从2017年微不足道的110万辆跃升至惊人的3 000万辆。中国在这场竞争中遥遥领先。预计到2025年，中国将占全球电动汽车总销量的50%，到2030年，这一比例则为39%——因为其他国家的电动汽车规模也在逐渐扩大。[16]在向电动汽车销售转型的竞争中，欧洲汽车制造商正在迅速迎头赶上。大众汽车已经投入800亿欧元用于转型，数额之大令人咋舌，该公司表示到2025年，它将在市场上推出50款新型纯电动汽车。[17]戴姆勒承诺在未来几年投入420亿美元将电动汽车推向市场；宝马承诺投入500亿欧元，并于2025年，向市场推出12款电动汽车。[18]宝马计划生产的电动汽车在充电前的续航里程为435英里，并配备不含稀土金属的第五代电池。[19]多家汽车公司预计，到2025年，电动汽车的价格将与内燃机汽车的价格持平。[20]大众还宣布，它将在2026年之前，停止生产汽油和柴油发动机，这标志着内燃机时代的终结。[21]此外，到2025年，大众将在欧洲各地安装3.6万个电动汽车充电站。[22]

彭博新能源财经认为，电动汽车的"无补贴成本"与内燃机汽车的成本竞争的"转折点"将出现在2024年。这份报告预测，到2025年，电动汽车将占中国乘用车总销量的19%，欧盟的14%，美国的11%。这才是真正重要的一年。21世纪20年代中期，（汽油或柴油）内燃机汽车每年的销量会开始下滑（与欧洲电力行业2010年至2015年经历的变革类似），这标志着内燃机行业的终结和绿色能源电动汽车的曙光。[23]该机构还预测，电动汽车2028年的销量将占全球汽车总销量的20%。[24]与这一预测相一致的是，大众汽车预计到2029年将售出2 200万辆电动汽车，占汽车总销量的25%。[25]到这时，化石燃料文明可能开始崩溃。应该注意的一点是，全世界现在每天消耗9 600万桶石油，用于交通运输的约占石油总消耗量的62.5%。[26]这些数字已然说明一切。

向绿色电动汽车转型是变革性事件，仅这一件就会在汽油动力汽车出现以来最大的转型中撼动全球经济，同时，向无人驾驶汽车的共享服务转型随之而来，也将对改变社会中交通运输的组织方式产生重大影响。

转型速度之快使行业和社会措手不及。领先的交通研究预测机构

RethinkX 在 2017 年的一项研究报告称，现在的汽车共享服务将在 21 世纪 20 年代迅速转变为共享客运服务和电动车队，[27] 汽车使用效率将大大提高。以欧洲为例，私家车的平均行驶时间仅为 5%，甚至 5 个座位中，仅 1.5 个处于使用状态。该研究预测，到 2030 年，无人驾驶电动汽车的共享出行将使汽车的利用率提高 10 倍，汽车寿命延长 50 万英里，也可能是 100 万英里。研究结果表明，关键在于"出行即服务"的模式将使交通成本相较现有模式大幅下降，"到 2021 年，使用该模式的成本将为购买新车成本的 1/10~1/4，是使用现有车辆成本的 1/4~1/2"。[28]

更令人惊讶的一个发现是，在无人驾驶汽车的"供应商-用户"交通模式中，人力边际成本几乎为零，用太阳能和风能提供动力的边际成本也几乎为零，这就降低了出行的成本，同时供应商还能把乘客在车上花费的时间变成商品——通过互联网提供各类娱乐和商业采购，类似于航空公司在长途航空旅行中提供的服务。RethinkX 认为，"来自广告、数据变现、娱乐、产品销售等的收入，将开辟免费交通之路"。[29]

由于在"供应商-用户"交通模式中，每辆无人驾驶汽车的平均使用率是私家车的 10 倍，所以路上需要的车辆将减少，浪费在交通拥堵上的时间也会缩短。2017 年交通拥堵造成的经济损失，仅美国就有 3 050 亿美元。[30]

研究还发现，到 2030 年，人工驾驶的内燃机私家车数量将仅占上路汽车总数的 40%，其行驶里程仅占乘客行驶总里程的 5%。届时，这些效率的大幅提高将使美国家庭的年收入增加 1 万亿美元。该报告的作者说："原本用于开车的时间可用于提高生产力，这将使 GDP 增加 1 万亿美元。"[31]

到 2030 年,乘用车和卡车的产量将减少 70%,交通运输业将被颠覆,该行业会出现规模前所未见的资产搁浅。另一方面,研究认为,"美国家庭平均每年将节省 5 600 美元以上的交通费用,相当于工资提高 10%",美国家庭的可用资金将增加 1 万亿美元。[32]

在此时间范围内,RethinkX 研究报告中的所有预测能否实现,可能还有待讨论。但是可以肯定的是,出行概念和部署的重大转型将对交通业、能源业和社会产生深远的影响。

现在,我们再次重申美国银行的观点,即电动汽车的市场渗透率提高,"可能在 21 世纪 20 年代初开始侵蚀石油需求增长的最后一个主要堡垒,使全球石油需求在 2030 年见顶"。[33] 荷兰皇家壳牌公司首席执行官本·范·贝登也声称,全球石油需求将在 21 世纪 20 年代末见顶。情况确实如此吗?其他石油巨头是同意他们的观点,还是在资产搁浅出现之前,仍然看好更广阔的行业未来?

我们可能已经有了答案。伯恩斯坦研究公司是能源行业最受尊敬的市场预测机构之一,它在 2018 年 7 月的一份研究报告中警示,全球经济将遭遇每桶 150 美元的油价冲击,甚至超过 2008 年 7 月创下的每桶 147 美元的历史高点(曾经与次贷危机一起使全球经济陷入大萧条)。据美国财经频道 CNBC 报道,伯恩斯坦研究公司认为,对石油储备的再投资金额目前是 20 多年来最低的,储备量可能只会再持续 10 年左右。[34] "石油储备再持续 10 年"听起来是不是很熟悉?这正是其他研究预测全球石油需求见顶回落的时间。巧合吗?不太可能。

伯恩斯坦研究公司认为,石油巨头们已经意识到可再生能源和电动汽车产业迅猛崛起,并且知晓所有认为全球石油需求会在不久的将来见顶回落的研究。有些公司可能会中止补充 10 年之外的石油储备，因为它们担心在勘探和开采石油的过程中会遭受毁灭性的损失，这些不会被用到的石油将成为搁浅资产。由于投资者已经要求石油公司向股东返还现金，而不是花钱补充可能永远不会燃烧的石油，所以该研究公司认为，"任何供应短缺都会导致价格飙升，甚至可能远高于 2008 年 150 美元 / 桶的峰值"。[35]

物联网节点建筑

信息通信技术或通信、电力、交通运输等行业与化石燃料行业脱钩的同时，房地产业也是如此。房地产业消耗大量能源，是温室气体的排放大户。

各个城市、地区和国家正要求和鼓励改造现有建筑，以减少能源使用量；颁布法律，要求所有新建住宅、商业建筑、工业建筑使用太阳能、风能、地热及其他可再生能源，实现零排放供电。加利福尼亚州已经制订了一项让现有建筑脱碳的积极计划。2018 年 9 月，加州州长杰里·布朗（Jerry Brown）签署一项法案，为将加州现有住宅和商业建筑 2030 年的温室气体排放量比 1990 年降低 40% 奠定了基础。[36] 加州公用事业委员会也正在制订计划，确保到 2020 年，所有"新建"住宅建筑的净能耗为零，到 2030 年，所有商业建筑的净能耗为零。[37]

2015 年，全球房地产市场的价值为 217 万亿美元，接近全球 GDP 的 2.7 倍，占全球经济中投资性资产的 60%。[38] 展望未来，到 2030 年，房地产市场的价值将再增长 8 万亿美元。[39]

正如前面提到的，通信、能源、交通的模式转型将改变建筑环境的本质。第一次工业革命因为枢纽到枢纽式的铁路运输，产生了密集的城市建筑环境；第二次工业革命则产生了州际公路出口附近广泛分布的郊区环境。在第三次工业革命中，住宅、商业建筑、工业建筑、机构现有的和新建建筑将改造为零碳节能的智能节点和网络，嵌入物联网矩阵中。与物联网基础设施连接的每个建筑节点都将充当分布式边缘数据中心、绿色微型发电厂、储能站和物流中心，管理和驱动美国的绿色智能经济活动，实现其流转。

建筑物不再是被动封闭的私人空间，而是积极参与的实体，可以共享可再生能源、能源效率、储能、电动交通运输以及住户自行决定的其他广泛的经济活动。但是，铺设所有数字基础设施的首要决定因素是每栋建筑脱碳。

美国将不得不彻底改造现有的大量建筑，以密封内部，最小化能量损失，最优化效率，并且建造扶壁加固结构以抵御气候变化带来的破坏。作为全球建筑温室气体排放的主要来源之一，住宅、商业建筑、工业建筑、机构建筑等现有的天然气和石油供暖需要改造为电力供暖。在相对较短的几年内，建筑物的能效和节能改造投资就能得到回报。此后，业主或租客就能在数十年内节约大量能源成本。

改造现有建筑也会带来数百万个工作岗位。每花费100万美元用于建筑改造用品的制造和安装，就可以创造16.3个就业机会，包括直接就业、间接就业和联动就业机会。[40] 德国的经验为美国开展的全国性改造计划创造就业的潜力提供了一个衡量标准。"德国工作与环境联盟"被誉为最雄心勃勃的项目，该项目改造了34.2万套公寓，创造了2.5万个新工作岗位，挽救了11.6万个现有工作岗位，两者之和超过14万个工作岗位。[41] 尽管德国的就业数据可能与美国的有所不同，但

第三章 零碳生活：无人驾驶电动汽车、物联网节点建筑与智能生态农业

是它可以用来预测美国住宅大规模改造带来的潜在就业机会。

只有在密封建筑外壳、提高能效之后，物联网智能基础设施才能嵌入建筑，把建筑变成智能节点，为本地和全球居民的集体参与做好准备。物联网早期更多的是作为辅助性手段，帮助行业加强对设备的监控，改善装配线和供应链操作。例如，飞机上安装的传感器就可以在进行标准维护检查前，提醒公司更换部件。

早在1999年，凯文·阿什顿（Kevin Ashton）就已经提出"物联网"的概念，但是随后的13年间，因为传感器和执行器的成本一直居高不下，所以没有人对其广泛的应用前景进行研究。后来，在2012年至2013年的18个月里，用于监测和跟踪物品的射频识别芯片的成本大降40%，为全社会安装传感器带来了机会。[42]

2014年，我们出版的《零边际成本社会》提出，物联网将成为改善商业生活和社会生活的智能神经系统，并大有可为。[43] 我们认为，物联网的最终应用将是嵌入住宅、商业建筑、工业建筑和机构建筑内部或之间，把所有生活场所改造成可以通过多个平台相互连接的智能建筑节点，从而创建一个分布式的全球大脑和神经系统，将人类家庭汇集到更加多样化、流动性更强的社会经济网络中。

硅谷企业家和全球咨询公司已经开始接纳"节点建筑"的概念，但是将这一理论迅速应用于实践的是一家中国公司。张瑞敏是海尔集团的董事局主席兼首席执行官。中国以外的大多数公众可能不太熟悉海尔，尽管他们的住宅、办公室、商业空间、科技园区可能都配备了该公司的智能技术设备。海尔是世界领先的家电制造商，拥有多个地区的家电品牌，包括美国市场上的"通用电气"。

2015年9月，在海尔启动全球商业计划十周年庆典上，我很荣幸

065

地拜访了张瑞敏。⁴⁴ 张先生读完《零边际成本社会》后，开始把建筑重新定义为智能分布式节点，可以在社交平台上聚合，丰富家庭生活和商业。⁴⁵ 海尔现在是应用于世界各地建筑中的智能家电物联网技术的领导者。

张瑞敏对我说，他们的商业模式目标是为家庭、企业和社区提供物联网技术，减少用电量和碳足迹。

每栋建筑中的物联网基础设施虽然仍处于萌芽状态，但是随着美国将现有建筑改造成智能网络中互相连接的数字化智能节点，预计未来几年将呈指数级增长。在物联网技术上每花费 100 万美元，就可以创造 13 个直接就业、间接就业和联动就业机会。⁴⁶

无论从哪方面看，房地产行业都最有可能在未来几十年成为全世界规模最大的搁浅资产。与电力能源不同，住宅、商业建筑、工业建筑和机构建筑相对固定，每年仅有 2% 的总资产进入周转，从而成为全球最不灵活的资产。⁴⁷ 为了正确地理解将现有建筑改造成接近于零排放的难度有多大，我们可以参考这一预测：直到 2050 年，英国目前 87% 的现有建筑仍将屹立不倒。⁴⁸

我们在欧盟的经验是，实施绿色新政时，全面改造现有建筑标准是最难实现的一个方面，这需要坚定信心，战胜因为不想破坏日常生活和工作模式而产生的社会和心理上的妥协态度。住户，特别是居住在社会住房和公共住房中的中低收入的住户，经常能克服这种阻力，因为他们意识到在改造之后，每月的公共事业费用（通常是仅次于租金的最大住房费用）将大幅下降，可自由支配收入随之增加。

建筑改造对于美国和全球经济的脱碳是绝对必要的，在绿色新政的过渡中要特别留意。如果我们不能积极地完成这项任务，预计全球建筑业的搁浅资产将会造成令人震惊的损失。在国际可再生能源署推演的第二种情景中，全球现有建筑的搁浅资产将达到惊人的10.8万亿美元，是第一种情景的两倍。[49]

2018年，在波士顿召开的美国市长会议年会上通过了一项强硬的决议，呼吁美国城市"关注美国现有和新建的住宅、多户住宅、商业建筑、政府建筑的能源效率"。[50] 部分城市率先采取行动，开始响应这一呼吁，颁布更严格的强制性要求和奖惩措施，加快对管辖区内现有建筑进行改造，希望提前完成减排任务，将气候变化控制在1.5°C以内。

美国市长会议可能会采用欧盟制定的建筑能效指令（Energy Performance of Buildings Directive）。该指令提供的机制可以用于监测、激励、惩罚需要参与改造现有建筑、现场安装可再生能源、创建储能充足的智能能源基础设施的所有各方。这项指令规定，欧盟28个成员国中的每一座建筑都必须持有能效证书，并负责监测自己的供暖和空调系统。诺森比亚大学建筑与建筑环境系的两位老师——讲师凯文·马尔登－史密斯（Kevin Muldoon-Smith）和副教授保罗·格林哈尔希（Paul Greenhalgh）对该法案的重要性做出如下解释：

> 能效证书与房地产业中与气候变化相关的搁浅资产关系重大。能效证书将影响房地产交易决策，并为能效改进提供成本优化建议，所以是建筑改良的关键推动力量……它们既可以为各国政府提供执行最低能效标准的机会，也是业主、住户和房地产利益相关者的重要信息工具。[51]

英格兰和威尔士政府已经采用能效证书，为非住宅性私有租赁房产制作可执行的成绩单——"最低能效标准"。如果某房产的最低能效标准得分低于 E 级（即 F 级或 G 级），那么出租属于违法行为。类似的规定也适用于住宅物业。约有 10% 的住宅地产，价值 5 700 亿英镑，以及约有 18% 的商业建筑，价值 1 570 亿英镑低于标准。两地政府都在考虑以后提高最低门槛，以鼓励建筑内部的物理改造。[52]

发布最低能效标准报告还有许多其他好处。例如，公开点名批评不合格建筑的业主，甚至让其在售房产贬值。给一个城市、一个州或一个国家的每一栋建筑颁发不断更新的能效证书，可以用于确定物业的价值，进而评估物业税。节能水平高的物业和太阳能发电的物业可享受税收减免；节能水平较低的物业则要加税。

不幸的是，最低能效标准带来的融资机制——"绿色新政财政模式"本应鼓励破旧住宅物业的业主改变能源效率，但是政府取消了这种模式，甚至从未将其引入商用物业，对业主只有罚没有奖，因此他们没有动力升级物业。[53] 我们反复得到的教训是，在建筑环境从化石燃料文明转型为绿色可再生能源文明的过程中，"胡萝卜"和"大棒"必须同样有力才能确保成功。

为美国劳动力走进绿色时代做好准备

美国的通信、电力、交通运输、房地产等行业与化石燃料文明的脱钩才刚刚开始，构成新绿色经济神经系统的四大行业就业率已经开始上升，显露出向第三次工业革命经济转型带来的劳动力结构转变。统计数字令人印象深刻。美国能源部发布的《2017 年美国能源与就业报告》称,美国在能源效率、太阳能、风能、电动汽车等行业的就业人数将近100万,几乎是化石燃料电力业就业人数的5倍。[54]如果加上建筑业中从事建筑改造的兼职工人,那么美国"在能源效率、太阳能和风能领域从事兼职或全职工作"的人数将升至300万。[55]随着美国将注意力转向未来20年实现第三次工业革命零排放基础设施转型的绿色新政,这类就业人数将呈指数级增长。

为确保全国劳动力具备实施全国基础设施的绿色智能模式转型所需的各种能力,需要进行大规模的培训和(或)再培训,培训规模将达到美国在二战初期大批男性劳动力投入战备工作,女性投入国内工业生产时的规模。这项看似不可能完成的任务,各行业在不到18个月的时间里就已经完成。最近,关于对中学生和大学生进行类似的动员和培训的讨论越来越多,学生们可以以学徒的形式进入社区和行业,时刻准备为绿色基础设施的建设和扩建添砖加瓦。

据布鲁金斯学会研究,目前美国50个州有1 450万工人可以投身于基础设施建设。这些工人大多是白人男性,不能反映出总体人口的种族或性别多样性。在绿色能源和能效领域,女性工人的占比不到20%,有色人种不到10%。[56]

布鲁金斯学会指出,"向清洁能源经济的转型将主要涉及清洁能源生产、能源效率、环境管理等三大领域的320种特殊职业"。其中大部分工作需要一定程度的设计、工程、机械方面的职业培训和专业培训。令人感兴趣的是,绿色新岗位的时薪比全国平均水平高8%~19%;同样重要的是,收入较低的工种的时薪比旧经济模式中的同类工作也高出5~10美元。[57]

问题是,现有的从事基础设施建设的劳动力多数即将退休,那么怎样确保新一代劳动力具备美国向绿色后碳时代转型所需的技能呢？州、市、县各级政府现在已经着手建立基础设施学院，目的是重新培训现有劳动力，也确保年青一代为第三次工业革命经济转型带来的新的基础设施工作做好准备。例如，2018 年，华盛顿特区市长穆丽尔·鲍泽（Muriel Bowser）宣布成立特区基础设施学院。这是该市与华盛顿燃气、特区水务和电力公司 Pepco 等公私合作伙伴联合发起的一项倡议，旨在为该市最弱势社区居住的工人提供培训，迎接新的绿色就业机会。[58]

绿色新政开启了全美范围的对话，讨论分别以绿色项目、资源保护项目、气候拓新者项目、基础设施项目等州和国家服务项目形式设立绿色学徒制，参与者完成服务后获得最低生活工资和职业认证，让美国年青一代可以在日趋绿色化的经济环境中发展自己的事业。这些举措有很多先例。事实证明，在鼓励公共服务，为年轻人提供学习新技能的机会以帮助他们找到职业道路和就业机会方面，和平护卫队、美国志愿者服务计划和美国志愿军计划用处极大。工会、地方政府、大学、社区学院、中专等也将发挥重要作用，与各服务团体展开合作，为 21 世纪新的绿色劳动力做好准备。

智能生态农业

虽然构成社会基础设施的四大关键行业碳足迹庞大，是管理和推动经济活动、社会生活和政治管理，并实现其流转的大头，但是我们也不应该忽视农业，因为农业是能源的重要消费行业，碳足迹也不小。

粮食在种植、灌溉、收获、储存、加工和包装,以及将其运输至批发商和零售商的过程中,能耗很大。石化肥料和农药的能耗也占能源账单的很大一部分。农机使用也是能耗大户。在欧盟食品价值链中,作物种植和动物饲养的能耗最多,占总能耗的1/3,工业加工占28%,包装和物流占22%,食物垃圾的最终处理约占5%。[59]美国农场的统计数据可能类似。

我们先回过头来说说家畜饲养。联合国粮农组织称,如果得知牛是人类造成的农业温室气体排放的主要原因,人们可能会感到震惊。[60]人们在地球上26%没有冰雪覆盖的土地上从事着以牛为主的畜牧业生产。[61]全球目前大约有14亿头牛,它们是甲烷的主要排放源。甲烷是一种温室气体,其导致全球变暖的潜力值是二氧化碳的25倍。[62]牛的粪便也会释放一氧化二氮,其导致全球变暖的潜力值是二氧化碳的296倍。[63]

然而,这只是皮毛而已。据美国环境研究所的研究,在美国,一半以上的农作物产量被用作动物饲料。[64]与常见的植物性蛋白源相比,"肉牛等反刍动物……生产每单位蛋白质所需的土地是豆类生产每单位蛋白质所需的土地的20倍,前者产生的温室气体排放量也是后者的20倍",因而牛的集约化生产及相关的畜牧业效率极低。[65]可悲的是,世界上许多国家毁林主要是为了提供草地养牛,这会进一步导致吸收温室气体的树木数量大量减少。

不过可喜的是,千禧一代和Z世代现在逐渐意识到牛肉的问题,他们会在自己的饮食结构中增加素食,甚至是纯素食。快餐连锁店也开始推出素食。汉堡王于2019年4月宣布,该公司在全美的7 300家分店当年年底都会销售人造肉汉堡。[66]

不幸的是，在与化石燃料脱钩方面，世界各地的农业和食品业严重落后于其他商业领域。例如，欧洲农业消耗的能源中，只有7%来自可再生能源，明显低于整体能源消耗中15%的可再生能源比例。[67]让包括欧洲、美国等全球的食品业摆脱化石燃料和以石化为基础的农业，是一项艰巨的任务。

不过，食品业已经开始重视这个问题。欧洲正在推广用有机生态农业生产方式代替石化农业生产方式，特别是石化肥料和农药的使用，但是在这方面，美国仍然相对落后。欧盟28个成员国目前已有6.7%的农田转为有机耕作，而在美国这一比例只有0.6%。[68]

然而，美国有机食品的零售额不断提高，2017年达到452亿美元。[69]消费需求正在推动农业转型，越来越多的美国人愿意购买价格更高的可持续有机食品。随着有机食品市场需求的增长，越来越多的农民将转向生态耕作，这会使有机食品的零售价格降低。

农民们还联合起来成立电力合作社，并开始利用太阳能、风能和沼气能源技术。[70]部分绿色电力被用于农场，多余的则卖回能源互联网，从而为他们又开辟了一条财路。

农民还可以通过"碳农业"开辟第三条财路。通过肥田作物、轮作和免耕农业将碳封存在土壤中，这些方法不仅操作简单，而且经过长期实践证明，确实有效。例如，在蔬菜田间简单地套种黑麦、豆类、燕麦等肥田作物，有助于保持土壤中的碳、氮等有机营养物质。碳农业一举两得，既能从大气中吸收二氧化碳，又能将碳储存在土壤中，以帮助植物生长，提高产量。[71]

美国农业部只需追加少量大规模农业援助（目前总额为8 670亿美元），并鼓励农民采用碳农业生产模式，就会对二氧化碳捕集和碳储存产生明显影响，既能解决气候变化问题，又能使农民从产量的提高中受益。[72] 此外，联邦和各州可以通过税收抵免，鼓励农民将部分土地退耕还林，从而增加碳汇，捕获和封存排放的二氧化碳。

虽然在农场上安装太阳能和风能发电机进行绿色发电，以及用碳农业封存二氧化碳，将会对绿色社会建设做出重要贡献，但是在归联邦政府所有的土地上，还有更大的机会来扩展这两项工作。美国整个陆地的 1/3 和沿海所有土地仍然为联邦政府所有。[73] 近年来，这些土地被越来越多地出租给化石燃料业用于开采煤炭、石油和天然气。令人惊讶的是，2005 年至 2014 年间，在联邦公共土地上开采化石燃料而排放的温室气体，占美国总排放量的 23.7%。[74] 美国目前仅有 5% 的可再生能源是在公共土地上生产的。[75] 绿色新政应该改变重点，出租联邦公共土地用于开采化石燃料的做法应被取消，同时鼓励扩大向太阳能和风力发电开放的公共土地的规模，确保 21 世纪用绿色能源为美国提供电力。此外，美国的森林、草地和灌木带等公共土地封存的二氧化碳，目前仅占同一地块上开采的化石燃料所排放二氧化碳的 15% 左右。[76] 通过在适合的土地上杜绝开采化石燃料，并实施还林工程，公共土地将成为美国向绿色时代过渡期间吸收工业排放二氧化碳的"巨肺"。

农场从机械化运营向数字化运营转型也开始改变粮食的种、收、储、运方式。物联网基础设施的逐步应用有望大幅提高美国农民、食品加工商、批发商和分销商的综合效率和生产率。农民们已经开始利用这种新兴的物联网技术，在农田里安装传感器来监测天气状况、土壤湿度变化、花粉传播情况及其他影响产量的因素。他们还安装了自动响应的机械装置，以保证适当的作物生长条件。

随着物联网基础设施的逐步应用，在供应链中植入的传感器可以时刻对从播种到抵达最终目的地零售店的全过程进行跟踪，从而使美国的农民、加工商、批发商和分销商能够挖掘价值链中流动的大数据，提高农场管理、供电及食品加工运输的总效率，降低边际成本和生态足迹，使食品工业走出化学时代，进入以新型数字化智能互联网为媒介的生态时代。

弹性时代

一直以来，我们的通信、地球能源利用、出行、居住和饮食方式对经济生活和社会生活的组织而言都是如此基本，以至我们常常以为这些都是理所当然的，直到我们对这些的看法和使用方式被彻底颠覆，从而迫使我们彻底改变自己的社会取向和认识周围世界的方式，我们才意识到这些并非一成不变。事实不断证明，我们的生活方式在数字化增强的生态社会中已经发生改变，与机械化的化石燃料文明中先辈们的生活方式大不相同。从这个意义上讲，绿色新政的基础设施建设既是基础设施的改变，也是意识的改变。

化石燃料时代刚刚开始的时候，法国贵族孔多塞侯爵就在法国大革命的高潮中抓住了新意识的精髓，写下一段充满希望的话，直到现在还在时刻提醒我们注意过去两个世纪的历程。他认为：

> 人类的能力没有极限……人类的可完善性绝对是无限的……这种完善的进程从此将突破一切阻碍力量的禁锢，除了自然给我们栖身的地球寿命外，再无其他限制。[77]

孔多塞的远见成了"进步时代"的哲学框架。在化石燃料文明造成大灭绝的危机四伏的情况下，我们对此的认识更加清晰。在当时，人们对进步时代和"人类的可完善性"的热情讴歌很少，即使有，也听不见。现在，弹性时代就在眼前。绿色新政基础设施是为弹性时代设计的，其组成部分、应用和运行将使我们能够适应曾经平静驯顺、现在重新恢复野性的自然，在笼罩全球的不断升级的气候事件中幸存下来。

正因如此，由数百万美国年轻人组成的绿色项目、气候拓新者项目、基础设施项目和资源保护项目不仅仅是通往新时代新的商业机会和就业机会的职业阶梯。联邦、州、地方各级政府着手成立的这些机构，将成为气候事件和救灾与灾后重建的首批响应机构之一。这些任务将成为常态，而不是罕见的异常情况。如果要成功地适应恢复野性的未来，每个社区都要保持警惕，为应对灾难模式做好准备。在这个新世界里，国家安全更多的是与气候灾难有关，而不是与军事威胁有关。五角大楼、美国军方和国民警卫队已经在重新规划各自的任务，它们越来越多地把关键行动放在应对气候事件的部署上，并做出优先安排。现在的新情况是，每个地方都容易受到气候急剧变化的影响。在弹性时代，每个地方都可能是弱势的——没有人能真正逃过地球的怒火。绿色新政的第三次工业革命智能基础设施是我们适应气候变化的第一道防线。从某种意义上说，它是我们通向未来的生命线。

第四章
转折点：2028年前后，化石能源文明崩溃

温室气体排放的四大责任行业与化石燃料脱钩，并与绿色新政中新兴的可再生能源结合，将社会迅速推向化石燃料文明的崩溃。2018年6月，剑桥大学环境、能源和自然资源管理中心的科学家们在《自然气候变化》上发表了一项全面详尽的研究，结论是：碳泡沫问题的解决不再依赖于政府的减排目标，而依赖于"即使化石燃料的主要生产国（例如美国）不采取气候缓解政策也会保持强劲"的持续技术革命。[1] 报告作者说，"我们认为，碳泡沫确实存在。如果泡沫不减，可能会导致全球财富折减1万亿～4万亿美元，堪比2007年金融危机造成的损失"，但是"尽早脱碳可以避免潜在的泡沫破裂造成进一步的经济损失"。作者还表示：

在当前的技术转型中，无论是否采取新的气候政策，全球对化石燃料的需求增长已经放缓。那么，问题就变成了在可再生能

源部署、燃油运输效率及运输电气化的轨迹上，按目前低碳技术的推广速度，化石燃料资产是否一定会搁浅。由于过去的投资决定和政策，目前正在进行的技术转型其实对化石燃料的价值具有重大影响。在化石燃料可能面临大规模资产搁浅的情况下，金融业对低碳转型的应对方法，基本上将决定碳泡沫破裂是否会引发类似2008年的危机。

作者认为，太阳能和风能价格的竞争优势可能会迫使走弱的石油行业不顾损失，降低世界市场上的石油价格，以便尽量多地开采地下和海底剩余的石油，将剩余的搁浅资产降至最少。报告中写道："低价的化石燃料可能反映了生产国'清仓处理'资产的意图。也就是说，尽管市场对化石燃料资产的需求在下降，但是生产国仍将保持或提高自己的生产水平。"如果出现这种情况，那么温室气体的排放量可能会灾难性地增加，从而使全球温度变化远超1.5℃的限值。

2020年的"20-20-20"目标

各国政府确定减排目标后，技术创新很快应运而生，可再生能源的成本大幅降低。接下来，我们回顾一下此后发生的一系列事件。

我们在第二章中简要提过，欧盟委员会和欧洲议会于2007年达成了一项共识：欧盟摆脱化石燃料文明，需要三个相互关联的领域共同设立有法律约束力的目标，并且所有成员国都要接受和采用这些目标，其中包括能源效率的大幅提高、历史性地转向可再生能源、大幅减少温室气体排放。这些强制性目标相互补充，帮助欧盟迈出第一步，走向2050年完全实现后碳经济转型的最终目标。

2005年11月安吉拉·默克尔当选德国总理之后，情况豁然开朗。这次大选最值得一提的是，默克尔所在的基民盟和社民党组成大联合政府，弗兰克–沃尔特·施泰因迈尔（Frank-Walter Steinmeier）升任外交部部长，西格马尔·加布里尔（Sigmar Gabriel）升任环境、自然保护和核安全部长。

在应对气候变化方面，德国早已成为无可争议的世界领导者，该国迫切地将经济从化石燃料转型为绿色能源。绿党出现于20世纪80年代，现已成为德国政坛的重要势力，该党一直敦促两大政党在气候变化问题上采取更积极的态度。绿党的意见最终演变为主要由社民党和基民盟承担的绿色议程。

基民盟和社民党受绿党影响结成大联盟，为改变欧洲叙事和未来方向的政治突破打开了大门，从而成为全球绿色变革的领导者。

纯粹机缘巧合，德国在2007年1月1日至6月30日期间担任欧盟理事会轮值主席国（每个成员国轮流担任主席国）。德国一直是欧盟政策的主要推动者。2007年，欧洲五大政党中有三个在意识形态上与德国的基民盟、社民党和绿党达成一致。这为我们提供了一个千载难逢的好机会，以改变欧洲路线，促使欧洲向绿色后碳模式转型。我们所需要的是，五大政党在欧洲议会的代表组成类似联盟，共同通过一份书面声明，呼吁欧盟为成员国脱碳制定严格的法律目标。德国6个月的轮值主席任期将是决定性的时刻。

我和我们团队驻布鲁塞尔办事处的主任安杰洛·孔索利（Angelo Consoli）一起会见了德国驻欧洲议会高级成员、社民党主要发言人乔·莱嫩（Jo Leinen），目的是制订一项行动计划，联合欧洲议会上的五大党团：欧洲人民党－欧洲民主党（由欧洲各国的基督教民主党派组成）、欧洲社会党、绿党－欧洲自由联盟、欧洲自由主义者和民主主义者欧洲联盟、欧洲联合左派－北欧绿色左派。最终目标是围绕欧盟议会宣言进行联合，提高能源效率，生产绿色能源，减少温室气体排放，并使宣言的目标成为各成员国的强制性要求。

欧洲议会通过的正式书面宣言很少。按规定，宣言必须在短短90天内获得通过，所以这项工作极其困难和艰巨。我们的议会团队在欧盟五大党团中招募支持者，并开始与几百名议员及其立法主任和幕僚长会面，以寻求支持。宣言获得通过的时间仅比截止日期早几天，其内容如下：

欧洲议会，

——根据《议事规则》第116条，

A. 鉴于全球不断变暖，化石燃料成本不断上升，并考虑到欧洲议会和委员会就未来能源政策和气候变化展开的辩论；

B. 鉴于后化石燃料、后核能愿景应成为欧盟的下一个重要项目；以及

C. 鉴于能源独立性的5个关键因素：最大限度地提高能源效率，减少温室气体排放，优化可再生能源的商业引进，发展氢燃料电池技术来储存可再生能源，创建智能电网来配送能源，因此

1. 呼吁欧盟各机构：

到2020年，致力于把能源效率提高20%；

到2020年，温室气体排放量减少30%（与1990年相比）；

到2020年，可再生能源占总发电量的33%，占能源总量的

25%；

建立氢燃料电池储存技术及其他储能技术，供便携使用、定点使用和运输，并于2025年在欧盟所有成员国建立自下而上的分散式氢基础设施；

到2025年，实现电网智能化、独立化，使各地区、城市、中小企业和公民能够按照与目前互联网相同的开放获取原则生产和共享能源。

2. 指示主席将本宣言连同签署国名称转交欧盟委员会、各成员国政府和议会。[2]

欧洲议会的宣言加强了欧盟委员会正在制定的类似强制措施，给予德国必要的支持，以确保欧盟脱碳的"20-20-20"计划获得通过。

2007年6月，德国担任欧盟理事会轮值主席国的最后几天，西格马尔·加布里尔邀请我和他一起在27位环境部长出席的德国轮值主席国闭幕会议上发表主旨演讲，正式开启欧盟的后碳新征程。

需要强调的是，正是欧盟制定的三项强制性目标，才促使各成员国为实现所设定的各项目标制订自己的计划。其中最重要的一个目标是，欧盟2020年使用的能源中，必须有20%是可再生能源，特别是太阳能和风能。[3] 为了完成这项任务，其他国家开始效仿德国，推出上网电价，鼓励早期使用者生产绿色能源，以高于市场价的溢价向电网出售。

上网电价的实际价值远远超出欧洲实现可再生能源目标的范围。这项激励措施不仅鼓励大量绿色能源的小生产商（主要以电力合作社的形式）进入市场，还将企业的研发速度推动到狂热的程度，从而促进新技术创新,大幅降低太阳能和风能发电的固定成本,使其在10年后,与传统化石燃料能源的固定成本接近于同一水平,甚至在某些情况下更低。设定法定强制性目标,加上用上网电价促进有竞争力的可再生能源发展,是对化石燃料文明的巨大颠覆,导致其走向濒临崩溃的边缘。

大转型:跨过绿色线

然而,我们怎么知道欧洲和世界距离碳排放时代的终点近在咫尺呢?首先,由于太阳能和风能技术的创新热潮和部署使可再生能源价格下降,欧盟和世界其他地区出现不到10年的上网电价正在逐步取消。[4]继欧盟之后,中国也加入竞争,补贴本国的太阳能和风能技术产业,使之日渐成熟并进一步降低可再生能源的价格,从而把太阳能和风能变成驱动社会发展的原动力。

对太阳能、风能及其他可再生能源的补贴在大约短短10年内逐步推行,现在又在逐步取消。可是,作为主要能源的化石燃料能源已经运行了200年,现在每年(截至2015年)仍享受着全球各地令人瞠目的5.3万亿美元税后补贴,尽管化石燃料能源现在正迅速转移到全球会计表上的"搁浅资产"栏(税后补贴大多是计算"与供应成本一样实际存在的能源消耗造成的环境损害……如果不能将其完全内化,就意味着使用化石燃料造成的部分损害不是由燃料消费者承担的,这也是补贴的一种形式")。[5]

2017年,太阳能和风能仅占全球能源总量的3%,它们的崛起如何使化石燃料文明走向终结?有些人急于提出这个问题,有些人则持怀疑态度。[6]

经济学中有一条鲜为人知的经验法则，连金融界和商界的高人也经常忽视。但是，在预测约瑟夫·熊彼特的"创造性破坏"方面，这条法则显示出惊人的先见之明。

总体而言，企业或行业的规模不如增长曲线对投资者的影响明显。只要投资显示出不断增长的势头，投资者就会坚持继续投资。如果增长失势，投资者就会变得谨慎，并经常会失去投资兴趣。当新的挑战者出现时，即使初期看起来无足轻重，但是一旦它开始呈现加速增长甚至指数级增长，投资者就会转而拥护它。关键在于转折点，也就是说，只要挑战者从当前主导者手中夺取3%的市场份额，后者的销售额往往就会见顶并开始下降，这预示着最终的消亡。[7]碳追踪计划（即前面提到的跟踪气候风险的英国专业研究组织）的首席能源策略师金斯米尔·邦德（Kingsmill Bond）认为，这种创造性破坏的规律适用于所有商业领域，对分析历史上的能源模式转变特别有效。例如，当3%的照明由电力提供时，煤气照明的需求就将见顶。[8]

因此，我们要考虑的因素不是市场挑战者与当前主导者的规模对比，而是双方销售额的增长。即使挑战者目前只占市场的1%，但只要其增长率达到20%，挑战者也很可能在第10年的时候抢走所有增量。或者换个角度来看，如果挑战者有30%的超常增长率，而市场增长率只有1%，那么只要挑战者的市场份额达到3%，当前主导者的销售额就可能会见顶。[9]

金斯米尔·邦德把欧洲和全球当前的能源转型分成4个阶段。第一个阶段是初始创新阶段，太阳能和风能上升至提供约2%的电力。第二个阶段是剧烈增长阶段，太阳能和风能占到能源市场的5%~10%。

第三个阶段是快速变化阶段，太阳能和风能占市场的10%~50%。最后一个阶段是终结阶段，太阳能和风能占市场的50%以上。[10] 剧烈增长阶段也是金融市场的转折点，因为在该阶段，化石燃料能源的需求见顶，市场份额开始减小。

要充分理解能源大转型的影响，我们还要考虑一个因素。2017年，全球43%的一次能源被用于发电。[11] 在未来几十年里，随着运输业与化石燃料脱钩，转向由电网供电的电动汽车，电力部门使用的全球一次能源将越来越多。

碳追踪计划称，转型的时间点发生在全球14%的电力由太阳能和风能提供之时。[12] 欧洲在2017年超过14%的转折点，当时欧洲15%的发电量来自太阳能和风能。同年，美国仅为8%，中国为6%，拉丁美洲为5%，印度为5%，非洲为2%，中东不到1%。太阳能和风能在2017年提供全球电力的6%。[13]

转型的转折点何时会在全球出现，从而搁浅数万亿美元的化石燃料资产，并戳破碳泡沫？预测全球未来能源供应的两个关键变量是全球能源需求增长率和太阳能光伏发电与风能发电增长率。[14] 金斯米尔·邦德认为：

> 如果我们对这两个变量做出假设，就有可能计算出化石燃料需求见顶的时间……比如，假设总能源需求增长率为1.3%（假设比5年平均水平略有下降），太阳能光伏发电和风能发电增长率为17%（假设持续的供应增长呈S形曲线，增长率随着时间的变化从当前22%的水平开始下降），化石燃料需求见顶的时间将为2023年。[15]

邦德承认，碳追踪计划"1.3%的能源需求增长率和17%的太阳能光伏发电和风能发电增长率的观点，有待商榷"。因此，他提供了一系列场景。在所有场景中，全球能源需求增长率为1%~1.5%，太阳能和风能发电增长率为15%~20%。"计算出的化石燃料需求见顶的时间均在2020年至2027年间"。[16]

美国太阳能和风能的整体增长率至少与碳追踪计划预测的轨迹一致。2013年，太阳能和风能占美国发电量的4%，随后每一年增加约1个百分点。2017年，太阳能和风能占比为8%，预计到2019年底将达到10%。[17]假设按照这个速度继续增长，那么到2023年底，美国太阳能和风能发电量占比将有可能达到14%，接近或恰好处于转折点。

大灭绝显而易见。很多时候，太阳能和风能的成本已经低于目前燃煤和燃气发电厂的成本。[18]随着每天进入电网的太阳能和风能发电日渐增多，燃煤和燃气发电厂变得越来越缺乏竞争力，迫使电力公司将其关闭。这意味着它们的资本投资将永远无法得到回报。

早期的时候，天然气行业认为需要建设新一代的燃气发电厂，并提出了两个看似令人信服的理由：第一，天然气是化石燃料中最容易实现的，而且排放的二氧化碳比煤和石油都少，因此它是通往低碳社会合适的过渡燃料；第二，没太阳、不刮风的时候，特别是用电高峰时段，天然气发电厂可以提供备用能源储备。电力公司也担心出现太阳能和风能发电短缺的情况，于是开始新建燃气发电厂，将其视为不稳定可再生能源的后备。

在做出这些决定时，电力公司本该了解得更清楚些。到2011年，欧洲所有新生产的电能中，68%来自太阳能和风能。[19]其实到2011年时，进入欧盟电网的太阳能和风能就已经足够满足使用需求，匆忙新建的燃气发电厂只会被很少使用或根本用不上，这意味着，它们的资本成本再也收不回来。绿色道路已经开启。现在大家都很清楚，当以太阳能和风能为基础的电力网络突破欧盟在2017年跨过的14%~15%的障碍时，撤离化石燃料电力系统的出口匝道就将出现。

太阳能和风能存在间歇性，为了克服这项不足，未来几十年需要将传统化石能源作为后备——这种观点已经成为当代城市神话，基本上是由天然气行业传播开来的。然而，事实并非如此。蓄电池和氢燃料电池储能成本急降，它们很容易就可以提供备用电力，作为不稳定的太阳能和风力发电的补充。选择适当的太阳能和风能组合，认识到这些能源不同季节的变化与一年中不同时间段电力需求变化之间的关系，也有助于维持可靠的电力流动。改善需求侧管理、升级电网规范、加快机械伺服向数字电网的过渡，从而更智能、更高效地整合基本负荷和峰值负荷期间的电力，同样有助于维持电力需求稳定。[20]

在"搁浅资产"和"碳泡沫"这两个术语满天飞时，关于这些新情况对世界经济和文明所造成的后果的可怕隐喻，往往神秘地烟消云散了。然而，了解坏消息的严重程度至关重要。这样一来，人类就可以做好准备，以应对化石燃料文明崩溃带来的前所未有的经济不稳定和社会混乱。

我们还应该记住，在这种情况下，坏消息就是好消息。化石燃料时代越早终结，人类就越有可能迅速扩大全球绿色智能基础设施规模，进入后碳生态文明，从而有望及时拯救我们人类和其他生物以及我们居住的地球。

错过警告

那么,旧能源秩序崩溃和新能源制度诞生时会发生什么?这其实有例可循,因此我们可以提前对社会即将发生的事情有所了解。欧盟此刻已经卷入了这场变革,成为"矿井中的金丝雀"。

掌权者在认识欧洲即将发生的巨大变革方面曾经表现得有些迟钝,这是第一次系统性失灵。21世纪前10年,在全球机构、各个国家和全球商业界的眼皮底下,发生过两次危机,而它们似乎多半对即将浮出水面的黑暗势力一无所知或漠不关心。从20世纪80年代中期到2003年秋天,原油一直以每桶25美元的稳定价格出售,商业界、工人及其家庭对此少有关心。从那以后,石油价格开始稳步攀升,一直到2008年7月,创下每桶147美元的最高纪录。[21] 直到2007年石油价格超过每桶90美元时,全球监管机构、各国政府和商界才开始注意到这一点。此时,世界上最贫穷的国家爆发粮食暴动,部分原因正是油价上涨导致小麦、玉米、大豆和大米等主食价格居高不下。大米的平均价格大涨217%,小麦大涨136%,玉米大涨125%,大豆大涨107%。[22] 世界上数百万穷人没有足够的食物,恐慌情绪四处蔓延。

不只穷人,所有人都开始意识到,当石油价格上涨到每桶90美元以上时,其他所有东西的价格也开始上涨。虽然在高度工业化的国家,很多人都知道汽油价格上涨会对交通产生很大的影响,但少有人意识到,化石燃料的价格也会影响社会上生产和消费的几乎所有其他东西的价格。农药、肥料、建筑材料、医药产品、包装、食品防腐剂、食品添加剂、合成纤维、电、热、照明等,都是采用从地下和海底开采的积炭进行制造或运输的。2007年春,石油价格的上涨,导致购买力下降，全球经济开始停摆。由此可见，石油泡沫并非无足轻重，反而会拖累企业，削弱世界各地的购买力，特别是发展中国家的购买力。形成鲜明对比的是，大石油公司的利润再创新高，而数百万企业因为供应链中使用的材料受高油价影响而濒临破产。[23]

这里，我不得不说说我的亲身经历。我父亲曾有一个小厂，其采用聚乙烯薄膜制作塑料袋。这家工厂约有 15 名工人，连续经营了 50 多年。2007 年和 2008 年石油价格猛涨时，聚乙烯薄膜的成本也达到最高点，紧接着经济进入衰退期，客户对包装的需求减少。大萧条期间，我父亲的家族企业最终破产，结束了半个世纪的经营。

2008 年夏，次贷泡沫破裂之际，低迷的经济再遇毁灭性打击。金融界和商业界称，它们也没有预见到次贷泡沫的破裂，但是我怀疑这种说法不诚实、不可信。它们更有可能是充耳不闻，陷入经济学家约翰·梅纳德·凯恩斯（John Maynard Keynes）所说的牛市（看起来急剧上升无法避免、不可逆转）的"动物精神"。银行家们大赚一笔。

全球经济停摆和接踵而至的大衰退降低了各地的电力需求，导致电力部门此前投资建设的发电厂没有被充分使用或部分搁浅。

另一次系统性失灵是欧盟在 2007 年决定让当时世界上最大的经济体从化石燃料转向可再生能源，从而提高能源效率，减少温室气体的排放，但是这个决定的意义并没有得到充分理解。欧盟为可再生能源发电出台了具有法律约束力的强制性新目标，还以上网电价的形式提供慷慨补贴，鼓励数百万新人入局能源游戏，将屋顶上的太阳能板和地里的风力发电机收获的绿色电力卖回电网。

据我所知，"零边际成本可再生能源"这个词，我们是第一个用的。电力企业似乎没留意过这个概念。几年来，它们一直急于向我解释，太阳能和风能的边际成本从来没有真正为零。不过，与煤炭、石油、天然气截然不同的是，一旦收回技术安装的固定成本，太阳能和风能就几乎可以免费获取。

零边际成本、可再生的太阳能和风能，很快成为电力公司黑名单上的头一个对象。太阳能发电不仅边际成本接近于零，而且发电量通常在下午达到峰值，此时的电力需求也正值峰值，电力公司可以获得最大利润。在德国，太阳能光伏发电使最高电价下降了40%~60%。总体而言，2007年至2016年间，每日平均电价下降了30%~40%，电力公司的利润遭到侵蚀。[24]

随着太阳能和风能发电的固定成本呈指数级下降，新绿色能源生产的边际成本接近于零，上网电价又为绿色电力提供高于市场价格的溢价，于是"完美风暴"的形成条件已经成熟。燃气和燃煤发电厂的赢利能力和利用率大幅下降，变成搁浅资产。

值得一提的是，只要可再生能源在总体市场中的占比达到14%，欧盟各国以化石燃料为基础的电力公司就会崩溃，留下大量搁浅资产。2010年至2015年，在这仅仅5年时间里，欧洲电力行业的亏损总额就超过1 300亿欧元（1 480亿美元）。接下来几年里，欧洲电力市场的动荡将会更加变幻莫测。仅欧洲最大的12家电力公司的房产、厂房设备、商誉的"账面价值"与"企业价值"之间的差异，就值得关注。市场价值仅占账面价值的65%，虽然尚未产生巨额损失，但差距已经非常大。据一项研究称，12家最大的电力公司账面总价值为4 960亿欧元（5 600亿美元），"3000~5000亿欧元的资产面临搁浅风险"，这简直不可想象。[25]

很明显，世界上大部分国家并没有注意到欧盟的这些动态。天然气生产大国正在提高天然气产量，铺设洲际管道，在全球市场的激烈争夺中竞相建设跨海供应通道。美国能源部信息处预计，美国的天然气产量"从2018年到2020年每年增长7%"。[26] 这种增长在很大程度上来自电力部门对天然气需求的增长，为了减少二氧化碳排放和降低成本，电力部门从煤炭转向天然气，因为现在天然气比煤便宜。尽管这是不可否认的事实，但是更重要的情况是，太阳能和风能正在与天然气展开竞争，有时甚至比天然气更便宜。这将再次打破平衡，有利于清洁的可再生能源的发展。[27]

根据彭博新能源财经2018年的研究，"由于风能和太阳能技术的成本大降，电池（储存不稳定能源）的成本也大幅降低，这使得煤炭和天然气在全球发电结构中的地位受到撼动"。彭博新能源财经能源经济负责人埃琳娜·吉安娜普鲁（Elena Giannakopoulou）指出，一些产生沉没成本的煤炭和天然气发电厂可能会继续保守使用，但是她接着说，"随着电池开始蚕食化石燃料发电厂的灵活性，后者的收入到顶，建设煤炭和天然气新产能的经济理由正在消失"。[28]

撇开价格竞争不谈，电力行业坚持认为，只要没有天然气发电厂的储能支持来维护电网的可持续性，不稳定的可再生能源就不可能获得成功。因此，天然气行业非但不低头，反倒看好自己的未来。美国天然气协会负责政府事务的理查德·迈耶（Richard Meyer）说："我几乎可以肯定地说，在低碳未来依然会继续使用天然气，而且供电部门的天然气用量可能会增加。"[29]

如果真是这样，在天然气管道、发电厂和配套设施上的支出，至少目前说明"天然气热"仍有动力，这也意味着排放量将大幅超过联合国政府间气候变化专门委员会设定的全球变暖幅度低于1.5°C的警戒线。

然而，这种情况不太可能发生。不过，这次不是因为世界各国政府已经制定了有约束力的二氧化碳排放目标，事实上大多数政府并没有制定目标；相反，随着太阳能和风能技术的成本迅速下降，同时电池存储成本也不断下降，市场已经决定了这一进程的结果。对此，我们都应感谢欧盟。由于欧盟成员国10年前就承诺制定具有约束力的法律目标，并通过短期上网电价鼓励尽早使用太阳能和风能发电，企业开始想尽办法提高太阳能和风能的运行性能和效率，从而大幅降低了相关成本。中国紧随其后，其本土企业在效率方面进行创新，进一步降低了太阳能和风能发电的成本。

如前所述，中国很快超越欧洲，在生产廉价、高效的太阳能和风能技术上遥遥领先，并开始向全世界出口。在2016年启动的"十三五"规划中，中国还转向国内市场，大量生产、销售和安装廉价的太阳能和风能技术。[30]在中国国内安装和搜集太阳能和风能成为新重点，同时对全国电网进行数字化升级，使中国企业和社区能够自己生产边际成本接近于零的可再生能源，以供离网使用或卖回给电网。

难道能源公司、电力公司、世界各国会不知道欧盟和中国已经出现的重大转型吗？我深表怀疑！我经常与欧洲、亚洲和美洲的能源公司和电力公司开会。毫无疑问，它们知道这些情况，也看到了数据，进行过计算，观察了欧洲和中国正在发生的一切。可是即便如此，它们仍在推进洲际天然气管道这项为期40年的基础设施建设，新建很多天然气发电厂，增加全球温室气体的排放和未来的搁浅资产。

北美视而不见

"天然气热"继续受人追捧,其中两个最大的参与国在北美。美国现在是全球生产天然气最多的国家,邻国加拿大则排名全球第四。[31]特朗普政府至少坦率承诺,利用一切可能的机会确保天然气上网,供美国国内消费和出口,而加拿大政府则利用一切公开机会,炫耀自己在领导加拿大脱碳方面的重要作用,以及在团结全世界应对气候变化方面的突出贡献。在发放许可证和担保天然气项目方面,加拿大没有放过任何领先的机会。对于美国、加拿大及世界其他各国来说,北美大力建设化石燃料管道的错误政策带来的经济后果相当不妙。

化石燃料搁浅资产、北美碳泡沫、美国和加拿大经济不稳定等新情况意味着什么?我们来看看美国。落基山研究所一直为美国国防部、能源部及世界各地其他政府提供咨询,它曾在2018年发布一份全面详尽的报告——《清洁能源投资组合的经济学:分布式可再生能源为何优于天然气发电厂,以及是否会造成天然气发电厂的投资搁浅》。

这份报告的结论是,美国电力系统的天然气热"到2030年可能会套牢1万亿美元的成本"。首先,曾经令全世界羡慕的美国电网日益老化,一半以上的火电厂已有超过30年的历史,到2030年将退役。目前美国国内天然气的低成本刺激了人们对新一代天然气发电厂进行大力投资,预计到2025年,投资额将达到1 100亿美元。到2030年,电力行业不得不替换所有计划淘汰的老化发电厂,花费将超过5 000亿美元;运营这些发电厂还要再花费4 800亿美元购买燃料,也就是说,总成本约为1万亿美元。与此同时,太阳能和风能的价格暴跌,已经可以与天然气竞争,而且短短几年后会变得更便宜,边际成本几乎为零，温室气体排放量也为零。[32]

　　这些代价既惊人，又严峻。美国电力业不仅可能面临上万亿美元的资产搁浅，而且美国的二氧化碳排放量到2030年将达到50亿吨，到2050年将达到近160亿吨。[33]

　　落基山研究所将计划在高峰时段运行的两座联合循环燃气轮机发电厂和两座燃气轮机发电厂，与可提供类似服务的优化的、区域性的分布式可再生能源进行了比较研究。研究发现，在所有四种情况下，优化的清洁能源组合都比计划中的天然气发电厂成本效益更高、风险更小。这项研究的影响惊人。数据显示，"可再生能源的技术创新和价格下降已经导致燃煤电厂提前停产，现在又将导致天然气投资面临搁浅的威胁"。[34] 该研究对美国电力行业来说可能是晴天霹雳，如果研究结论很快得到普遍认可的话，美国电力行业将在短短10年内，从化石燃料转型为绿色能源。这项结论值得详细分享：

> 　　我们的分析表明，在大量案例研究中，从地区来看，特定的清洁能源组合已经超越计划中的燃气发电厂，并且（或者）在未来10年内可能会蚕食它们的收入。因此，目前计划建设或在建的价值1 120亿美元的燃气发电厂以及为其服务的价值320亿美元的天然气管道已经面临成为搁浅资产的风险。对天然气项目的投资者（公用事业和独立发电商）以及负责批准垂直整合地区投资的监管机构来说，这一点影响很大。[35]

　　美国北方邻国加拿大也在大力投资天然气的勘探、开采和销售。虽然人们认为加拿大致力于保护环境和自然资源，但是在不为人知的某些领域，加拿大依旧保留着与化石燃料能源的紧密联系。像美国一样，加拿大政府、多数省份、金融界和企业都充斥着化石燃料。

近年来，环境组织的批评大多集中于阿尔伯塔省的油砂开采，它们定期举行抗议、诉讼和立法斗争，试图掌控加拿大最有利可图的经济企业之一。加拿大是世界第四大原油生产国，仅次于排名第一的美国和紧随其后的沙特阿拉伯和俄罗斯。加拿大开采和提炼的化石燃料多于伊朗、伊拉克、中国、阿联酋、科威特、巴西、委内瑞拉和墨西哥。我猜，这对世界上大多数国家来说都很意外。[36]更加鲜为人知的是，加拿大北部储藏着深层天然气的不列颠哥伦比亚省，已经涉足化石燃料领域。在过去10年中，天然气压裂技术的突破以及丰富的天然气储量的发现，导致整个地区的开采量激增。

不列颠哥伦比亚省是研究愿景之争的绝佳案例：它一方执着于化石燃料的未来，另一方致力于绿色后碳时代。温哥华及其周边城市以及该省北部地区的许多原住民地带都坚定地支持加拿大的绿色环保政策。温哥华大都会区常被认为是世界上最绿色环保的管理辖区之一。愿景之争使该地区成为新旧能源之争的避雷针，最终发展结果将为在两种未来之间难以抉择的加拿大其他地区提供很好的启示。

2018年10月2日，加拿大公开展示其化石燃料的实力。加拿大总理贾斯汀·特鲁多、不列颠哥伦比亚省总理约翰·霍根（John Horgan）、荷兰皇家壳牌公司牵头的加拿大液化天然气项目代表（财团成员包括三菱公司、马来西亚国有的马来西亚国家石油、中石油和韩国天然气公司），共同宣布建设液化天然气管道。[37]它们计划修建670公里的管道，将天然气从不列颠哥伦比亚省东北部的道森克里克输送至基蒂马特海岸的一座加工厂，然后运往中国或亚洲其他市场。[38]加拿大液化天然气项目投资400亿加元（300亿美元），是加拿大历史上最大的一笔私人投资。特鲁多总理宣布，联邦政府将提供2.75亿加元（2.07亿美元）支持部署。[39]

环境组织和原住民对液化天然气管道工程表示强烈反对，并进行抗议。不为公众所知的是，评估过该项目的能源预测人士和分析人士默不作声，甚至对于将不列颠哥伦比亚省和加拿大其他地区锁定为天然气的未来，并分几十年偿还的明智做法也持谨慎悲观态度。

早在距离项目正式宣布还有两年八个月的2016年1月，布拉特集团就液化天然气的未来前景发布了一份细致入微的报告，引起人们对加拿大向中国运输液化天然气的严重担忧，当时加拿大与中国正在打太阳能和风能的闪电战。布拉特集团的沉默本该引起人们的警惕，但是危险信号显然要么被完全忽视，要么不受重视。报告指出，在德国和美国加利福尼亚州等"可再生能源普及率很高的地方，可再生能源进入发电组合已经阻碍了天然气需求的增长（降低了发电用天然气需求的增长）"。[40]

现在，中国也在沿着类似的道路前行，即短期内推动天然气发电，逐步淘汰煤炭，同时增加太阳能和风能发电，目标是在未来几十年内从能源结构中基本清除所有化石燃料。与欧盟的经验一样，这在很大程度上取决于中国可再生能源成本的骤降何时会迫使该国能源市场出现同样的转型，并且在创建绿色能源基础设施的道路上，中国也会留下数十亿美元的天然气资产搁浅。

中国的转型已经开始。前面说过，中国现在是太阳能和风能技术的头号生产国，该国的技术在世界市场上价格最低，因而成为主要出口国。[41]目前的"十三五"规划也设定了相关目标，加快发展太阳能、风能等。

布拉特集团的报告暗指中国的发展趋势与较早的欧洲能源市场变革相似，如果中国国内生产和部署可再生能源的成本继续急剧下降，中国进口液化天然气的需求可能会消失。

> 如果国外可再生能源发电的成本足够低（即低于使用来自北美的液化天然气的新一代燃气发电成本），可能会削弱北美液化天然气作为发电燃料的吸引力。[42]

报告最后谨慎指出，不列颠哥伦比亚省为了向亚洲市场出口天然气而在液化天然气基础设施方面进行的投资可能会产生长期影响。

> 这些列入规划的液化天然气出口项目的投资风险正在增加，因为很可能出现的情况是，在液化天然气一般为20年的合同期限内，可再生能源发电的成本将低于上游液化天然气包含投资成本后所需的销售价格（即使不考虑避免温室气体排放的价值）。对液化天然气行业的参与者来说，液化天然气发电与可再生资源之争意味着风险，因为可再生能源的渗透率高于预期，这可能会使亚太地区一些主要海外市场未来对天然气的需求增长（以及液化天然气的需求增长）降低。在做出长期大规模买卖液化天然气的承诺之前，签订长期合同的液化天然气基础设施的投资者和液化天然气买家，都要考虑这些风险。[43]

对于美国和加拿大来说，由于太阳能和风能发电成本越来越低，继续推出大型天然气项目的商业理由已经不复存在。尽管如此，化石燃料行业仍在为这些投资极力辩护，称天然气的二氧化碳排放量至少比煤炭少。同样令人震惊的是，所谓的"二氧化碳捕集与封存技术"实际上已经是搁浅资产，但化石燃料行业却继续将其吹捧为不会将有害的二氧化碳排放到大气中的燃料使用方式。实际上，二氧化碳捕集与封存技术不应与碳农业、再造林和其他从大气中吸收二氧化碳的有机过程带来的天然碳封存相混淆。用谷歌快速搜索迄今为止的每一次二氧化碳捕集实验以及关于其技术可行性和商业可行性的大量公开科研报告，应该都会证明这项技术的所谓前景已经消失。

我们在欧盟围绕着二氧化碳捕集与封存技术已经争论了十几年。最近美国化石燃料行业和一些民选官员又在推动这一技术主题，所以分享我们的经验可能会有所帮助。二氧化碳捕集与封存技术的过程分为三段：先捕获发电和工业过程中排放的二氧化碳，然后通过公路油罐、船只和管道将其运到储存设施，最后深埋在地下的地质岩层中。

欧盟曾花费几亿美元建立试点，测试这项技术的可行性，最后意识到该技术既达不到技术预期，也达不到商业预期，于是选择放弃。[44] 能源历史学家瓦茨拉夫·斯米尔（Vaclav Smil）对历时多年却失败的商业共识进行总结，并指出："为了封存目前 1/5 的二氧化碳排放量，我们必须创造一个全新的全球性吸收–集气–压缩–运输–存储行业，其年吞吐量必须比全球原油行业目前的年处理量大 70% 左右，而井、管道、压气站和储存设施等大量基础设施的建造需要几代人才能完成。"[45]

不幸的是，美国似乎正在重复欧盟失败的实验。2010 年，为了证明二氧化碳捕集与封存技术的可行性，南方电力公司曾在密西西比州的肯佩尔发电厂启动一个煤炭发电的二氧化碳捕集与封存项目。经过年复一年的苦苦挣扎，该项目的费用远远超出最初 24 亿美元的预算，达到75亿美元。最后,南方电力公司不得不取消该项目,并将11亿美元的成本转嫁给纳税人。[46]

无论是急于将大量金融资本投入天然气开采与发电,还是投入二氧化碳捕集与封存技术,我们在行动前都要想想一句老话"回头是岸"——前者的成本不再具有竞争力,后者在技术上或商业上不具备可行性。所以,我们还是把化石燃料留在地下吧!

相较之下,其他行业的参与者已经不再专注于无用的二氧化碳捕集技术,而是将注意力转向所谓的难以减排的行业的脱碳进程。这些行业和企业的挑战最大,因为它们的工艺、产品线和服务中消耗的化石燃料还没有找到商业上可行的替代品。

这些行业的二氧化碳减排将大部分来自企业接入第三次工业革命智能基础设施,这些设施利用可再生能源为生产提供动力,并通过公路、铁路、水路上绿色电力驱动的短途电动运输工具和绿色氢燃料电池驱动的长途电动运输工具,管理物流供应链。物流供应链运营的大数据和算法治理也将提高这些企业不断循环的业务流程的总效率。

此外,塑料包装以及钢材、水泥和其他建筑相关材料也需要寻找光纤生物替代材料。一些世界领先的化工企业最近已经开始与遗传和生命科技企业合作,加快研发成本更低的生物基替代产品和工艺。与其他行业一样,化工企业领导者也热衷于减少二氧化碳排放,减缓气候变化,并且越来越担心将来可能出现的资产搁浅。来自这些研发计划的产品正在逐步进入市场。例如,美国联合航空、澳洲航空和荷兰皇家航空等航空公司,已经开始使用生物燃料作为飞机的部分动力,但是完全转型为经济高效的航空生物能源,还需要更广泛的研发。[47]

生物基材料正在逐步取代石化产品的关键领域包括生物塑料、生物基食品成分和饲料成分、生物表面活性剂和生物润滑剂。在服装、薄膜、过滤器、饮料、动物饲料、休闲食品、家用洗涤剂、工业清洁剂、汽车润滑油和工业润滑油等大量产品和工艺中，用于替代石化产品的生物基材料的市场潜力巨大。[48]

世界第二大化工企业陶氏杜邦是难减碳工艺和生产线相关研究的领导者之一。2018年10月，我和陶氏管理团队在法兰克福举行的欧洲创新峰会上，讨论了为加速向零排放经济转型而加快向市场推出生物替代品的新研发工作。第三次工业革命路线图的两个测试区域——上法兰西大区、鹿特丹—海牙大都市区，目前正在参与跨行业行动，加快向市场推出生物替代品。慷慨的奖励和同等繁重的惩罚应该并重，从而促使各地区和各行业推动经济在这方面的关键转型。

黑金的诅咒

在过去两年左右的时间里，世界各地的公司董事会、金融机构、政府部门和智库越来越频繁地提出化石燃料搁浅资产的问题。这不是关于市场波动和政府短期经济政策调整的普通对话，也不是关于重新安排议程的普通对话，而是一些更令人不安的事情，甚至超出了偶尔陷入的熊市或深度衰退。人们感到，更大的事情正在发生，它不仅影响全球经济，而且影响我们的生存以及我们怎样理解我们生活的世界和我们视为理所当然的可靠未来。

搁浅资产不仅仅是对两个世纪以来，为创建工业社会而燃烧碳所欠下的熵债的经济核算。在世界范围内，碳资源丰富、经济上依赖于开采和销售化石燃料的国家将以一种非常个人化的方式真切感受到焦虑与日俱增的残酷现实。

多年来，我在中东访问和开会时，无数次听到当地很受欢迎的一句话。这句话出自谢赫·拉希德（Sheik Rashid），他是阿拉伯联合酋长国的副总统和第二任总理、迪拜酋长国的统治者。他的统治从1958年延续到1990年去世。

这句话大概是这么说的："我的爷爷骑骆驼，我的爸爸骑骆驼，我开奔驰，我的儿子开路虎，他的儿子也开路虎，但他的儿子的儿子还得骑骆驼。"谢赫·拉希德担心，20世纪60年代末发现的石油虽然给迪拜酋长国带来狂喜，但也将在未来困扰他的人民；他还预言，该国的石油几代之内就会耗尽，到时又会怎样呢？他把石油更多地看作毒瘾和诅咒，担心如果他的国家成为单一资源的经济和社会，那么将来石油枯竭时，清算总有一天会发生。因此，他耗尽一生的时间推动经济多元化，把迪拜打造成东西方全球贸易的地区中心。虽然石油还没有耗尽，但正在迅速成为搁浅资产，剩下的大部分石油将永远留在地下。

不仅仅是迪拜酋长国，全世界碳含量丰富的国家都在面临这种风险，它们的经济完全依赖于石油、天然气和煤炭的开采、提炼和销售。全世界的银行、保险公司、主权财富基金和私募基金都对此担忧不已，这并非言过其实。2018年，世界银行发布报告《2018年各国财富变化：建设可持续未来》，该报告对碳含量丰富的国家可能面临的情况进行分析，结论着实令人沮丧。

世界银行指出，无论如何，私营投资者和化石燃料企业总是可以撤出资金并投入其他赢利能力更强的可持续企业，而相比之下，与领土边界有关的碳含量丰富的主权国家受到的限制更多，灵活性也差得多。在拥有碳财富的141个国家中，26个国家至少有5%的财富来自化石燃料，其中大多数国家一半以上的收入来自石油、天然气和煤炭。这些国家也是世界上最贫穷的国家，其中 10 个位于陷入危机并存在失败国家和独裁政权的中东和北非。[49] 资产搁浅和碳收入损失可能导致的发展停滞将给这些国家带来毁灭性打击。

为了了解即将发生的危机范围，世界银行在报告中指出："十大国有碳资源企业有 2.3 万亿美元与化石燃料开采加工有关的国有生产资产。"[50] 随着化石燃料的需求趋于见顶，增长开始放缓，世界银行恳请碳含量丰富的国家和依赖碳资源的国家迅速推进经济多元化，以确保有足够的税收收入以弥补损失。

有些国家正在试图撤出资金并投入绿色技术，但是它们的努力不值一提。世界银行关于碳含量丰富国家情况的总结报告悲观地提醒，尽管撤资和再投资将是最好的途径，但不幸的是，"正如数据所显示的，政府长期以来一直未能可持续地利用其化石燃料财富"。[51] 短短 5 到 10 年内，石油需求将见顶，增长将放缓，难以想象届时中东和北非将面临何种混乱。

金融界敲响警钟

要想了解与化石燃料相关行业搁浅资产的现状，"跟着钱走"是最好的方法，因此我们要关注银行业和保险业。花旗集团和英格兰银行行长马克·卡尼在 2015 年首先发出警告；现在，警报声响彻全球，敲响了全球经济的警钟。

包括世界银行在内的主要金融机构正致力于解决化石燃料相关的搁浅资产问题，迅速改变投资界的金融格局和游戏规则。2018 年 11

月，拉扎德公司发布报告，对化石燃料能源与绿色新能源的成本进行比较。拉扎德公司的研究结果与许多世界领先的能源咨询公司，甚至一些石油巨头的报告一样，指出"在某些情况下……替代能源成本现在已经降低到与传统发电的边际成本持平，甚至更低"。[52] 拉扎德公司副董事长兼电力、能源和基础设施部全球负责人乔治·比利塞克（George Bilicic）强调：

> 我们已经到达了一个转折点，现在，建造和运营新的替代能源项目，在某些情况下比维护现有常规发电厂的成本效益还要高。[53]

随着这类报告的出现，气候变化辩论中必然会涉及化石燃料搁浅资产的问题。

英格兰银行的审慎监管局曾在2018年9月，对90%的英国银行进行调查，结果显示：涉及资产规模为11万亿英镑（14.2万亿美元）。审慎监管局发现，70%的英国银行已经认识到，气候变化正在对几乎所有领域的大量资产构成风险，"它们开始评估，由政府政策和技术变革等驱动的向低碳经济的转型对银行业的商业模式可能会产生怎样的影响"。更令人不安的是，尽管意识到这一问题，但是目前只有10%的银行在"全面"管理这些风险，30%的银行"仍然只把气候变化视为企业的社会责任"。[54]

由于担心银行业可能没有充分意识到气候变化对全球几乎每个经济领域的投资风险（包括化石燃料行业和其紧密相关的行业的潜在搁浅资产）的迅猛影响，马克·卡尼第二次出手干预。

除了担任英格兰银行行长一职，2018年底卸任之前，马克·卡尼还是金融稳定委员会主席。金融稳定委员会是一个国际机构，包括20国集团的所有主要经济体和欧盟委员会，为全球金融体系提供监督方面的建议。在意识到银行系统对于阻击即将到来的搁浅资产准备不足之后，马克·卡尼联合金融稳定委员会，一起成立了气候相关财务信息披露工作组，由迈克尔·布隆伯格（Michael Bloomberg）主持。该工作组共有32名成员，包括来自大型银行、保险公司、资产管理公司、养老基金和会计咨询公司的代表，任务是"制定自愿、一致的气候相关财务信息披露，为投资者、贷款人和保险业者理解实际风险提供帮助"。[55]

该工作组于2017年6月发布一系列建议，首先承认大多数银行机构将气候变化当作与当下进行的金融投资无关的长期性现象。换言之，这些银行机构几乎不了解已经出现的转型，也不了解主要能源咨询机构关于21世纪20年代转折点即将到来的预测，因此缺乏重新评估当前投资决策方法的紧迫感。

气候相关财务信息披露工作组认识到，提高能源效率、有目标地减少温室气体排放、加快用更便宜的绿色能源替代化石燃料能源等一系列举措，"可能对依赖开采、生产和使用煤炭、石油、天然气的组织产生重大的短期影响"。报告作者还补充道，"气候相关风险和预期的低碳经济转型将会对大多数经济部门和行业造成实际影响"，而不仅仅限于能源业。他们引用了《经济学人》智库的一项研究，估计未来80年里，全球面临风险的可管理存量资产可能高达43万亿美元。[56]

报告还强调，"大转型"将为专注于提出缓解和适应气候变化解决方案的组织创造"重大机遇"。根据报告引用的国际能源署的估计，在可预见的未来，向低碳经济转型需要每年向新能源部门新增大约3.5万亿美元投资，才能实现在未来30年内完成向低碳社会转型的目标。[57]

报告作者认为，全球经济整体的气候变化风险与化石燃料行业的搁浅资产风险之间，仍然存在千丝万缕的联系。对于这个难题，他们的说法如下：

> 这意味着全球投资者目前正面临严峻的选择。如果对气候变化采取行动，他们持有的化石燃料公司的股份可能会遭受损失；如果几乎不采取缓解措施，他们将损失全部可管理资产组合。为了避免出现这两种情况，长期投资者应当极力与投资组合中的公司建立良好关系，将投资转向盈利的低碳未来。[58]

气候相关财务信息披露工作组还认识到，有必要给投资者、贷款人、银行、保险公司制定一套可行的指导方针，模拟风险和机会，减少搁浅资产造成的损失，推出更符合实现温室气体减排目标的项目；还要提出公司必须遵守的适当标准和参考的数据搜集披露信息。披露的建议侧重于反映组织运作方式的四大领域：治理、战略、风险管理、指标与目标。在这些专题类别中，要求金融机构披露信息的事项包括"对与气候相关的短期、中期、长期风险和机遇的监控"，讲解组织如何"识别和评估与气候相关的风险"，以及解释"用于评估气候相关风险和机遇的指标"。[59]

2018年，在纽约举行的"一个地球"峰会上，马克·卡尼宣布，"气候信息披露将成为主流。"现在有500多家公司对工作组表示支持，其中包括全世界最大的银行、资产管理公司和养老基金，它们负责的资产超过100万亿美元。[60]这显然说明，金融界已经开始理解即将到来的大转型。

第二部分

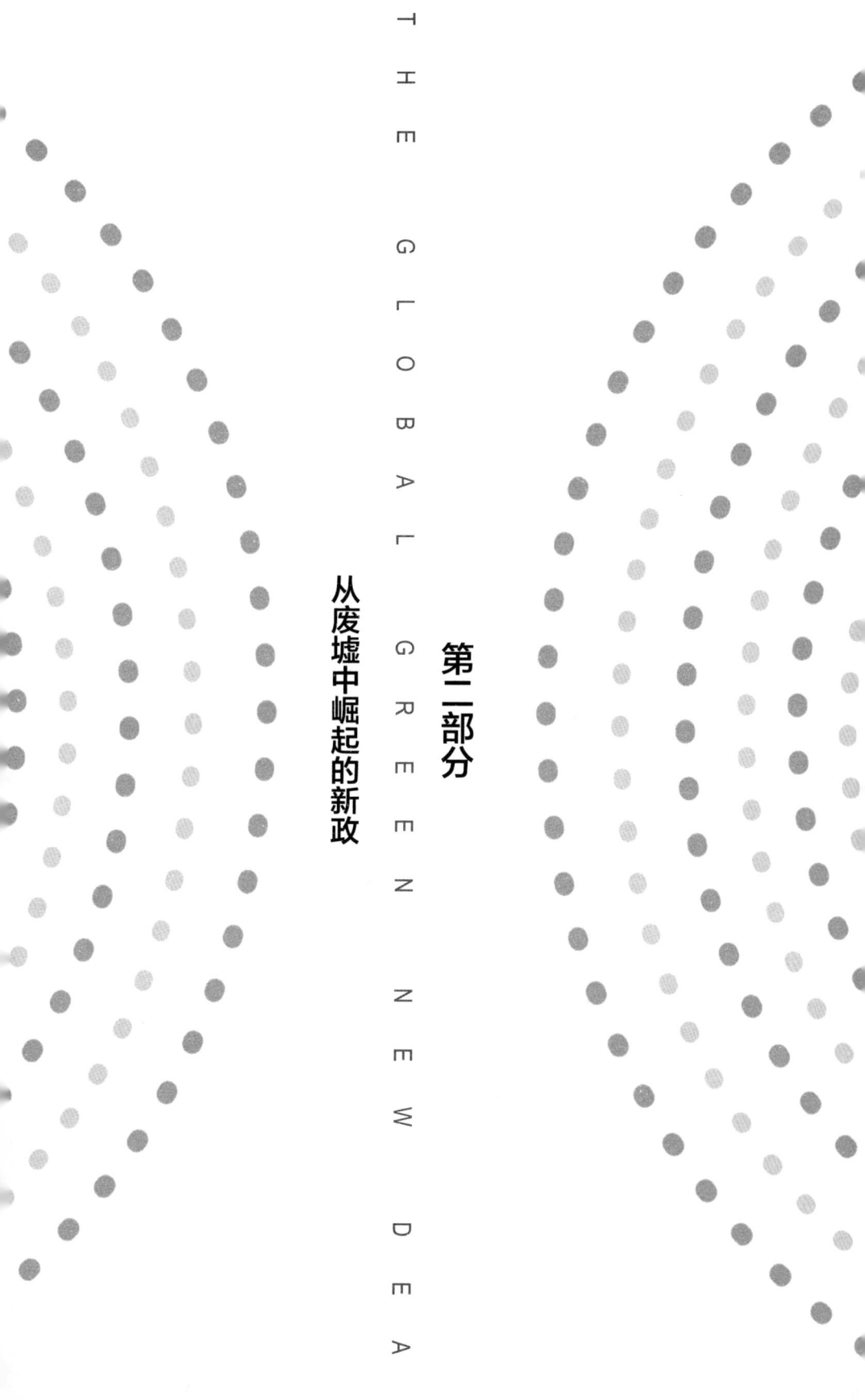

从废墟中崛起的新政

THE GLOBAL GREEN NEW DEAL

第五章
唤醒巨人：养老金打破沉默

对气候变化的关注增多，对正在面临资产搁浅风险的化石燃料行业的长期财务稳定丧失信心，以及太阳能和风能等新兴可再生能源的竞争优势日益增强，正在引发全球金融部门重新评估资金分配的优先顺序。越来越多的基金将资本从化石燃料转向21世纪的绿色能源和清洁技术。

英国可持续投资与金融协会和气候变化合作组织2018年对总计13万亿英镑（17万亿美元）投资组合的英国基金经理人进行调查后发现，他们认为"由于气候变化的相关风险，国际石油公司几年内的重新估值将会降低"。报告中62%的基金经理人认为，"石油需求见顶将影响未来5年内的估值，天然气需求见顶将影响未来10年内的估值"。超过一半（54%）的受访者表示，"国际石油公司的声誉风险已经对其估值产生了负面影响"。其中79%的受访者进一步表示，这种影响将在未来2年内显现。基金经理人还提出其他一些相关担忧，"例如，替代技术的竞争力不断增强,将导致化石燃料需求下降。因为投资者对国际石油公司能否在经济上成功转型失去信心,市场情绪发生转变。总的来说,89%的经理人认同,未来5年,各种转型风险将对国际石油公司的估值产生'重大'影响"。一半基金经理人报告称,他们"已经提供了'脱离储量最大的(至少)200家煤炭、石油和天然气公司的主动型基金或定制投资组合"。[1]

颠覆马克思的观点

美国和世界各地现在面临的日益紧迫的问题是根据各地区的需要,建设和扩大绿色新政第三次工业革命基础设施的资金从何而来。一想到绿色新政,"大规模联邦政府支出"的问题不可避免地成为构建宏伟愿景和叙事的第一大障碍。即使是到了现在,即地球生命面临生死存亡的危急时刻,反对者也倾向于认为政府无法负担这笔开支。在他们眼里,可能发生的灭绝问题好像仅仅是在需要注意的众多政府重点事项中列入预算的一个项目而已。

尽管需要市、县、州、联邦等各级政府提供部分资金,但是建设新基础设施所需的大部分资金可能会越来越多地来自全球养老基金。养老基金是公私领域数百万工人在退休后领取的薪酬。

马克思绝不会想到,20世纪的情况是"世界工人"通过公私养老基金,成为全球投资资本的主要所有人。出人意料的是,截至2017年,养老基金成为全世界最大的投资资金池,规模为41.3万亿美元。正如前言中提到的,美国劳动者的养老基金资产超过25.4万亿美元,他们成为最有发言权的群体。[2]

由于担心气候变化,以及资金滞留在受搁浅资产困扰的化石燃料行业中的前景(这可能导致数百万美国工人的退休基金化为乌有),美国养老基金开始带头撤资。各州和各市正将公共养老基金撤出化石燃料部门以及服务和(或)依赖该部门的相关行业(例如石油化工行业),转而投入构成第三次工业革命智能经济发展的绿色机遇。私人养老基金也如法炮制。

工会也越来越多地站出来,推动对工人的再培训,抓住绿色新政经济转型带来的新就业机会。[3] 可以预见,养老基金将来会越来越多地投向美国及其他国家的绿色基础设施,并希望相关项目中至少使用加入工会组织的部分劳动力。

养老金在短短 70 年里积累了惊人的数额。虽然这不是一场传统意义上的革命,包括这些养老基金的数百万所有者在内,大多数人不太可能把自己看作代表投资全世界的惊人资金池的一个阶级,但新现状就是如此。在一定程度上,这是现代资本主义历史上隐藏最深的秘密。

这 41.3 万亿美元的绝对经济影响力,如果由构成这一群体的数百万名个体资本家完全接纳和控制,可能会彻底改变全球劳动力与管理国际经济秩序的经济机构的关系。

因此,为了推翻马克思的观点,我们可以假设全世界工人联合起来,组成了一支"小资本家"部队。截至 2017 年,美国公私部门共有 1.35 亿工人,其中 54% 的人参加了养老基金退休计划。[4] 这就是一支由约 7 300 万名全职及兼职工人组成的小资本家部队。如果美国的养老金资本家与世界各地的大量养老金资本家联合起来,共同控制全球经济的巨大资金池,那么会怎样呢?

没有用一枪一弹、没有进行阶级斗争、没有罢工、没有叛乱、没有革命，形势已经发生逆转，数百万工人实际上是今天的主要资本家，至少名义上确实如此。我之所以说"名义上"，是因为这数百万资本家很少有人将自己视为一个阶级，甚至一个群体。但是，如果他们真的站起来，宣布开始争权夺势，对如何用他们的递延工资和退休收入进行投资提出要求，那么又会怎样呢？

1946年5月13日，是美国国会大厦大厅里非常普通的一天。参议院开始讨论一种新出现的财富形式（他们称之为"养老的资本"）应该由谁来控制，临时议长肯尼思·麦凯勒（Kenneth McKellar）主持该场辩论。煤矿工人工会的强势首领、美国劳工运动领袖约翰·刘易斯（John Lewis）提出要求，并与各方交涉。他一直呼吁雇主从矿工开采的每吨煤中留出10美分，存入健康福利基金，由工会代为管理。

弗吉尼亚州的哈里·伯德（Harry Byrd）参议员第一个发言，他毫不掩饰地直接反对刘易斯的提议，并警告说，展望未来，"如果这种特权扩展到美国所有雇主和雇员之间签订的合同……每年支付的资金总额至少有40亿美元，甚至更多"。如果劳工"用这些资金建立的基金，除了劳工代表外，没有人可以控制……工会将强大到任何有组织的政府都对付不了的地步"。因此，他认为，鉴于工会监督其会员的资金并代表他们进行投资的影响，这最终将"彻底破坏美国的私营企业制度"。[5]虽然美国众、参两院不顾哈里·伯德的担忧通过该法案，但该法案最终被杜鲁门总统否决。

一年后，共和党杰出的领袖罗伯特·塔夫脱（Robert Taft）参议员在《塔夫脱－哈特利法案》中加入了一项修正案。《塔夫脱－哈特利法案》旨在建立对工会的监管，要求针对工会所有的养老基金设立一个联合托管委员会，一半代表来自工会，一半代表来自雇主。因为塔夫脱担心，如果工会领导者成为唯一受托人，他们可能会贪污会员的资金，或者施加财政影响和行使政治权力。

佛罗里达州民主党参议员克劳德·佩珀（Claude Pepper）对塔夫脱的暗示深感不满，指出共和党国会议员反对工会控制会员资金的真正原因是担心共和党的华尔街密友可能无法控制一个前途光明的新投资资金池，而这个资金池日后肯定会发展成为一股不可忽视的力量。

修正法案获得通过后，国会得以推翻总统的第二次否决，使其成为美国法律。最终的法案中添加了一项附带条件：养老基金的投资必须确保受益人的投资回报最大化。其限制在于如何有效利用这些基金，将它们完全交给华尔街，并确保它们只能用于推动资本市场的发展。

1974年，国会通过了《美国雇员退休收入保障法案》，福特总统签署了该法案，进一步限制了基金的投资方式。法案中加入了所谓的"谨慎人规则"，表面上的目的是保护养老基金免受无良金融顾问的损害，实际上是确保这些基金只能用于促进金融界的利益，而金融界将决定构成审慎投资的范围和规模。强大的机械师工会主席威廉·温皮辛格（William Winpisinger）代表工会指出，"谨慎人规则"仅仅是控制工人递延工资以提高银行业利益的法律术语。[6]

美国国会在1946年做出的关于养老基金由谁监管、如何监管的决定，在20世纪70年代末产生恶果（方式详见下文），真正改变了东北部和中西部14个州的命运和数百万劳动者的境况。这些恶果直到今天仍余波未平，将几代人禁锢于日益窘迫、贫困和被遗弃的境地，以及排斥在伟大的美国梦之外。

为了更好地理解美国经济格局的变化如何发生及其对数百万美国人的生活有何影响，我们需要探讨基础设施新模式最根本的价值。在决定个人、家庭、社区、企业和劳动者的繁荣兴旺以及社会成果分配方面，基础设施均发挥了关键性作用，其重要性远超学术界或政治对话公认的程度。

美国第一次工业革命期间，铁路对改变经济生活发挥了关键作用。枢纽到枢纽的铁路服务在穿越东北部和中西部走廊的铁路沿线造就了人口密集的城市。同样，最初用于协调铁路交通的电报系统也位于铁路沿线。煤炭是驱动第一次工业革命的主要能源，主要来自宾夕法尼亚州和俄亥俄州北部的煤矿。钢铁业、出版业及第一次工业革命的其他产业也在连接北方繁忙城市的铁路基础设施沿线相继出现。

1905年至20世纪80年代，第二次工业革命基础设施的建设与第一次工业革命的基础设施的建设重叠，并最终吸收或取代了其中的大部分。这次转型期间，美国的经济地理再次发生变化。汽车的大规模生产和国家道路系统的推出，特别是全国各地纵横交错的州际公路，分散了交通运输。电线和电话线无处不在，连接到每个人，延伸到美国的每一个角落。1859年，人们在宾夕法尼亚州的泰特斯维尔首先发现石油，之后得克萨斯州、俄克拉荷马州、加利福尼亚州等地很快也先后发现石油。作为驱动汽车文化的关键能源，石油使飞机、航空旅行、大型集装箱船成为可能，推动美国贸易从全国走向全球。

接下来，我们将深入了解20世纪中叶美国经济、社会、政治发生的大规模巨变。巨变始于1944年10月2日，当时美国南方密西西比州的克拉克斯代尔约有3 000人满怀惊奇地观看了一台新机器——棉花采摘机的展示。这台机器在一个小时内采摘了1 000磅棉花,而在同样的时间内,一名黑人劳动者只能采摘20磅棉花。[7]到1972年,南方的棉花已经100%由机器采摘。[8]第二次世界大战刚结束,南方的农田就用上了化学落叶剂,结束了黑人工人几个世纪以来的除草工作——他们先是作为奴隶,内战后作为佃农。

一夜之间,美国南方的黑人劳动力就全面失业,变成多余的人。《应许之地》的作者尼古拉斯·莱曼(Nicholas Lemann)称之为"历史上规模最大、速度最快的国内人员流动"。在"大迁徙"中,500多万非裔美国家庭向北迁移,在北部和中西部各州定居。[9]在有汽车业的底特律,在有钢铁业的印第安纳州的加里和匹兹堡,在芝加哥的畜牧场等,这些人重新找到工作。截至20世纪70年代,南方一半以上的黑人移居北方,在北方工厂就业,他们把在吉姆·克劳法管理之下的穷困凋敝的农村生活留在身后。[10]

二战结束后的20年里,以汽车工人联合会、钢铁工人联合会、电气工业联合会和机械师工会为代表的各大工会掌握了越来越大的发言权,在与管理层的劳资谈判中提出更加不容忽视的要求。这些庞大的国际工会对刚从南方来的黑人工人表示欢迎。例如,福特在底特律的旗舰工厂胭脂河工厂也是美国汽车工人联合会最活跃的地方工会所在地,该工会成员30%以上是非洲裔美国人。[11]同样,20世纪50年代,在底特律,克莱斯勒25%的工人和通用汽车23%的工人都是非洲裔美国人。[12]

管理层急于摆脱工会工人不断增长的需求,因此制定了双管齐下的退出策略。首先,汽车企业将计算机和数控技术引入工厂。这是第一批自动化技术,取代了大部分半技术型黑人劳动力的工作岗位。这种趋势很快蔓延到北方其他工业中。1957年至1964年间,美国制造业的产量翻了一番，但是由于装配线引进自动化技术，蓝领工人的数量反而减少了3%。[13]

其次，公路系统的建设为三大汽车公司提供了通往底特律外围郊区的"大逃亡"路线。在那里，它们建起高度自动化的工厂，由技术水平更高、渴望逃离内陆城市的白人工人运营。其他工业，特别是军事与工业综合体，开始在南方各州建立新的兵工厂。本田、丰田、日产、宝马等外国汽车公司从20世纪80年代开始在美国建的生产厂，实际上也都位于南方各州的州际公路出口沿线。[14] 南方各州制定"工作权利法"，旨在阻碍或禁止组织工会。全球企业在美国南方发现，更多自满的白人农村劳动力愿意接受低工资，对组织工会也不热情。

随着连接全国各地的州际公路系统的建立，企业既可以在反工会的南方各州选址，又能获得全国供应链和配送路线，业务不再依赖于连接美国北部和中西部主要都市区的枢纽到枢纽的铁路系统。

此外，大部分失业的黑人劳动力无力购买汽车，因此只能困在自己所在的街区附近，高速公路和州际公路系统创造了一种新的种族隔离形式。除了城市规划者和专业学者外，目前为止还没有多少人讨论过这个问题。在汽车时代的鼎盛时期，作为内陆城市重要交通工具的公共交通，在整个北方被弃之不顾，放任其衰败。为了确保汽车运输独大，城市里的无轨电车系统和公共汽车系统经常遭到破坏。一代又一代的非洲裔美国家庭失业，靠救济生活，无法出行，受到孤立和隔离，成为全国"囚室"。毒品交易、帮派械斗等随之而来。

1977年，我和同事兰迪·巴伯（Randy Barber）开始讨论美国东北部和中西部的工人和中小企业的困境。我们近距离观察到，公司和整个行业大量涌入南方，这对内陆城市的非洲裔美国人和白人的工人阶级社区造成巨大破坏。我们也痛苦地意识到美国商业从"主街"到华尔街的巨大转变，以及跨国公司的崛起使得其忠诚度和纽带不再局限于美国，它们的利益、影响力和参与现在遍布全球各地。

我们开始寻找可以指导以后工作的线索，围绕建设更开放、更民主的经济进行全国性的深度对话。我们特别感兴趣的想法和主题是，帮助处于美国创造力中心的中小企业重新焕发活力，创造新的就业机会，让内陆城市恢复生机勃勃的社会生活。

这些年来，我们与地方和全国的劳工领袖建立了密切联系，他们也和我们一样担心华尔街剥夺工人的权力。巴伯接触了许多劳工领袖和学者，针对愈演愈烈的可能改变美国和世界各地经济和政治动态的现象进行了大量研究。在把这些零碎的研究结果整合之后，我们开始意识到，资本主义的本质正在发生变化，然而迄今为止，并没有人注意到这种变化。根据几个月的对话成果，我们在一年后出版了文如其名的合著——《北方的再次崛起：20世纪80年代的养老金、政治和权力》。

我们在书中提出的观点包括：首先，显而易见的是，曾经使东北部和中西部16个州成为世界经济引擎的工业，很快就会将它们抛弃；其次，随着企业和整个行业在反工会的工作权利法管辖的南部和西部各州寻找新的机会，美国劳工运动在这些地区的地位日益下降。这绝非小事，因为在东北部和中西部生活和工作的工会会员占全体劳动力的60%，而南方只占15%。[15]

在南方建立工会的努力不断遭到大部分农村劳动力以及当地政治机构和商会的反工会情绪的抵制。南方企业成功建立工会的可能性微乎其微。处处受阻的劳工组织发现，招募工具所剩无几。

应当如何解决当下的困境？我们认为，美国工会领导人需要从沉睡中觉醒，正视可能是强大的、充满希望的全新现状。当他们昏昏沉沉、不理世事时，数百万公私体制工人的部分周薪已经通过集体谈判合同以养老基金的形式延期发放，退休后才可提取。世界各地的国家、省、市一直效仿美国，为公务员和私企工人建立类似的养老基金账户。

> 我们已经说过，在美国，养老基金是一种新的财富形式，在过去30年中逐渐形成，成为全世界最大的私有资金池，现有价值超过5 000亿美元……养老基金目前持有美国公司20%~25%的股权和40%的债券，是美国资本主义体系最大的投资资本来源……今天，超过2 000亿美元的养老基金来自东北部和中西部16个州1 900万工会成员和公务员基金的递延储蓄。[16]

如果这还不足以撼动劳工运动和华尔街，我们最后会对美国劳工运动的领导层及美国东北部和中西部各州政府和地方政府的领导层提出严厉的控诉。

> 多年来，工会和各州一直把这个强大的资金池的控制权托付给金融机构，而银行反手利用这些资本将就业和生产转移到南方和海外，从而削弱了劳工组织和美国北方的经济。[17]

换言之，银行和金融界过去投给美国大企业的资金是数百万北方工会工人的递延工资，而这些大企业反手抛弃了工会工人，迁往受制于工作权利法的南方各州。数百万计工会工人的储蓄喂养的却是明文规定剥夺这些工人工作岗位的企业，但是似乎没有人意识到这一点。

然后，我和兰迪直接向东北部和中西部的各州、各市以及当地工会和全国工会抛出一个问题：这些工会工人是"继续让别人用自己的钱反对自己"，还是"主张直接控制这些钱来挽救自己的工作和社区"？[18]

尽管我们提出的这个问题更务实、更具战略意义，但其背后是一个自1776年亚当·斯密撰写《国富论》以来就一直困扰着资本主义的意识形态问题。我们还问道："生产资料应该由谁控制？"[19]这个问题现在尤为突出，因为金融界和全球企业正利用工会工人养老金形式的递延储蓄转移到南方，甚至在世界各地开设业务，使一个又一个国家的劳动力陷入贫穷，让各地工人和社区相互竞争，从而获得最廉价的劳动力，并在环境标准宽松或压根儿不存在的社区中建厂。在这些地方，对于厂里工作条件的检查，即使有，也是少之又少。

《北方的再次崛起》迅速引起反响，其读者既有地方的和全国的数万劳工领袖和普通工会工作者，也有金融界的领袖和《财富》500强公司的高管——他们都在这场庞大养老金资金池的控制权争夺战中存在利害关系。尽管过去40年中，这本书因为激发了社会责任投资运动而被广泛引用，备受赞誉，但是我们还是不禁要问：世界各个国家、城市和工会是否有效地控制了决定资本主义体系市场方向的数万亿美元的养老基金？[20]还是这些努力在没有攫取社会资本的情况下，以渐进的方式，从边缘处一点点地削弱权力，以获得少许让步？

该书出版20年后的1998年，时任美国劳工联合会—产业工会联合会财务部长（现任主席）的理查德·特拉姆卡（Richard Trumka）在拉斯韦加斯召开的全国部长会议上，邀请我和兰迪对已经取得的进展进行评估。我们表现得谦逊有礼，但并不热情。这里我要补充一点，特拉姆卡是该书主题最积极的倡导者之一。他表示："劳工运动最重要的策略就是利用养老基金和制定资本战略，防止我们的钱成为伤害我们自己的利刃。"[21]

加州州立大学组织行为与环境的助理教授理查德·马伦斯（Richard Marens）2004年在《商业伦理学杂志》上发表文章——《等待北方崛起：美国经过一代工会金融活动家的努力后重温巴伯和里夫金》，文章围绕我们的论点和行动呼吁的成功与失败，进行了更慎重、更严密的分析和批判。他在文中写道：

> 一代人以前，两位社区活动家兰迪·巴伯和杰里米·里夫金在《北方的再次崛起》（1978年）中提出了美国劳工运动的新方向。该书反映了20世纪70年代劳工组织经历的政治和组织挫折：20年来，劳工组织的工人在劳动力中所占比例连续下降，改革劳动法的共同努力令人沮丧地以失败告终。他们发现，公众和工会控制的养老金计划迅速积累的财富出现反趋势，而且来势凶猛。因此，劳工的工作是学习如何利用这些资本，既将其作为一种工具，为新的工会工作创造投资，也作为一种武器，打击顽固的企业管理。[22]

马伦斯接着说道，许多美国工会及其领导者都对我们的分析和愿景表示赞同，并在10年间与新成立的社会责任投资组织并肩工作，"日常参与各种形式的金融活动。相信再过10年，为工会工作的投资人将取得一系列创新成果和骄人成绩"。[23] 股东决议所涉及的以前公司高层秘而不宣的话题成倍增加，迫使其实施管理改革。

有些股东决议的主题是反对高管拿高得吓人的薪酬，而工人则被匆忙解雇，工资停滞不前；其他一些决议则重点关注狄更斯所说的"血汗工厂"（主要在亚洲），认为它们玷污了企业的公众形象，损害了股东的利益。

马伦斯 2007 年的文章还总结道，尽管公私养老基金在推动社会责任投资和股东价值方面发挥了关键作用，但在对美国企业进行监管的过程中，这一新的监督角色已经制度化，"劳工的股东行动主义……很可能仍然是一种战术武器（尽管是一种可能有用的神秘武器），只能用于与企业管理层发生的小规模冲突中和传播不满情绪"。[24] 至于我们关于全世界工人应该代表他们的工作场所、社区和家庭决定全球养老金资金池如何投资的设想，马伦斯认为，证据表明，这个设想至少在 2007 年不可能实现。他隐约地暗示，充其量是"陪审团还在考虑"。

从理论到实践：革命开始

这一次，各市、州、国家各级公共养老基金带头，越过股东决议，控制和指导自己在经济脱碳方面的巨额投资。随着政府和公务员工会开始将公共养老金撤出化石燃料及相关产业，重新投入可再生能源、绿色技术和能源效率计划，一场全球性运动已经扎根。

在美国，这场革命始于高校，学生们向学校董事会请愿，要求"撤资另投"。350.org 是美国领先的环保活动组织之一，负责人比尔·麦吉本（Bill McKibben）在扩大运动规模方面发挥着核心作用。起初，只有少数几个分散的小城市（主要是大学城）改变了养老基金的投资方向，这更像是一种象征性的姿态。但是不久，投资的涓涓细流开始聚成小溪，现在即将成为洪水。世界各地的大型城市已经挺身而出，加入队伍，华盛顿特区、哥本哈根、墨尔本、巴黎、旧金山、悉尼、西雅图、斯德哥尔摩、明尼阿波利斯、柏林和开普敦等赫然在列。时至今日，各大洲已经有150个城市和地区采取措施，将公共养老基金撤出旧的化石燃料能源产业，投向可再生能源、电动汽车和构成第三次工业革命基础设施的零排放建筑改造。[25]

转折点出现在2018年。当时，纽约和伦敦都对谈判施加了影响。1月10日，纽约市长比尔·德·布拉西奥（Bill de Blasio）和公共养老基金受托人宣布，他们决定在2023年之前完全放弃化石燃料，一举将美国领头城市定位为全球向绿色新政社会转型的旗舰城市。纽约市的公务员养老基金共代表71.5万名成员、退休人员及受益人，资金总额为1 940亿美元。[26]纽约市长在新闻发布会上明确表示，撤资的决定既是道德决定，也是经济决定。他严肃地告诉纽约同胞：

> 纽约市为子孙后代挺身而出，成为美国第一个将养老基金撤出化石燃料的大城市。同时，我们正把对抗气候变化的斗争直接指向化石燃料公司。它们明知自己的影响力，却为了保护自己的利益，故意误导公众。[27]

比尔·德·布拉西奥还提醒纽约市民和美国其他地区的人，2012年10月，飓风"桑迪"正面袭击纽约5个街区，造成44人死亡，190多亿美元的财产和基础设施损失及经济活动损失。[28]全世界人民惊恐地看着电视直播洪水在马路上奔腾,冲破窗户涌入百货公司、冲向地铁。随着海平面上升,风暴和飓风的强度和频率都有所增加,纽约成为遭受危害最大的世界级城市之一。纽约市民开始提出质疑:到21世纪下半叶,纽约部分地区是否会被永久淹没。[29]

随着时间的推移,纽约面临的生命和财产损失可能无法估量。市长表示,撤资的决定也是出于确保纽约经济稳定和未来的经济考虑。市长办公室估计,对化石燃料行业的投资占比为3%,总计约50亿美元,撤出的资金将分配到整个城市的养老金投资中,重点寻找可再生能源、现有建筑改造和绿色基础设施的投资机会。[30]

撤资是更大规模的脱碳计划的一部分,该计划被称为"一个纽约:给一个强大公正的城市规划"。该计划的目标是使温室气体排放量在2050年比2005年减少80%,达到《巴黎气候变化协定》的标准。[31]

伦敦市长萨迪克·汗(Sadiq Khan)也宣布了撤出投入碳基能源的70万英镑(90.3万美元)公共养老基金的计划。市长表示,伦敦养老金投资组合很快就会断绝与化石燃料行业的最后关系,完全撤出化石燃料投资。伦敦还启动了市长能源效率基金,投资5亿英镑(6.45亿美元)用于实现该市社会住房、大学、图书馆、医院和博物馆的绿色化。[32]

两位市长在《卫报》联合发表的评论文章中表示:"我们认为,机构终止向开采化石燃料、直接导致气候变化的企业投资,可以传递出可再生能源和低碳方案才是未来的强烈信号。"[33]

评论发表后不久,加州州长杰里·布朗签署法案,以监督加州公务员退休系统和加州教师退休系统的两大公共养老基金,"确定投资组合的气候风险,并每三年向公众和立法机关报告一次"。[34] 美国州立法机关通过了第一部此类法律,其中不仅规定了与气候有关的金融风险的法定定义,而且规定了州公共养老金计划在做投资决策时需要遵守的法律责任,同时确保投资选择符合其他州关于气候变化的法律要求。我们有必要简要回顾一下其中的一些条款,它们为重新评估和理解美国各州、市,甚至其他国家的信托责任提供了样板。在这些地区,管理公共养老基金的政府掌握着绿色新政和从化石燃料文明向绿色后碳时代转型的资金来源。

新法律明确指出:"气候变化会带来一系列重大金融风险,包括转型风险、物理风险和诉讼风险,理智的投资者在做投资决策时必须考虑这些风险。"新法律还警告说,"如果认识不到和不解决这些风险,投资者将面临随之而来的债务和财务方面的风险"。由于气候变化随着时间的推移而出现,投资决策必须"同时考虑退休基金投资的长短期影响和风险"。[35]

这项法律意在向两大投资基金的受托人表明,他们的投资决策不再仅仅与短期市场回报紧密联系,特别是对那些会导致气候变化的企业或行动进行的投资,"鉴于气候变化可能造成灾难性的后果,碳排放的社会成本和经济成本已经确证,关于气候变化造成重大金融风险的文献越来越多,退休委员会绝对不能忽视金融活动中的气候风险"。[36]

我们需要暂停一下,掌握新法律的意义。加州教师退休系统是全世界最大的教育类公共养老基金,有多达95万成员和受益人,管理的金融资产将近2 240亿美元。[37] 加州公务员退休系统是美国最大的养老基金,面向190万公职人员、退休人员及其家属,管理着总计3 490亿美元的金融资产。[38] 两大基金巨头一共控制着超过5 730亿美元的资产，或者说代表近300万名公务员、退休人员及受益人进行5 000多亿美元的投资。

  该法对指导公共养老基金投资的信托原则进行了微调，帮助资产管理人更好地理解最大化成员的财务回报的意义。人们对指导养老基金受托人70多年的"谨慎人规则"一知半解，认为唯一的标准是投资回报率，而没有考虑到即使做投资决策时看起来谨慎小心，进行投资时也有可能会对其他投资造成负面影响——反向效应破坏成员总体投资组合的长期收益最大化。

  例如，化石燃料能源企业和电力公司造成的全球温室气体排放将会加剧加利福尼亚州的干旱，引发越来越多的野火，从而导致输电线中断、电力短缺和拉闸限电的情况，损坏财物，扰乱商业，也可能破坏加州其他受干扰和损失影响的企业的基金投资。乘法效应不是理论上的，而是非常现实的。太平洋煤气电力公司是加州的《财富》500强电力公司之一，该公司于2019年申请破产。当时加州官员宣布，加州2017年发生的21起重大火灾中，至少17起是由该公司的设备造成的。[39]

  我和兰迪·巴伯在《北方的再次崛起》中提出的正是这一点。我们指出，养老基金投资的每项决策无论短期回报如何，都需要考虑其会产生的一些后果。因为这些后果可能会损害投资资金的主人——工人们的中长期经济福利。我们在前面指控过，银行过去曾将东北部和中西部各州工人的公私养老基金投资于从那里逃到工作权利法管辖的南方各州的企业，或投资于逃到劳动力成本较低的亚洲国家的企业。20世纪60年代到90年代间，这种情况从未间断，数百万劳动者及其家庭、社区和州陷入贫困。尽管基金受托人进行的那些投资的回报不错，但是今天仍然健在的工人中，可能没有一个事后会认为那些投资是"谨慎"的。现在对全球排放温室气体的主要企业和行业的投资面临的正是类似情况。谨慎投资？很难证明！

为了避免人们对公私养老基金资产的投资和评估方式发生的根本性变化仍有疑问，2018年世界第五大经济体——英国在2018年6月对"谨慎"投资的要素进行了测试。[40]英国工作和养老金部与加州差不多同时发布新规，规定当监管全国1.5万亿英镑养老金资产时，怎样评估公共养老金的未来投资。[41]与加州一样，问题的核心也是加深对履行信托责任的理解。

发布新规时，英国工作和养老金部部长埃丝特·麦克维伊（Esther McVey）撇开了合法性和参考法规，直接与英国人民，尤其是年轻人展开对话。她指出："由于年青一代更关心自己的钱的去向，他们越来越怀疑养老金的投资方式是否符合自己的价值观。现在，这些钱可以用来为子孙后代建立更可持续、更公平、更平等的社会。"[42]新规还对养老基金受托人提出警告："将气候变化单列一条，因为它是系统性、交叉性的风险……不仅影响环境风险和机遇，也影响社会和治理方面的考虑……英国对《巴黎气候变化协定》的承诺表明，政府认为气候变化是个重要问题。"[43]

读到这些建议时，有些人可能会认为大政府只是在扩大监管力度，将自己的意识形态强加给养老基金受托人和数百万公务员。实际情况恰恰相反。在许多情况下，公务员工会反而向政府施压，要求政府展开谈判。

英国公共服务业总工会是英国最大的工会，共有130万会员，他们在地方政府、教育、国家卫生服务、能源领域的公私部门工作。他们发现英国各地政府向化石燃料行业的投资高达160亿英镑（206亿美元）后，在全国大会上决定动员全国会员参加运动，敦促地方政府撤出投资于化石燃料的养老基金，转而投入绿色能源及其他社会责任。该工会秘书长戴夫·普伦蒂斯（Dave Prentis）在致会员的公开信中表示，"按照法律规定，出于财务原因（例如认为英国石油公司、荷兰皇家壳牌公司等资产将'搁浅'地下，一文不值）撤出资金，是基金可以接受的理由"。[44]

2018年7月，爱尔兰第一个宣布5年内从化石燃料公司撤出"所有"公共养老基金。爱尔兰议会通过法案，要求负责管理89亿欧元（104亿美元）政府资金投资的爱尔兰战略投资基金，撤出本国在全球化石燃料行业的约3.18亿欧元的投资。[45]

仅8个月后的2019年3月，挪威政府建议主权财富基金从石油和天然气的所有上游生产商撤出，这条消息震惊了整个挪威金融界。挪威是西北欧最大的石油生产国，拥有全球最大规模的主权财富基金。[46] 该消息传达的信息明确无误：挪威开始撤资！

对此，有些国家政府要么充耳不闻，要么在制定退出化石燃料行业的协议时拖拖拉拉，因此，公务员工会不得不肩负起单方面宣布撤出会员养老基金的使命。韩国作为2018年第十一大经济体，该国46%的电力仍然由煤炭提供。[47] 由于政府拒绝让步，教师养老金系统和政府公务员养老金系统（总共管理着220亿美元的资产）宣布，它们"承诺停止投资新的煤炭项目"，将把从煤炭项目中撤出的资金投入可再生能源，以期促使其他投资机构做出类似承诺，并在全国性政府层面上采取撤资措施。[48]

不仅地方、地区、全国等各级政府及其公共养老基金正迅速从化石燃料业撤资，投入绿色能源，世界上有些领先的保险公司也紧随其后，并且理由充分。18家保险公司（大多在欧洲）已经开始从化石燃料行业撤资，其中每家保险公司的资产都超过100亿美元。法国安盛集团、慕尼黑再保险集团、瑞士再保险集团、安联保险集团和苏黎世保险集团等几家最大的保险公司已经限制或取消针对煤炭项目的保险。此外，法国安盛集团和瑞士再保险集团还限制为焦油砂项目投保。[49]

然而，美国十大保险公司中，只有美国国际集团和农夫保险公司修改了投资策略，以应对气候变化。这一点值得注意，因为美国西海岸多年来一直遭受气候变化引发的干旱和野火的破坏，保险损失仅2017年就高达129亿美元。[50]得克萨斯州和东南部的路易斯安那州、佛罗里达州、密西西比州、佐治亚州、南卡罗来纳州、北卡罗来纳州和弗吉尼亚州，飓风肆虐；中西部的内布拉斯加州、共奥瓦州、威斯康星州和密苏里州每年都会遭遇日益恶化、千年未遇的洪水侵袭。这些都是过去十年的气候变化带来的后果，造成了巨大的生命和财产损失。但是我怀疑，气候变化的现实影响将在未来两至三年内，才能使美国保险公司进入撤资—投资的过程。

仍然不愿意撤出化石燃料业及其相关行业的公私养老基金的受托人反击的理由通常集中在不想为了满足"社会责任投资"的需求，而牺牲投资回报率。"社会责任投资"尽管目的高尚，但是市场业绩一般不太好。这个观点通常围绕着全球养老基金长期资金不足的警告，表明受托人最不想做的事情就是投资回报率较低的社会责任基金，从而进一步减少工人应得的好处。

养老基金的资金一直以来确实不足。但是正如前文所述，这在某种程度上是因为银行和其他机构将养老基金作为自保基金，投资表现不佳的股票，以此支撑自己的资产负债表。

近年来，美国公私养老基金的资金都严重不足。这在很大程度上是因为经济开始复苏之前，2008年至2012年间爆发的经济大衰退在整体上对投资造成的破坏。近几年在过热的牛市中，养老基金的金库确实越来越充盈，但我们还是要小心谨慎。2018年年中，标准普尔500指数的平均股票交易量比平均估值高出73%。回顾股票市场的历史，股票被过分高估的情况只出现过两次，一次是在1929年大萧条之前，一次是在现在声名狼藉的2000年互联网泡沫破裂之前。[51]

皮尤慈善信托基金旗下的研究中心认为，资金已经能够覆盖72%的国家养老基金负债（有些分析人士认为这一比例已经很高）。由于交易所的股票被严重高估，如果市场陷入熊市，那么资金无法覆盖的养老基金负债将会受到影响，其他投资工具也不可避免地受到影响。[52]

人们之所以从反对变为支持养老基金撤出化石燃料行业，是因为石油和天然气类股票是标准普尔500指数成分股中表现最差的板块之一。毫无疑问，这个令人清醒的现实显然不是继续投资化石燃料行业的好理由。[53]

进一步细化分析这些数据，我们会得到更多启发。2016年，加拿大市场调研公司Corporate Knights曾对美国第三大养老基金——纽约公共退休基金的投资回报率进行分析。该基金托管着110万名会员的1 850亿美元资金。如果该基金撤出化石燃料投资组合，三年期回报将增加53亿美元，平均每人多得养老金4 500美元。[54]这些数字已经足以说明问题。

我们需要把握化石燃料文明即将崩溃的全面影响。几十年来，环境保护主义者和社会正义活动家一直在与支配全球市场、社会治理、生活方式的化石燃料文明的经济力量进行斗争。近年来，我们越来越害怕化石燃料业及相关产业带来的负面影响，时刻感觉自己在气候变化失控和物种灭绝的边缘徘徊。

就现在的情况来看，这是一个漫长的过程。1973年10月，石油输出国组织对运往美国的石油实施禁运。加油站的汽油价格在几周内从每加仑3美元飙升至11.65美元。在当地加油站周围，汽车排起长龙，绵延几个街区，司机们焦急地等待着轮到自己的那一刻，希望能够给自己的车加几加仑汽油。

这是公众第一次感受到石油巨头的高压手段，指责它们与石油输出国组织的国家串通一气，利用禁运手段抬高油价，从危机中获得创纪录的利润。美国各街区的公众怒火沸腾。

禁运事件发生几周后就是波士顿倾茶事件200周年纪念日，两个世纪前的东印度公司和今天的大型石油公司之间的类比，引起了人们的共鸣。我在一年前成立"人民两百年纪念委员会"的初衷是为美国联邦政府庆祝美国诞生200周年提供另一种方案，我们与波士顿和新英格兰本地社区活动家联系，向石油巨头发起抗议。2万多名波士顿人和我们一起冒着暴风雪，循着茶党先辈们的足迹，从历史名胜法尼尔大厅一直走到波士顿码头。那里停靠着一艘东印度公司商船的复制品，市长和国家官员聚在一起，宣布仪式开始。格洛斯特本地的渔民将船驶入波士顿港，停靠在复制品旁，他们爬上桅杆，将空油桶倒进港口。数千名抗议者高呼"起诉埃克森"，"肮脏的石油，污染的世界"，开启了《纽约时报》次日报道中所说的"1973年波士顿倾油事件"。据我们所知，这是美国出现的第一次反对大型石油公司的抗议，但远远不是最后一次。

世界各地对石油巨头发起抗议40年后，形势突变。曾经看似不可战胜的化石燃料业正在我们面前迅速崩溃。崩溃的速度和规模是我们几年前几乎无法想象的。我们不但必须保持对石油工业的警惕，还必须迅速在废墟上开始建设绿色文明。我们需要为零碳经济转型提供资金，动员各个社区和地区政府做出反应，带领我们进入生态时代。美国和世界各地都需要绿色新政。

第六章
经济转型：新社会资本主义

公私养老基金从化石燃料业及其相关产业中撤出数十亿美元的投资，投入智能绿色经济，这标志着社会资本主义时代的到来。社会责任投资已经从投资决策的边缘地位成为市场活动的核心，为根本转型——抛弃化石燃料文明提供了基础。

社会责任投资成为焦点

是什么使社会责任投资迅速从资本主义投资的外围一跃进入中心？是底线！尽管社会责任投资的概念最早出现于对种族隔离时代南非工业的投资和撤资进行反思的全球运动，到20世纪70年代末，美国围绕工人所有的养老基金被用来破坏工人的经济安全和社区繁荣而展开对话，使得社会责任投资的概念逐渐在美国家喻户晓。社会责任投资概念的支持者认为，评估退休金的投资方式时，需要考虑社会责任投资。

已故的诺贝尔经济学奖获得者、领导芝加哥经济学派的经济学家米尔顿·弗里德曼（Milton Friedman）回击说，任何在养老基金的投资中践行社会责任的概念最终都会损害资本主义市场的运行，因为大政府模式下的投资流动受到意识形态的制约。后来几十年里，在管理不断增长的工人社会资金池方面，这一立场成为大多数养老基金受托人虔诚信奉的教条。

从表面上看，弗里德曼的格言至少在新千年初期似乎风靡一时。但是在表象之下，婴儿潮一代、X一代和千禧一代等年青几代，在股东斗争和工人养老基金投资管理中，会使用环境、社会、治理（ESG）投资。

围绕经济投资展开的公众对话借用本杰明·富兰克林（Benjamin Franklin）的话提出了一个新词："利成于益"。其理念是，道德意义与社会意义良好的商业行为与底线之间，不必也不应该存在尖锐的分歧。过去我们认为这是一种错误的二分法，因为"利成于益"在实践中会提高底线。

借由这一反叙事，工会和非政府组织继续在公司年会上提出股东决议，将社会责任投资纳入公司实践。他们的成功使得2000年网络泡沫破灭后，在年青一代的掌控之下，社会责任投资开始加快。年青一代毫无顾忌地为难道德上不负责任、不可接受的企业行为，经常利用社交媒体和点评网站对其进行批判，并督促、强制企业改变做法。

社会责任投资现在已经成为主流。摩根士丹利的报告称，千禧一代中，86%的人对社会责任投资感兴趣，这也是他们与上一辈人的标志性差别。[1] 美国的社会责任投资已经超过12万亿美元，其中大部分由养老基金的受托人提供，这反映的正是这种新的转变。[2] 尽管社会责任投资无所不包，涉及所有行业和部门，但是随着人们越来越担心气候变化、环境、碳足迹和石油独大的地缘政治的影响，促使其从化石燃料业撤资，转而投向可再生能源和绿色产业。

这一新趋势催生了"影响力投资"，为将 ESG 投资融入运营方方面面的企业提供种子资金。摩根士丹利对资产市场展开全面调查时，经常听到受访者表示，他们坚信，由于客户要求的投资类型发生变化，本行业的投资决策面临质变。"利成于益"已经成为新的行业准则。

这种热情合理吗？哈佛大学、鹿特丹大学、资产管理公司 Arabesque Partners 和牛津大学等过去两年的一系列深入研究表明，价值链上进行 ESG 投资的企业往往优于竞争对手，部分是因为这些企业致力于提高总体效率、减少浪费、建设循环供应链以及降低碳足迹，种种举措都有助于提高底线利润，并且与企业从化石燃料文明向绿色时代的转型息息相关。[3] 因此，答案显而易见！

化石燃料构成或推动经济的方方面面，它是前两次工业革命基础设施的生命线，确保每一项经济和商业探索得以成功。没有碳基础设施，企业和由此产生的整个社会都不可能存在。因此，我们现在面临的关键问题是，到目前为止，化石燃料基础设施一直是社会繁荣昌盛的基础。

如果说化石燃料是当前全球经济的生命线，那么有人相信化石燃料时代正处于黎明时期，甚至巅峰或高潮吗？作为化石燃料文明基础的基础设施又是如何呢？有人敢说基础设施仍然坚不可摧吗？答案显而易见，这段历史即将结束。

基础设施就像活的有机体。它们出生、成长、成熟，然后开始漫长的衰退期，最终走向死亡。以碳为基础的第二次工业革命正是如此。幸运的是，作为绿色新政的核心，第三次工业革命数字互联的后碳基础设施正在不断发展，与此同时，总效率创下新高，生产力提高以及碳足迹大幅降低。反过来，21世纪需要新的企业和劳动力来建设和管理绿色经济。

至于低碳投资是否真的会出现具有社会责任但财务状况不佳的情况，标准普尔道琼斯指数公司在分析了若干版本的标准普尔500指数的碳风险指数后认为，"在大多数情况下，低碳版本指数的表现确实优于5年期的基准"。[4]

我们在第二章和第三章中已经指出，世界各地构成第二次工业革命基础设施的关键行业都在逐步脱离碳文明，其中包括信息通信技术/电信、电力、交通运输和现有建筑，转而与蓬勃发展的绿色新政的第三次工业革命基础设施相结合。如果全球养老基金的受托人希望最大限度地提高养老金领取人及受益人的终身财务收益，却将投资锁定在资产搁浅、商业模式衰落的第二次工业革命基础设施中，那么我们很难想象他们怎样才能实现目标。

绿色新政的重点是基础设施。每个地区都必须建设和扩大宽带、大数据和数字通信、接近于零的边际成本零排放绿色电力、由可再生能源供电的在智能道路上行驶的无人驾驶电动汽车、节点化连接的零排放建筑（绿色新政基础设施的关键），并将它们跨地区连接起来，覆盖世界各地。如果我们要把地球温度升高的幅度控制在1.5℃以内，基础设施的转型必须迅速进行，未来几年内至少要部分到位。

成本几何？

　　修复第二次工业革命的某些部分，并且抛弃沦为搁浅资产的其他部分，我们需要投入多少资金？建设第三次工业革命的新型智能零排放基础设施，我们又需要投入多少资金？牛津经济研究院的报告称，世界各国需要将基础设施在国内生产总值中所占比例，从当前趋势下预计的每年3%提高到每年3.5%。这当然是可行的。[5]

　　有些国家正在迅速崛起，其他国家则可悲地落在后面。麦肯锡报告称，在基础设施投资方面，美国令人尴尬地排在第十二位。从2010年到2015年，美国在基础设施方面的投资仅占GDP的2.3%，而且该比例逐年下降。[6]

　　至少，全世界公众似乎都已经明白基础设施对总体繁荣的重要性。在最近的一项国际调查中，73%的受访者表示，"投资基础设施对国家未来的经济增长至关重要"；59%的受访者认为，"满足本国基础设施需求的努力还不够"。[7]

　　现在，美国即将迎头赶上。随着越来越多的人认识到全美摇摇欲坠的基础设施已经到达崩溃的边缘，导致美国经济遭遇数千亿美元的损失，基础设施开支已经从政界无人问津的话题变成备受争议的公共热点问题，甚至成为国家安全问题。气候灾害对脆弱的基础设施造成的损害，更让这一问题雪上加霜。

　　特朗普总统正倡导10年内推出1.5万亿美元用于基础设施，主要是修复20世纪第二次工业革命期间的陈旧基础设施，但一切并不像看上去的那么简单。白宫只提供2 000亿美元的联邦资金，而且主要是以税收抵免的形式，大部分资金还是需要各州自行负担。[8]民主党呼吁联邦政府提供1万亿美元的基础设施一揽子计划,既包括修复第二次工业革命的基础设施,也包括建设第三次工业革命的数字化智能绿色基础设施,带领全国进入零排放社会,以及应对气候变化。[9]

特朗普的计划其实毫无价值,没有彻底改变联邦政府为基础设施提供资金的比例——近年来平均约占总成本的25%,其余部分由各州自行承担。而且,总统推动的联邦税收减免政策更符合政府通常为协助各州和刺激基础设施相关项目的市场力量而采取的措施。但不幸的是,白宫考虑的税收减免几乎支持的都是过时的、大部分很快会成为搁浅资产的化石燃料基础设施。联邦政府更明智的做法是通过税收抵免、税收减免、税收罚款、补贴和低息贷款,鼓励绿色新政转型,并促使市场和各州积极利用这些激励措施,加快从化石燃料文明向零碳排放社会转型的步伐。

无论如何,联邦政府应与各州一起承担重任,提供资金建设作为第三次工业革命基础设施骨干的部分国家电网。这是有先例的。第二次工业革命基础设施骨干部分的建设靠的就是艾森豪威尔时代的1956年《国家州际与国防公路法案》。这个公共工程项目连接了美国各地,创造了郊区繁荣,建成了美国全面一体化的交通运输基础设施。联邦政府计划花费4 250亿美元(以2006年美元价值计算)建设基础设施,历时37年铺设了几千英里的公路。[10]在该项目中,联邦政府通过略微提高汽油税,支付了90%的资金,剩余10%由各州支付。[11]20世纪建设的州际公路系统实现了全国交通的无缝连接,而21世纪的国家智能电网与其类似,可以提供无缝数字互联,实现可再生能源电力的全国共享。

或者更进一步,前欧洲领先的能源、电力和工程咨询公司KEMA

指出,"智能电网与电力能源行业的关系,就像互联网与通信行业的关系一样,应该以此为基础对智能电网进行观察和支持"。[12]

此外,第三次工业革命数字化智能基础设施和州际公路系统之间还存在一个相似之处。艾森豪威尔总统热衷于建设庞大的州际公路系统,部分原因是他在军队的个人经历。1919年,当他还只是一名年轻的陆军上校时,他加入了一支穿越美国大陆的车队,行驶在横穿美国的第一条公路——历史悠久的林肯公路上。这次旅行历时两个多月才完成,目的是改善美国的高速公路。后来在一本自传中,他调侃道:"这次旅行很难、很累,但也很有趣。"在他的军旅生涯中,这场横穿美国的旅途中所有的延误在他的记忆中一直挥之不去。第二次世界大战中,当时担任将军的艾森豪威尔在观察了德国的高速公路(当时是全世界唯一的国家公路系统)之后,思考了自己早期的经历,然后他说:"过去的那次车队旅行让我开始思考建设优质双车道公路,但是德国让我看到了让这片土地公路纵横的智慧。"[13]

艾森豪威尔于1953年成为总统时,他已经有了建设连接美国各地经济和社会的州际公路系统的"宏伟计划"。在这个计划中,国防和安全问题一直如影随形。他特别担心发生核攻击时,城市居民可能需要大规模疏散;发生入侵时,军事设备需要被移动至需要的地方。他认为,州际公路系统对国家安全与国防至关重要,而且建设州际交通基础设施项目的作用还不止于此。1954年,艾森豪威尔总统向美国全国州长协会发表讲话时,列举了许多其他目标,例如道路公共安全、缓解交通拥堵以及改善生产和配送商品和服务的物流。不过,他在讲话中也再次强调,国防问题是当务之急,并警告民选官员:"如果发生核战,现在我们国家的救灾或防御能力严重不足。"最终,美国国会于 1956 年批准《联邦资助公路法案》，一般称为《国家州际与国防公路法案》。

与州际公路系统一样，新兴国家的智能电网正以数字方式连接美国经济和社会，提高整个国家的效率、生产力和经济繁荣；一旦建成，国家智能电网还将解决安全问题——至少州际公路系统诞生的部分原因也是如此。20 世纪 50 年代，美国面临的威胁是核战，今天的威胁是网络战。从好的方面看，国家智能电网管理着更多样、更复杂的能源基础设施，它们由平台里时刻变化的数百万关系紧密的参与者组成。但是，正是由于当前系统日益复杂，所以它才越来越容易受到网络攻击。这不仅仅停留在理论问题上，国家电网和电力系统早就遭到过外国特工的入侵。此外，人们也越来越担心，敌对势力和流氓恐怖组织很快会把注意力转向如何让大型电力变压器、高压输电线、发电厂和配电系统瘫痪。如果整个地区或整个国家断电数周甚至数月，经济将面临崩溃，社会将陷入混乱，政府在几乎各个层面上都将无法运转。

因为知道整个国家电网此刻完全没有做好准备，关于网络攻击的预期使得民选官员、军方人员、商界人士夜不能寐，他们极力确认网络攻击是否发生以及可能在什么时候发生。对于如何迅速加强新出现的国家智能电网，地方、州、联邦各级政府以及电力行业内部目前正匆忙展开讨论，涉及从大型电力变压器和远距离高压输电线到最终向终端用户送电等方方面面。各方至少在一个因素上达成一致，即网络安全的关键在于增强弹性，而这反过来又要求扩大每个社区的分布式供电。

微电网将成为保障美国的前沿阵线。无论国家任何地方发生网络攻击，房主、企业和整个社区将能够迅速脱离电网，重新聚拢，与邻近街区共享电力，以确保社会继续运转。没有人能大言不惭地说：针对美国电力和电网的网络威胁不属于国家安全问题。

正如始终存在的网络攻击威胁一样，全国呈指数级增长的灾难性气候事件的威胁同样需要人们提高警惕，这些事件正在破坏地方生态系统，造成财产、生命和商业方面高达数百亿美元的损失。网络攻击和气候灾害在未来几年都会升级，因此，网络安全和气候适应问题已经成为美国不得不正视的基本国家安全问题。

为了建立零排放的绿色新政智能基础设施以应对气候变化，完成美国经济和社会转型，我们可以参考州际公路的先例进行计算，初步勾勒出需要资助的领域、可能花费的成本以及联邦政府和各州之间如何分配成本。在回答这个问题时，令人感到有趣的是，美国电力研究院预计建设国家智能电网的成本为4 760亿美元，几乎等同于州际公路的建设成本，而且前者产生的经济效益也将远远超过成本。[14] 在国家电网前10年的建设中，联邦政府每年只需投资大约500亿美元。

此外，联邦政府10年期的基础设施投入承诺还应包括每年500亿美元的税收抵免、税收减免、补贴和低息贷款，用于鼓励安装太阳能和风能，采用电动汽车和燃料电池汽车，以及实现推动美国企业、工人和家庭进入绿色时代的其他总效率。比较而言，2016年可再生能源税收抵免形式的联邦税收优惠估计为109亿美元；能源效率或输电方面的税收优惠估计为27亿美元。[15] 2018年至2022年，插电式汽车的税收抵免额预计为75亿美元。[16]

联邦税收抵免及其他激励措施有助于鼓励人们安装太阳能和风能设备，为美国创造绿色能源市场。根据"太阳能投资税收抵免"政策，30%的太阳能电池板安装成本可以从房主应缴纳的税款里扣除。截至2018年，已有500多万户家庭使用太阳能提供的电力。风力发电同样受益于税收抵免政策。截至2018年，美国的风力发电为1 750万户家庭提供电力。过去的税收优惠有助于催生太阳能和风能市场、提高能源效率、推出电动汽车，从而实现大规模向绿色能源时代转型；未来20年，这些税收优惠至少要增加两倍。

最后，联邦政府每年需要拨款150亿美元，用于改造美国现有的住宅、商业建筑、工业建筑和机构建筑。洛克菲勒基金会和德意志银行经过全面研究，估计10年内住宅、商业建筑和机构建筑的改造将耗资约2 790亿美元。这还是2012年的研究估价，现在的成本可能会超过3 000亿美元。我们的全球团队也估计，鉴于改造的范围和规模，美国可能需要20年以上才能大功告成。

洛克菲勒基金会和德意志银行的研究预计，仅这一关键投资，在未来10年就将节省1万亿美元的能源，这意味着美国每年将节省30%电力支出。全国范围内现有建筑的改造也将累计创造330万个就业岗位，全国温室气体排放量减少10%。[17]

联邦政府前10年对基础设施计划投入的总额将达到每年1 150亿美元：给国家电网提供部分资金，每年500亿美元；税收抵免、税收减免、补贴、低息贷款及其他鼓励安装太阳能和风能、购买电动汽车、安装变电站及其他第三次工业革命新兴基础设施绿色组件的激励措施，每年500亿美元；改造全国现有住宅、商业建筑、工业建筑和机构建筑，加速向零碳排放经济转型，每年投入150亿美元。联邦政府10年基础设施部署总预算将达到1.15万亿美元。凭借这些投资，美国至少能够建立并运行骨干国家智能电网及其配套基础设施，而且这笔费用比五角大楼 2019 年一年的年度预算高不了多少。

10 年后该计划能够完成吗？布拉特集团认为，"主要输电项目"是国家综合电网的关键组成部分，"规划、开发、批准和建设平均需要 10 年或更长的时间"。[18] 在面对怀疑者时，我们应该指出，在 2019 年，德国宣布将建立最先进的国家智能输电网，以适应全国各地的社区运营的微型电网不断增多及太阳能和风能发电量随之持续增长的现状，该电网将于 2025 年之前建成并投入使用，仅仅花费 5 年时间。[19] 所以，10 年计划也是可能实现的。

尽管联邦政府 10 年里每年投入 1 150 亿美元，但这笔资金仅仅是美国向智能零排放绿色经济全面运行转型所需的部分首期款。建设第三次工业革命的基础设施还要增加大量资金。正如前面提到的，为转型提供资金的担子将主要由各州、县、市承担。在华盛顿政界目前关于联邦政府在建设和管理国家新智能基础设施方面的参与度和作用的所有辩论中，实际情况是联邦政府在维护国家基础设施方面的作用很小。值得注意的是，州政府和地方政府，而不是联邦政府，拥有美国 93% 的基础设施，支付 75% 的维护和改造费用。[20]

假设在绿色新政基础设施的转型中，州政府和联邦政府在 10 年内的支出依旧大致遵循 3∶1 的比例，那么如果联邦政府每年投入 1 150 亿美元，各州每年就要投入约 3 450 亿美元，两项合计为每年 4 600 亿美元。回想起来，布拉特集团估计，2031 年至 2050 年间，为了满足电力需求，智能电网仅扩大"输电投资"一项，每年就要增加 400 亿美元的新投资。其他研究还包括长期扩大基础设施规模而增加的成本。

需要再次强调的是，美国国会目前正在讨论的基础设施提案是以 10 年为期的。尽管在最好的情况下，10 年内建成第三次工业革命基础设施的雏形是可能的，但是成熟的、可运营的一体化零排放智能绿色基础设施还要另一个10年才能全面建成。所以，我们这里谈的是一代人在20年间向全国性第三次工业革命模式的转型。假设联邦政府和各州保持同一水平，继续联合投资10年，那么预计20年间投入的资金约为9.2万亿美元。

即使假设美国的GDP不再增长，保持在每年20万亿美元左右（2018年的GDP），那么基础设施总投资每年大约占GDP的2.3%，基本等于目前仅用于修补和维护20世纪旧基础设施的投入（也占GDP的2.3%）。这相当于每年要投入GDP的4.6%，用于规划和部署先进的零碳排放数字智能基础设施，以管理21世纪的弹性经济。如果知道2010年至2015年间，中国用于基础设施的支出平均每年占GDP的8.3%，或许当美国把每年仅占GDP的2.3%的基础设施支出翻番时，吃惊的美国人会少一些。[21]

这些数字告诉我们，如果美国每年的基础设施投资仍然比中国低这么多，那么半个世纪后，美国及其在世界经济中的地位将岌岌可危。我们要说的是，如果美国希望继续留在世界领先国家之列，那么每年的基础设施支出翻一番是合理的，而且在20年内转型为智能零碳的第三次工业革命经济体是可能的，但前提是上下齐心。同样，在快速变化的技术环境中，这些预算可能会随着国家经历这次历史性的基础设施转型而不断修订和更新。

国家智能电网和其配套基础设施在20年内扩容将耗费9.2万亿美元的成本，比其他一些研究的成本预测略低。这是因为太阳能技术、风能技术、电池储能、电动汽车和燃料电池汽车成本的指数级下降势头和物联网建筑环境带来的综合效率，在这20年内很可能有增无减，从而大大降低全国部署智能绿色基础设施的成本。此外，全面实行税收抵免、税收减免、补贴、低息贷款及其他激励措施，分级罚款，以及成本不断下降等，也可能会加快基础设施在家庭、企业、社区内的应用和跨社区的应用。随着太阳能和风能技术的引进，智能绿色基础设施无疑已经登上历史舞台，不久之后，电力运输也会如此。

这一点需要重点强调。一般认为，基础设施是最重要的集中平台，由政府提供相当大的资金，供公众大范围使用，例如道路系统、电力线路、电话线路、发电厂、供水系统、污水处理系统、机场、港口设施等。一切都有利于民。

第三次工业革命的基础设施需要国家智能电网，即数字化管理的可再生能源互联网，可以协调和管理家庭、汽车、办公室、工厂和社区等数百万参与者之间的绿色电力流动。进出电网的许多实际基础设施组件本质上是高度分散的，由数百万个人、家庭和数十万小企业购买和拥有。太阳能屋顶、风力发电机组、物联网节点建筑、蓄电池、充电站、电动汽车等，都是基础设施的组成部分。与第一次和第二次工业革命中自上而下、静态、单向的庞大基础设施不同，第三次工业革命横向扩展的分布式基础设施，本质上是流动、开放的，允许全世界几十亿的参与者在生活和工作的地方或上下班时通过不断发展的区块链平台，组装和重装、分解和重组自己所有的部分组件。

由于慷慨的税收减免及其他激励措施，加上基础设施组件和流程的成本呈指数级下降，许多智能基础设施将会联网。在绿色新政时代，基础设施具有参与性和民主化的潜力，如果它们在每个地区都是由公共机构而非私人公司进行监督和管理，那么就会转变为新的模式。9.2万亿美元的标价反映的只是这种数字化分布式基础设施在未来几十年可能出现和发展的方式。

总之不要忘了，美国每投资 1 美元用于改善基础设施，其 GDP 就将增加 3 美元，数百万个新的就业机会也会随之而来。[22]

资金从何而来？

如果联邦政府和州政府在全美推广 20 年期的绿色新政基础设施，9.2 万亿美元的资金将从何而来？我们先从联邦政府说起。

在美国国会和白宫换届后，政府可能会提高对超级富豪的累进税率，这是可行的方法，美国在 20 世纪五六十年代经济增长最快、最繁荣时就曾这样做过。这当然是合理且合法的，尤其是考虑到超级富豪和始终贫困的美国劳动力之间的贫富差距越来越大。美国城市研究所—布鲁金斯学会税收政策中心主任马克·梅热（Mark Mazur）认为，如果对年收入在 1 000 万美元以上的超级富豪征收 70% 的边际税（个人年收入达 1 000 万美元以上，但仅在年收入第一次达到 1 000 万美元以上时，征收该税），那么联邦政府每年就将增加 720 亿美元的收入。[23]

世界第二大富豪、身价 900 亿美元的比尔·盖茨（Bill Gates）和世界第三大富豪、身价 840 亿美元的沃伦·巴菲特（Warren Buffett）都同意大幅提高对超级富豪的税率，并公开主张修改法律，解决超级富豪和其他人之间日益加剧的不平等问题。[24] 比尔·盖茨在 2019 年 2 月接受哥伦比亚广播公司的斯蒂芬·科尔伯特（Stephen Colbert）采访时明确表示，"我认为，可以让税收体系向拥有巨额财富的人提高征税比例"。他还补充说，"这些财富不是普通收入。所以，如果想要创造更多公平，可能必须得靠资本利得税率和遗产税。"[25] 沃伦·巴菲特同意这一观点，他说："相对于普通人来说，富人的税负绝对是偏低的。"[26]

提高超级富豪应缴税率所带来的收入，也可以应用于资助一项绿色新政来重建经济，从而在绿色基础设施转型时创造新的商业机会和大量就业机会。不过，仅这一项新的收入来源还不足以完成任务。

我们还可以重新部署五角大楼数十亿美元预算的一部分。这似乎也很合理。美国土木工程师协会估计，仅仅为了达到 B 级合格水平，美国每年就要再增加 2 060 亿美元用于基础设施建设。[27] 在开始向第三次工业革命绿色智能基础设施转型，重建美国经济和应对气候变化的征途中，这似乎只是一小笔钱，尤其是相比于美国气候灾害造成的累积损失，仅 2017 年，这项损失就高达 3 000 亿美元。[28] 仅仅一年而已！

有些人高喊美国政府没钱大幅升级国家基础设施，他们可以想一想，仅 2019 年一年，美国的国防预算就高达 7 160 亿美元，这是美国历史上最高的预算之一。[29] 根据国会预算办公室的数据，投入武器系统的资金约占国防部预算的 1/3。[30] 美国的国防预算甚至高于中国、俄罗斯、英国、法国、印度、日本和沙特阿拉伯的军事预算的总和。[31] 联邦政府在保护国土安全的资金分配方式上，显然存在着严重的错误。美国至少应该考虑将国防部的一小部分重点从成本更高但永远不会使用的武器系统重新分配给新的军事重点，用于保护国家免受网络战，管理与气候有关的灾难响应和救援任务。这些将日益成为我们的社区和国家在未来几十年面临的最重要的国家安全问题。联邦政府只需将国防部规模过大、夸大其词的武器系统预算削减 12.6%（仅约占 2019 年总军事预算的 4% 左右），就可以给绿色新政增加 300 亿美元的资金。如果美国不愿意重新调整国防部预算的这一小部分，来建设应对网络战争和灾难性气候事件的弹性国家智能电网，那么国家将深陷危险之中。

此外，在每年给予石油、天然气和煤炭行业的近 150 亿美元的联邦补贴终止后，这部分资金也将纳入联邦收入。[32] 随着化石燃料业的资产正迅速搁浅，补贴这些行业的理由已经不复存在。

经过对上述金额的简单汇总，我们可以得出：联邦政府每年通过对超级富豪加税，可以筹集 700 亿美元；通过削减 12.6% 的武器开发和采购费用，可以筹集 300 亿美元；通过终止对化石燃料业的补贴，可以再筹集 150 亿美元。总体来说，美国每年收入可增加 1 150 亿美元，这部分收入可作为联邦政府向零排放绿色基础设施转型提供的资金。

当然，这可能只是联邦政府在未来 20 年为扩大绿色新政规模而筹集必要资金的众多方案之一，可用的方案还有很多。例如，在拟议的普遍碳税中，其一小部分可用于为联邦政府推广绿色新政提供资金，其余的收入则分配给美国家庭，因此碳税的负担仍然由化石燃料业承担。这样分配的关键意义是，这些筹资方案是可执行的，而且不会严重损害超级富豪的巨额财富、五角大楼的战备、数百万美国家庭的安居乐业。

除此之外，同样有望至少提供部分资金的来源就是数万亿美元的公私养老基金。它们现在正把目光转向第三次绿色工业革命大规模转型带来的巨大投资机会。养老金热已经传遍美国，两党政客也在谈论它。《国会山报》发布的内容有助于民选官员、联邦官僚机构和游说团体同步了解政府内部的情况。2019 年 2 月，《国会山报》刊登的纽约大学斯特恩商学院金融学荣誉退休教授英戈·沃尔特（Ingo Walter）和贸易风州际顾问公司的执行合伙人克莱夫·利普希茨（Clive Lipshitz）联合撰写的评论文章《公共养老金和基础设施：天作之合》指出，庞大的全国工人公共养老资金池与政府擦出火花，有助于为21世纪基础设施的升级提供资金。[33] 资金池将支持国家电网的推广和联邦政府所持实物资产的绿色化，这是可以肯定的。怎样平衡联邦政府在基础设施转型中的直接投资与养老基金及其他私有资本提供的扩建资金，可能会成为民主党和共和党在国会和白宫较量的核心。这一因素可能会使两党携手推进势不可当的零排放经济成功转型。

《天作之合》中提出一项重要警告：在绿色基础设施投资和相关项目中使用工会养老基金时，必须尽可能将工会劳动力纳入项目建设和扩展中，从而使工人的养老资本不会再被用于资助反对工会和在工作场所有意识地减少工会工作岗位的公司。目前只有11%的美国劳动力加入工会，建设绿色基础设施项目的工会劳动力不足，但到当发生这种情况时，工人们能有个保障，用来保护他们组织和集体谈判的权利。

促使公私养老基金与绿色基础设施建设结合的"媒人"是绿色银行。它们的任务是提供一定比例的可用资本，专门用于建设第三次工业革命的大规模绿色基础设施。

在过去10年里，英国、日本、澳大利亚、马来西亚等国已经设立绿色银行，其在绿色能源上的投资达400亿美元以上。[34] 国际工会联合会早在2012年就参与进来，敦促设立绿色银行作为清算场所，将全球大量工人的养老基金与绿色基础设施投资结合起来。[35]

当时担任美国国会议员、现在担任马里兰州参议员的克里斯·范·霍伦（Chris Van Hollen）提出了2014年《绿色银行法案》，这是第一部联邦政府级别的绿色银行法。[康涅狄格州的克里斯·墨菲（Chris Murphy）提出与之配套的参议院法案。]该法案最初授权发行100亿美元美国国债，利用银行来进行贷款、贷款担保、债务证券化、保险、投资组合保险以及其他形式的融资或风险管理，从而为绿色基础设施规模项目融资和开启绿色基础设施转型。[36]虽然范·霍伦提出的法案从未成为法律，但是他成功地给美国的绿色银行理念注入了活力。到2016年，纽约、康涅狄格州、加利福尼亚州、夏威夷、罗德岛、马里兰州的蒙哥马利县等，都已经设立绿色银行并投入运营，其他行政辖区也正在着手建立绿色银行。[37]

由于大部分基础设施由各州负责，所以联邦政府试图实现国家绿色银行制度化的任何计划显然都要调整做法，以适应许多州已经付诸实施的绿色银行方案。因此，当范·霍伦在2016年再次提出为建立国家绿色银行立法时，新法案不允许联邦政府直接为绿色基础设施提供资金，而是规定，国家绿色银行仅限于向各州、市的绿色银行提供贷款，然后由后者"直接"为绿色基础设施计划提供经济担保。[38]

无论金融结构如何组合，其中的养老基金资本都将成为转型的驱动力。对绿色新政的部署来说，这是个双赢局面。数千万工人把养老基金投资于祖国的未来建设，尽可能保护工会工人的权益，保护工人组织的权利，保证养老基金的可靠回报，同时正面解决气候变化问题，激发绿色新时代国家基础设施转型带来的大量新的商业机会和就业机会。

不管什么样的绿色银行法案最终可以颁布成法，在联邦一级上，公共养老基金，甚至越来越多的私营养老基金，都将在绿色新政的融资中发挥重大作用。它们的主要意义将是未来20年为州一级和地方一级更大规模的绿色基础设施建设提供财力支持，每年达到3 450亿美元。

但是，首先需要解决一个问题。由于基础设施本质上是每个公民都需要获得和使用的公共物品，因此基础设施服务一直被认为是由地方、州、国家等各级政府提供的公共服务。然而，随着越来越多的现有公共基础设施以特许方式出售或出租给私营部门，新基础设施从一开始就已经出现私有化，所以国家和地方各级基础设施的所有方式已经发生变化，称为"公私合作伙伴关系"。这种转变部分是因为20世纪80年代初开始的政治形势变化。当时，玛格丽特·撒切尔（Margaret Thatcher）和罗纳德·里根执政，两人都支持私有化和放松管制。过去和现在的理由都是，如果没有竞争紧逼，监督并运营政府资助和管理的基础设施的政府机构最终都会变成创新缓慢、懒散迟钝的官僚机构和毫无作为的管理者。

这是新自由主义不可缺少的组成部分。新自由主义倾向于将关键的基础设施服务私有化，然后让"开放市场"管理这些服务。这里，我不得不顺便补充一句，私营部门掌控基础设施会改善服务的说法，从来都没有确凿的证据支持。铁路、电网、邮政、公共卫生、公共电视及其他政府服务，看起来都非常高效地运转着，至少在发达国家确实不错。尽管如此，公共基础设施的政治化依旧引起了公众的注意，至少赋予从撒切尔和里根到布莱尔和克林顿的新自由主义政府足够的勇气，把许多传统基础设施的责任交给私营部门和变化无常的市场。我想，如果这一时期的历史足够悠久，我们可能就会发现，在传统市场中已经赚得盆满钵满的私营部门，急于掌控可能有利可图的公共基础设施服务，这些服务的对象固定且忠实，因为除此之外他们别无选择——收益可观。

近些年来已经出现第二波基础设施私有化浪潮，主要是为了应对公共债务的增长。特别在中产阶级和工人阶级的工资满足不了生活成本的时代，有些国家的公民希望减轻税负。因此，地方政府和州政府指望着把越来越多的公共基础设施私有化，也就不足为奇了。然而，负责监督基础设施的私营公司更多地将此看作生意而不是服务，它们往往更加处心积虑地从中榨取利润，经常导致行业观察家所说的"倒卖资产"。这个问题在私营监狱、收费公路、学校等都非常普遍，而且反复出现。

收回基础设施

随着养老基金进入基础设施投资，这一领域出现了一批新的出资人。他们与基础设施的关系在许多方面与私营公司均有所不同。养老基金的受托人更倾向于把自己看成是保管人或管家，因此他们的投资方式反映出更强的社会责任感。主要是受成员和工会领导人的推动，公共养老基金的受托人一直是 ESG 投资的开拓者，现在私人养老基金也加入了他们的队伍。养老基金带来了不同的心态，使人们更乐意将"社会资本"投入基础设施项目。

在过去几年里，养老基金已经开始重新配置其投资组合，远离高估的、有风险的短期传统股票投资，该类投资易受过热的牛市和随之不断加深的衰退期之间循环波动的影响。养老基金的受托人越来越喜欢投资波动小、更安全、回报可预知的长期绿色债券，而基础设施正好符合他们的要求。普华永道和全球基础设施投资者协会最近的研究报告《全球基础设施投资》清楚地说明了这一点。该报告指出，"在大量涌入的寻求长期稳定回报的资本（其中大部分来自养老基金）的推动下，世界经济基础设施过去10年间已经开始转型"。[39]

对于公务员退休基金来说，投资公共基础设施的决定不会受到阻挠，因为其成员都在公共部门工作，非常了解公共服务的重要性。公私养老基金更有可能青睐基础设施投资，尤其是成员生活和工作地区的基础设施，这是因为投资还可以为他们及其家人带来改善基础设施服务的好处。

无论如何，一切已然发生。魁北克庞大的养老基金——魁北克储蓄投资集团已经汇集足够的财力，开发和运营蒙特利尔的轻轨系统。[40]荷兰养老基金已经与地方工程公司结成合作伙伴关系，在其所在地区投资新建道路。[41]

长远来看，养老基金投资公共基础设施比跨国公司将基础设施私有化并作为纯营利性业务运营要好得多。

接下来，我想从个人的角度谈谈，我为什么要将跨国公司将基础设施私有化和养老基金直接投资公共基础设施建设做对比。回想一下谷歌的多伦多计划。谷歌希望将智能基础设施私有化，并对其进行扩建和管理，最终监督整个大都市地区来来往往的全部人口。尽管令人不安，但这是互联网巨头和信息通信技术企业大展宏图的下一个市场。拉里·佩奇（Larry Page）自己也说，显然他对数字技术固有的效率和效益如此着迷，以至想都没想过公众可能会反感这个概念。我可以告诉你，从我与欧盟各地区合作部署长期绿色基础设施路线图的经验来看，全球大型企业，特别是互联网、信息通信技术和电信公司，将手中的公共基础设施进行私有化的尝试，普遍没有成功。

另一方面，基础设施的公共融资自身也有问题。首先，政府需要将账面上债务与GDP之比降到最低。这也是欧盟的一项普遍要求。美国的地方政府和州政府也已经注意到同样的限制，它们意识到所需的投资将不仅仅来自相应提高的税收或增加的债务。那么，我们如何走出迷宫，找到务实的方案为21世纪的绿色智能基础设施提供资金呢？金融界越来越强烈的共鸣是：我们应该寄望于公私养老基金资金池里尚未开发的数万亿美元带来的投资机会。

他们认为，养老基金愿意投资并且渴望投资，真正棘手的问题是没有现成的第三次工业革命大型基础设施项目可以投资。这个问题不是美国市场独有的，世界各地都面临相同的问题。全世界的城市、地区和国家正在修补成千上万个互无联系的小型试点项目，几乎没有扩大基础设施转型规模的计划。例如，英国目前只有一个大型基础设施项目正在部署中，资金来自某个养老基金财团，这个项目就是伦敦耗资42亿英镑的超级下水道——泰晤士河潮路排水隧道，该项目被称为"维多利亚时代以来对首都污水管道系统最大规模的全面检修"。[42]

负责监督兰开夏郡120亿英镑养老基金的地方养老金合伙公司的首席投资官克里斯·鲁尔（Chris Rule）直截了当地说："我的看法是，养老基金非常愿意投资英国的基础设施，但（问题）在于供求关系。寻求投资的资金多，但投资机会少。这就拉低了收益率。"对于养老金投资机构和保险公司（另一个寻求大型基础设施开发投资机会的主要参与者）都在讨论的主题，德盛安联资产管理公司基础设施债券团队的总监阿德里安·琼斯（Adrian Jones）回应说："我们认为没有必要通过彻底改革引导更多资金投入基础设施建设。我们需要的是更多可以投资的项目。"[43] 养老基金受托人普遍抱怨道:"别再试点了!给我们一些可以投资的第三次工业革命的大规模基础设施部署项目吧。只要在一段时间内有稳定的回报,我们就投资。"

综上所述,美国的市、县、州等各级政府或担忧 GDP 与债务之比提高,或不愿通过提高税收为大规模基础设施项目融资,而养老基金渴望大规模投资,所以双方具备长期合作的条件,可以迅速推动美国各地区的绿色零碳公共基础设施转型。

开启美国的绿色新政之前,还有一个障碍需要解决。美国大部分地方级基础设施投资来自免税市政债券。这就产生了一个问题。地方政府通常会选择通过公共采购为基础设施项目融资,而不是与私营公司以公私合作的方式融资,因为免税的市政债券更便宜、更受欢迎,对基础设施私有化感到不安的公众也更容易买账。但是反过来,私营企业经常抱怨它们无法与免税市政债券带来的廉价投资进行竞争,也无法说服自己,要赢得公私合作协议就必须接受较低的投资回报。

相比而言,养老基金投资绿色市政债券的意愿更强,甚至为了获得成为地方政府投资合作伙伴的机会,接受较低的回报率,因为它们的主要兴趣是保证养老基金成员获得稳定的回报。尽管如此,由于养老基金也是免税的,而投资免税市政债券不会获得额外的价值,所以这些养老基金也不会完全投入免税的市政债券市场。但是,当市政府和州政府试图吸引公私养老基金购买绿色公共债券时,养老基金顾问提出的一项新提议的吸引力就越来越大了。这个想法就是通过税收抵免的形式,鼓励养老基金投资绿色公共债券。

麦卡托顾问公司的大卫·塞尔策(David Seltzer)在 2017 年的公

共就业与退休制度全国大会上提出了这个想法。他建议："养老基金可以申请债务或股权投资的税收抵免。"他进一步解释说："养老基金将不可退还的可退税额度变现的方法是，用它们抵免向美国财政部缴纳的补助预扣税。"⁴⁴

联邦税法中有大量税收优惠方案，让跨国公司、大量获得补贴的行业、金融界和富豪受益。而这种规模相对较小的税收抵免，目的仅仅是提供足够的回报，使养老基金可以投资绿色债券，为美国基础设施项目融资。还有一个好处是，如果建立税收抵免制度，让数十亿美元的养老基金可以撤出化石燃料业，投入绿色新政的第三次工业革命基础设施，那么这不仅有助于确保 7 300 万美国工人在退休后有所依仗，还能保障他们的子孙后代在气候变化的世界里安居乐业。

尽管税收抵免肯定会吸引犹豫不决的养老基金投资绿色市政债券，但各市和各州仍面临着公共债务增加的问题。为了减少公共债务，各市和各州将不得不接受某些形式的公私合作伙伴关系。然而，在政府与私营企业签订协议，将基础设施私有化的过程中，惨烈的结果比比皆是：绩效和管理不达标、成本超支、倒卖资产以维持利润、破产。对于将公共基础设施私有化的企业来说，底线收益高于一切。因此，它们打着降低成本的名义，随时随地削减开支，最终破坏它们负责建设和管理的基础设施的高效运行。

能源服务公司：绿色新政的商业模式

不过，还有一种形式可以让绿色新政的公私合作伙伴关系蓬勃发展，而且它已经有 25 年的成功经验，那就是"能源服务公司"。这种激进的商业模式依靠所谓的"绩效合同"来保障利润，是一种违反常理的商业方法，颠覆了由买卖双方组成的市场的基础——资本主义的重要基本原则。

绩效合同完全脱离由买卖双方组成的市场，取而代之的是由供应商和用户组成的网络，其中能源服务公司全面负责为所有工作融资，并以成功生产绿色新能源和实现合同规定的能源效率为基础，获得资本投资回报。

凭借政府与能源服务公司之间新型的公私合作关系，私营企业的技术专长和最佳实践将为公众服务，从而以双赢的方式在公私部门之间创造强大的新动力。反过来，养老基金是大多数该类公私合作伙伴关系进行融资的最佳合作对象。在这种合作关系中，资金将来自数百万美国工人的递延工资，而工人们得到的好处是养老金获得稳定可靠的回报，新兴绿色经济带来数百万新工作岗位，以及他们的子孙后代将拥有接近于零碳的绿色未来。这种全新的经济模式首次将地方和州政府、商界以及美国工人凝聚起来，形成强有力的合作伙伴关系，相互促进，改变社会契约的本质。

新的合作方式：首先，地方政府和州政府发出招标通知；其次，能源服务公司竞标承建部分或全部基础设施，条件是中标公司负责为基础设施提供建设资金。能源服务公司资本投资的回报来自安装太阳能和风能技术进行绿色发电，在国家智能电网建设和管理中提高输电效率，改善淡水和废水系统所产生的能源效率及其他类型的绩效合同实现的能源效率提高所带来的收入，这些绩效合同的内容包括：改造建筑物，使其更加适应气候相关事件；在设施内部和周围安装储能设备；安装物联网传感器以监测和提高能源效率；安装电动汽车充电站；更新生产设施、工艺和供应链以提高企业运营各个阶段的总效率等。

政府和能源服务公司也可以签订其他形式的绩效合同。例如，能源服务公司通常有为绩效合同相关项目融资的开放渠道，政府机构可以在这些公司的帮助下获得履行绩效合同的资金。在该类绩效合同中，政府机构负责偿还融资，而能源服务公司仍然负责项目款项和成本的储蓄担保，并承担所有损失。该形式的吸引力在于政府机构可以享受公共项目的免税政策，这对能源服务公司和政府机构而言，都更有吸引力。[45]

通过绩效合同，客户还可以在合同项目进行时和能源服务公司的投资全部还清之前，就开始分享绿色能源发电和能源效率提高带来的好处。修订后的绩效合同被称为"节能合同"。一般来说，在公司的投资全部收回并终止合同之前，能源服务公司会得到最大份额的能源收益和能源效率，通常达到85%；此后，所有未来收益均归客户所有。[46]各市、县、州最终将拥有建成的智能高效的低碳基础设施，而且不用负责项目期间的资本投资或承担任何财务损失。坚持"利成于益"的社会责任养老基金是适合能源服务公司从事绿色能源生产和节能建设的融资机制。

正如前面提到的，"能源服务公司"这一商业模式起源于20世纪80年代的美国，之后在美国和欧洲稳步发展，但是近年来，中国在该领域已经跃居领先地位。截至2018年，中国能源服务公司的收入占该领域全球收入的60%以上。[47]到2017年底，中国共有6 137家能源服务公司，雇佣员工685 000名。[48]2017年，中国能源服务公司的行业价值已经达到590亿美元，预计到2020年将超过850亿美元。[49]

能源服务公司既在私人领域运营，也在公共领域运营。通常位于弱势社区的私人住宅（特别是中低收入阶级的住房）、老商业区，以及工业园区和科技园区不得不将基础设施转型为第三次绿色工业革命的模式。无论是在政府领域、商业领域，还是在公民社会，能源服务公司的商业模式都以同样的方式运作。各个市、县、州都需要为住宅基础设施、商业基础设施、工业基础设施和机构基础设施的转型制定慷慨的税收抵免和累进税收惩罚政策，以鼓励绿色新政转型。

无论是公共基础设施还是私有基础设施，在从肮脏的化石燃料承载的社会向清洁的绿色社会转型的过程中，最重要的现实情况是，最贫穷的社区最脆弱、得到的关注最少。然而，正是在这些地方，地方政府和能源服务公司之间的公私合作伙伴关系才可能产生最大的影响，通过帮助处于风险中的社区实施绿色新政基础设施转型，不但能够让其得益于由此带来的新业务和就业机会，同时还有利于应对气候变化引发的日益增多的公共卫生突发事件。

《科学》杂志在2017年6月发表过一篇具有里程碑意义的论文，该文逐县研究了气候变化对美国各个社区可能产生的影响。根据作者的报告，温度升高对美国南部地区和中西部地区的南部最贫困的社区影响最大，到21世纪末，可能导致这些地区的GDP损失达到当地收入的20%。该研究的第一作者、加州大学伯克利分校公共政策教授所罗门·向（Solomon Hsiang）警告说："我们的分析表明，如果不做出任何改变，这可能会造成美国历史上规模最大的穷人向富人的财富转移。"[50]

毫不奇怪，气候变化对美国公共卫生的影响同样巨大，并再次波及最贫穷的社区。那里的人们少有机会获得充分的卫生服务，而且应对气候变化事件所采取的补救适应计划也很少惠及这些地方。来势汹汹的气候变化对公众健康造成的不利影响越来越严重：温室气体排放导致的臭氧空洞和颗粒物污染破坏人们的肺功能，最突出的是导致哮喘；野火蔓延引起的烟雾也在危害人们的健康；季节性温度升高增加人们与过敏原接触的机会；中暑和心血管疾病等与天气过热有关的疾病和死亡事件增多；由于昆虫地理分布变化引起的病媒传播的疾病发生率增加，等等。

美国和世界各地的数百万民众在遭遇气候变化引起的飓风、洪水、干旱、野火等之后，又逃不过与气候变化密不可分的日益增多的公共卫生紧急事件。除了这些灾难对生命造成的直接威胁外，还有水污染造成的间接影响。

美国许多老旧社区的污水处理系统有两种用途：将废水输送至污水处理厂和排放雨水。但是现在，美国许多地方的暴风雨和飓风严重程度加剧，排污／排水基础设施被淹没，迫使未经处理的污水和暴雨径流流入住宅、企业、社区和当地的河溪中，对公共卫生造成严重威胁。随着气候的不断变化，情况只会越来越糟。

不幸的是，与此同时，市政当局还在把淡水和公共卫生系统出售给私营企业，而私营企业因为担心利润率下降，往往不愿升级陈旧的供水、排污、排水系统。

美国和其他地方的城市逐渐意识到，破旧的供水、排污、排水系统与气候变化引发的洪水共同作用，将对公共卫生和安全构成威胁。于是，各地最近开始重新把这些关键基础设施收归市政管理，以确保公众重新控制传统上由政府管理的最重要的公共服务，保障社区公共卫生。

即使在这种情况下，穷人仍然最容易受到伤害，因为他们所在社区的基础设施往往最老旧、最脆弱，最难获得充足的公共卫生服务，修缮改造项目也最少。

出于所有这些原因，应优先考虑让能源服务公司代表地方政府、州政府和私营部门介入全国最弱势的社区和最贫困人口。

理解水资源与能源之间的关系对于向零排放社会转型至关重要，而能源服务公司的商业模式是加速这一转变最有效、最具商业可行性的模式。尽管水资源与能源的关系在气候变化、减排战略和社会适应能力建设方面发挥着至关重要的作用，但公共领域对此的讨论很少。水资源可以产生能量，而反过来，能量又可以用来吸收、净化和循环利用水资源。两者相辅相成、不可分割。

事实上，发电需要大量的水资源。发电厂使用煤、石油、天然气和核燃料来烧水，从而产生蒸汽来带动涡轮机发电。蒸汽需要冷却。令人震惊的是，"（2015年）热电动力的用水量占总用水量的41%"。[51]

气候变化导致世界各地普遍干旱，而主要使用化石燃料和核燃料的发电方式正在迅速消耗含水层储量，并经常导致其他重要公共服务的可用水量减少，迫使发电厂减少向用户供电。

此外，淡水的提取、净化和分配以及废水的回收和补充都少不了能源。例如，在加利福尼亚州，"与水有关的能源消费每年消耗该州19%的电力、30%的天然气和880亿加仑①的柴油燃料"。[52]供水设备和废水处理设备使用的能源"占典型的美国市政能源预算的35%"，"约占美国能源使用的3%~4%"。[53]

---

① 1加仑≈3.7854升。——编者注

为了提高在输送淡水和回收废水方面的能源效率，节约能源成本，市政当局已经开始与能源服务公司展开合作，方式包括：升级泵水系统；实现淡水和废水系统自动化；利用厌氧消化从废物中获取绿色沼气能源；实现公园和农田灌溉的循环用水；以及更好地循环利用建筑物内的淡水和管道系统。跨越水资源和能源的关系部署的能源服务公司可以提高各个街区、社区和国家的水资源和能源的总使用效率，是实现零排放循环经济的关键。

通过在社区经济和社会生活的方方面面形成弹性，绩效合同不仅关乎适应气候变化、确保无人掉队和保证社区公共卫生，也关乎效率、生产力和GDP。事实上，在绩效合同中，这些都是密不可分的。

这种新型资本主义将社会责任融入商业计划之中。能源服务公司不断追求能够确保投资得到回报的新技术和新管理方法，而社区也能从中受益：家庭和企业的公共事业费降低；家庭和企业使用的清洁可再生能源的边际成本接近于零；绿色电力为电动汽车和燃料电池汽车提供动力；从而减少环境污染，促进公共健康，带来新的商业机会和就业机会，使收益回流到社区以提振经济和提高社会福利。

最后一点也很重要，绩效合同的成功完全取决于培训和调动数百万半技术型、技术型、专业工人，他们改造美国现有的住宅、商业建筑、工业建筑和公共建筑，建设国家智能电网，安装太阳能和风能设备，铺设宽带电缆，嵌入物联网技术，生产电动汽车和燃料电池汽车，制造和安装充电站、储能设施，铺设全国范围的太阳能智能道路。能源服务公司根据绩效合同运营，对公司本身、劳动者和社区都有益。

绩效合同不单单是资本主义的新内容，更是资本主义模式的彻底变革，它迫使我们在21世纪改变社会建构经济生活的方式。我仍记得自己于1963年在沃顿商学院的第一节营销课的情景，市场营销学教授在黑板上写下拉丁语的"买方责任自负"，并告诫学生们，如果他们在课堂上什么都没有学到，那么起码应该记住这个基本原则。这句话指的就是经济学家所说的"信息不对称"，也就是说，卖方从来不希望买方掌握关于产品或服务的所有信息，包括真实成本、实际性能、生命周期等。这种缺乏透明度的制度使买方处于明显不利的地位。公司的特约条款虽然可以部分减少买卖双方关系中的信息不对称，但是肯定保护不了买方。

绩效合同通过淘汰市场中的买方和卖方，用网络中的供应商和用户取代传统的资本主义模式，避免了买卖双方在市场交易中的这种信息不对称，同时也消除了只利于卖方的不平等优势。

值得重申的是，在绩效合同中，能源服务公司只能通过保证自身绩效来收回投资。这意味着只有提高足够多的能源产量和总效率，能源服务公司才能收回投资。在这个过程中，用户也可以搭顺风车。一旦能源服务公司的投资获得回报，用户就能从已经安装的设备和相应实施的效率流程中获得源源不断的绿色能源和能源效率。

能源服务公司的基本特征在于，它们服务的目的是提高客户业务运营的总效率、生产率和再生能力，从而降低运营的固定成本和边际成本、减少碳足迹、让循环性和弹性深入客户业务实践的各个方面。许多能源服务公司在第一份绩效合同收回成本后，都会通过用户服务的持续升级来扩展其服务，特别是在工商业领域。

迄今为止，能源服务公司更多的是专营，一般是扩大规模较小的单个项目。但是，面对在不到一代人的时间里，在街区、城市、地区和陆地领土范围内扩大绿色新政的第三次工业革命基础设施的迫切要求，我们对这种新商业模式的期待及其本身的声望已经大大提升。

在法维翰咨询公司（TIR咨询的合作伙伴）发布的2017年能源服务公司业绩报告中，排名前十的公司是：（1）施耐德电气；（2）西门子；（3）Ameresco（一家能源效率和可再生能源公司）；（4）Noresco（一家能源服务公司）；（5）特灵；（6）霍尼韦尔；（7）江森自控；（8）McKinstry（一家建筑和能源服务公司）；（9）能源系统集团；（10）AECOM（一家全球基础设施综合服务企业）。[54]施耐德和西门子过去10年都曾纳入TIR咨询集团的地区路线图。

2013年，西门子首席执行官罗旭德（Peter Löscher）邀请我参加西门子的年度会议。我先与董事会进行交流，然后与该公司的20位全球部门领导展开扩展对话，讨论怎样开始为建设第三次工业革命基础设施创造业务模式和扩大业务发展机会。我在和部门领导开会时发现，他们的工作在很大程度上显然是互不联系的。西门子下设信息技术、能源、物流、基础设施等部门，都是部署智能绿色基础设施的关键组成部分。会议的时机很凑巧，西门子正在重塑品牌，力图成为"解决方案供应商"，去帮助创建可持续智能城市。基础设施的建设为该公司提供了主线，促使各个部门摆脱孤立状态，成为更具凝聚力和包容性的解决方案供应商。

我们在会议上讨论了能源服务公司的绩效合同模式，一致认为这是新的商业机制，可以用于扩大跨都市和农村地区的智能基础设施。5年后，西门子已经为黄金机会做好准备。2018年2月8日，我再次受邀前往纽约，向与会的客户、顾客、开发商、基础设施组织成员、投资银行和政策顾问讲解第三次工业革命。这次会议名副其实，名为

"投资明天：北美城市的数字化"。会议的一部分内容专门谈的是推广第三次工业革命的绩效合同。

尽管西门子在2018年《财富》500强企业中排名第66位，但是任何一家企业都不能仅凭一己之力在每个城市、地区和国家进行为期20年的建设，实现世界经济向第三次工业革命零碳模式的转型。更有可能出现的情况是，西门子等数百家大公司将与数千家地区性中小型高科技企业联合起来，加入连锁的合作社，采用能源服务公司的绩效合同业务模式，由全球和全国养老基金联盟提供资金，与地方市政当局和地区政府合作，扩大绿色新政智能基础设施的规模。在15~20年的时间中，这种分布式能源服务公司的连锁模式很可能是实现地方经济和地区经济迅速转型的最为适合的方法。

全球企业将抛弃旧的新自由主义模式，即利用传统的商业方法单打独斗，让私营企业建设和管理新的绿色基础设施，让它们在基础设施和配套服务方面拥有影响力和控制权。

相比之下，新的绩效合同模式是一种混合模式。作为服务于社区普遍福利的"公共场所"，新基础设施的建设和所有权仍在市、县、州政府手中，但同时，相关责任转移给能源服务公司，由后者承担融资责任，确保基础设施的成功建造和管理。供应商和用户组成的网络中的"利成于益"取代由买卖双方组成的市场中的"买方责任自负"。

这就是"社会资本主义"的本质。作为一种务实的商业模式，"社会资本主义"可以在短时间内加快向接近零排放的时代转型。如果说由买卖双方组成的市场是适合化石燃料文明和"进步时代"的商业模式，那么由能源服务公司供应商和用户组成的网络就是在新兴"弹性时代"建设和管理绿色可持续文明的标志性商业模式。

第七章
动员社会：拯救地球上的生命

看到绿色新政在美国、欧洲及世界其他各地传播，我深受鼓舞。由此看来，思想确实会作用于实践。我们都会讲故事，在自己讲述和分享的故事的影响下生活，从而认识到自己是社会集体的一分子。绿色新政是"故事主线"，经过多年的发展和成熟，融入了更复杂、更微妙的含义。现在，人类在可能灭亡和有望全新开始之间苦苦挣扎。绿色新政成为我们共同的声音，赋予我们共同的使命感。我们现在最迫切需要的是把这条故事主线变成强有力的表述，带领我们勇往直前。

为此，美国加入谈话至关重要。"敢闯敢干"是美国的文化基因，正是"美国精神"弘扬了这种态度。这种态度总是对更加美好的未来满怀希望，让一代又一代人愿意把自己的生命、财富和神圣的荣誉献给崇高的任务，有时甚至全然不顾沿途的现实和障碍。我们不仅在市场上，也在公民社会中，一次又一次地见证这种进取精神的释放。美国人最独特的品质是不惧失败，无论本质上是金钱方面的失败，还是社会方面的失败。在我和其他国家的朋友和同事的交谈中，他们往往会提及美国人爱冒险的态度和败而不馁、吸取教训、永不放弃的精神。

直面未知、迎头而上的勇气，和无惧失败、永不放弃的坚韧正是人类在抵御即将到来的气候风暴中所需的态度。但这一次，未来与我们以前经历过的情况将大不相同。有些人可能会说绿色新政将维持我们熟悉的生活方式，这种说法就是谎言，只是为了粉饰社会绿色化。我们的明天将充满愈演愈烈的气候事件，给我们的社区、生态系统和共同的生物圈造成巨大损失。

我们正在进入全新的领域。大自然正在恢复野性，我们必须学会忍受它的不确定性，同时适应时不时地突然袭击。我们要抛弃以前驯化自然、重塑自然为人类服务的念头。现在，我们需要重整旗鼓，集思广益，学会用智慧生活，发挥自己内心深处的坚韧，努力生存下去，走进宇宙中这片小小的蓝色绿洲上等待着我们人类和其他生物的无从可知的未来。美国和世界各地的年青一代正在觉醒，愿意迎战气候变化，这是姗姗来迟的可喜转折。

欧洲新目标

我注意到，美国年青一代的活动家和地方、州、国家等各级新当选官员已经在 2019 年初吹响强有力的绿色新政号角。因此，我想给美国同胞们讲一讲欧盟委员会在本书写作之前的几个月公布的绿色新政的最新进展，以便欧洲和美国的活动家可以分享关于未来大规模变革的意见。

第七章 动员社会：拯救地球上的生命

2018年11月28日，欧盟公布了欧洲大陆通过脱碳提高未来可持续性的下一阶段目标。欧盟委员会呼吁，到2050年，欧洲将实现气候零负荷，全面进入零排放生态社会。[1] 28个成员国纷纷响应，虽然有些热情满满，有些抱怨连连，但是所有人都明白，现在已经无路可退，只有加倍努力。

下面，我将简单介绍一下欧盟提出2050年气候零负荷计划之前的情况。我们从2016年8月开始劝说欧盟各成员国接受将于2018年底提出的新气候目标。2016年7月9日，斯洛伐克担任欧盟理事会轮值主席国期间，我到斯洛伐克与欧盟委员会副主席马罗什·塞夫科维奇（Maroš Šefčovič）会合。他概括介绍了欧盟能源联盟的新指令和目标，将2030年和2050年的可再生能源新目标、能源效率目标和二氧化碳减排目标与智能欧洲的部署联系起来。同时，我提出了智能基础设施的转型方案，以确保欧盟在21世纪中叶之前进入后碳时代。[2]

2017年1月31日，我们继续跟进新情况。在欧洲中央银行，我以"未来的历史——2025年的世界"为主题发表演讲，向金融界传达类似的信息。[3]

一周后的2月7日，我和副主席塞夫科维奇会同地区委员会主席马尔库·马尔库拉（Markku Markkula），共同参加该委员会主办的题为"投资欧洲：成立智能城市与地区联盟"的高级会议。[4] 由于欧洲到2050年脱碳并过渡到绿色时代的计划的最终成功将取决于为各个地区量身打造的绿色智能基础设施规模的扩展情况，所以让欧盟治理的350个强大但经常被忽视的地区加入计划非常重要。塞夫科维奇强调未来的可持续性"取决于地区和城市是否能实现"欧盟增加可再生能源、提高能源效率和减少碳足迹的目标。我们向各地区的代表简要介绍了上法兰西大区、荷兰鹿特丹至海牙的 23 个城市以及卢森堡等与我们合作的三个绿色灯塔地区目前取得的进展。

在向欧盟理事会、欧洲中央银行、地区委员会简要介绍情况并得到热情支持后，塞夫科维奇带领团队花费 22 个月，编写备受期待的欧盟委员会 2050 年报告。2018 年 11 月 28 日，塞夫科维奇、欧盟气候行动和能源专员米格尔·阿里亚斯·卡涅特（Miguel Arias Cañete）和欧盟交通运输专员维奥莱塔·布尔茨（Violeta Bulc）提交报告。

副主席塞夫科维奇告知欧盟成员国，"现在我们的战略表明，欧洲到 2050 年既实现气候零负荷目标，又维持繁荣景象，是现实可行的"。卡涅特专员提醒大家注意欧盟这一里程碑的重要历史意义，他说："我们现在正在加紧努力，因为我们提出的战略目标是使欧洲成为全世界第一个到 2050 年实现气候零负荷的主要经济体。"[5] 报告称，可再生能源的消费占比已经从 2005 年的 9% 猛增到 2018 年的 17%，并将如期实现"20-20-20"的目标：到 2020 年最后期限之前，28 个成员国的可再生能源消费占比达到 20%，能源效率提高 20%，二氧化碳排放量减少 20%。[6]

下一步，这项计划需要在 7 个战略领域开展联合行动：能源效率提升、可再生能源部署、清洁和安全的互联交通、有竞争力的行业和循环经济、基础设施和互联互通、生物经济和自然碳汇以及解决剩余排放的二氧化碳捕集与封存技术。

随着 2020 年目标的实现，欧盟已经制定了更加积极的新目标：到 2030 年，可再生能源占比达到 32%，能源效率提高 32.5%，温室气体排放减少 40%；到 2050 年，达到接近于零碳的目标。[7] 但是，报告也承认，尽管欧盟在全球进入零排放后碳时代的进程中处于领先地位,但是进展仍然太慢,因为政府间气候变化专门委员会最新发布的报告警告说,世界各国实现经济脱离碳文化的转型,只剩下12年的时间,否则,地球温度很有可能上升超过1.5℃,然后不可避免地急转直下,让人类陷入第六次物种大灭绝。

我想与大家分享一下欧盟委员会报告的前几行。我认为这几行内容正好回应了美国绿色新政活动家传达的信息:

> "因此,为了到2050年实现向温室气体零排放的转型,本战略概括了必需的经济转型和社会转型的愿景,囊括经济和社会的所有部门。本战略力求在转型中确保社会公平,不会让欧盟的任何公民或任何地区掉队,提高欧盟经济和工业在全球市场上的竞争力,确保欧洲的高质量就业和可持续发展。"[8]

这几行内容特别令人触动。欧洲正在向美国绿色新政活动家和世界各地的活动家传达一条关键信息:欧盟已经抛弃冗长的项目清单,开始明确表达开启欧盟新时代的"经济转型和社会转型的愿景"。相比之下,美国绝大多数城市、地区仍然深陷孤立的绿色项目和倡议之中,妄想把它们塞进20世纪过时的化石燃料经济模式及配套的商业模式和治理形式里。

经过公开辩论和仔细审查,现有的许多绿色宣言、声明、报告和研究,往好了说是故事主线,往坏了说是购物清单。单独来看,这些项目每一项都显得非常专业和贫乏。然而,它们都不能引导意识的转变,带领美国踏上眼前的征程。

像一个物种一样思考

在这个关键的历史时刻,绿色新政的故事主线需要整合进连贯的经济和哲学叙事中,树立我们是一个物种的集体认同感,将人类带入全新的世界观,让我们感受到一种全球本地化的情感。如果没有这个故事,所有想法都会迷失在相互之间完全没有联系的杂乱的条目之中,每个想法都会变成没有根据的推论之争,消耗我们进入下一个历史时代所需的创造性的飞跃。

所有这些都让我们回想起第一章"基础设施乃重中之重"的内容。人类历史上伟大的模式变革都是基础设施革命,它们改变了我们的时空方向、经济模式、治理形式、认知和世界观。管理、驱动经济和社会并促进其流转的新通信技术、新能源、新交通运输模式的融合,改变了我们思考周围世界的方法。

在人类20万年历史的大部分时间里,采食者和狩猎者的原始基础设施占据主导地位,它们在叙事上惊人地相似,都曾出现人类学家所说的"神话意识"和部落治理。一万年前农业的出现,以及后来中东的苏美尔地区、印度的印度河流域以及中国的长江流域的大型水利农业基础设施的建立,产生了"神学意识"和中央集权的帝国。19世纪第一次工业革命的基础设施孕育了"思想意识"、全国市场和民族国家管理体系。20世纪第二次工业革命的全球化基础设施是"心理意识"、全球市场和跨国管理机构的摇篮。现在,21世纪出现的第三次工业革命的全球本地化基础设施正在催生"生物圈意识"和代表大会管理体系。上至大气,下至岩石圈,再到海洋的生物圈是地球上所有生物生活、交流和蓬勃发展的地方。

每次伟大的模式转变都伴随着我们对更大集体的同理心和世界观的演变。在采食者或狩猎者的社会中，人们的同理心只延伸到血缘关系和亲属关系，大家分享共同祖先的世界观。在伟大的水利农业文明中，同理心扩大到宗教信仰相同的人的身上，伟大的宗教从此形成，并且产生基于宗教联系的非血缘关系的"象征性家庭"。所有犹太教信徒都开始把犹太同胞作为扩大的象征性家庭的成员，并与他们产生同理心。印度教徒、佛教徒、基督徒和穆斯林也是如此。在19世纪的第一次工业革命中，同理心进一步扩大到基于忠于祖国的集体国家意识的象征性家庭，公民开始根据国家认同产生同理心。在20世纪的第二次工业革命中，同理心扩展到国界逐渐消失的世界里，全世界志同道合的人以及同领域的专业人士相互建立联系。在新兴的第三次工业革命中，年青一代的数字原生代用Skype（一款即时通信软件）在全球教室里上课，在脸书和照片墙上互动，在虚拟世界中玩游戏，在现实世界中痴迷地旅行，开始将自己视为居住在同一星球上共同生物圈中的群体。他们的同理心扩展到更大的范围，开始把自己看作遭遇威胁的多个物种中的一员，因为在不稳定的地球上共同面临困境而产生同理心。越来越多的年轻人开始迈出最后一步，他们的同理心已经延伸至与我们共享进化遗产的所有其他生物。[9]

受气候变化困扰的年青一代逐渐意识到，现实既令人不安，又有启示意义。我们开始明白，地球与无数相互作用的机构融为一体：水圈、岩石圈、大气层、生物圈和磁层的联合运动；地球昼夜节律、月相、周期节律和季节变化的时间顺序；地球上无数生物的持续相互作用所带来的自然涨落。它们相互碰撞，发生微妙的反应，每次碰撞都将以我们几乎无法理解的方式改变整个系统的动态。但是，地球也像它上面的生物一样，似乎在以某种方式不断地进化、调整、适应和维持平衡。至少到现在为止确实如此！

我们突然对打扰前一个地质时代墓地的后果敏感起来。我们一直在挖掘早期生命的遗迹。这些生物曾经也在地球上生存，后来变成了煤、石油和天然气。在过去的200年里，我们依靠这种储存下来的"尸体"能量生活，同时把废弃物以二氧化碳的形式排放到大气中。面对这种大破坏，地球上的各个主体主动出击，使我们面临地球历史上第六次物种大灭绝。

我们现在知道，十二代人用来创造碳基工业文明所使用的每一块煤炭、每一滴石油、每一立方天然气，现在都在重塑地球动态。气候变化表明，我们所做的每件事都会牵扯到地球上其他一切事物，影响与我们共同居住在地球上的所有生物的福祉。

对地球上影响我们生存的主体的认识来自一种令人谦卑的经验，这也是气候变化给我们上的重要一课。学会融入遍布地球的这些主体，而不是高高在上地生活，正是使我们从支配到管理、从以人类为中心的冷漠到深入参与地球生活的原因。这种时空方向的巨大转变赋予了我们一个生物圈的视角。

人类意识的彻底转变是一线希望，即有创造力的突破如果能真正内化并加以利用，将给我们带来摆脱气候大破坏并生存下来的机会，甚至可能帮助我们以全新的方式永世繁荣，进入与已知世界完全不同的世界。

第七章 动员社会：拯救地球上的生命

发展中国家的绿色新政

这种新生的生物圈意识正以一种全新的经济发展方式展现自己，其目标是迎接绿色新政和生态文明。人们已经看到的是，在建立绿色银行和发行绿色债券方面，欧盟和美国目前走在世界前列，它们已经开始摆脱化石燃料文明，逐步迈入后碳时代。至于前面提到的，鲜为人知（至少在西方）的是，中国也正在快速建立绿色银行机制和发行绿色债券，为"互联网+"第三次工业革命基础设施建设筹备资金；与此同时，中国也正在积极采取行动，扩大覆盖数亿工人的全民养老金承诺，其中许多人将在未来20年至30年退休。反过来，这些不断增加的养老基金将越来越多地投资于绿色债券，为扩大新的零排放"互联网+"基础设施规模提供必要的资金池，同时确保获得足够的收益，以保证即将退休人员的养老金领取，推动实现"全面建成小康社会"的中国梦，并且在这一过程中，引入生态文明。下面，我将简要介绍中国目前在这一方面的状况。

首先，我们来谈一下中国养老基金的困境。2019年4月，中国社会科学院的一份报告在中国政坛上投下了一枚重磅炸弹。该报告预测，中国城镇职工养老基金规模将在2027年达到1万亿美元的峰值，并在2035年耗尽。[10] 给出这种预测的原因是中国的出生率持续下降，这意味着越来越多的退休人员将由越来越少的劳动力供养。截至2018年底，平均2.66名工人负责供养一名退休人员，而20年前，平均为5人，预计这一数字还将继续下降，到2050年，1名工人就将负责供养一名退休人员。[11]

雪上加霜的是，中国目前只有15%的养老基金投资于高收益产品，而其余资金依旧直接存储于银行或投资于低回报的政府债券。[12] 国家政府正在敦促地方政府将更多的养老基金投资于收益更高的绿色债券，从而反过来为"互联网+"第三次工业革命基础设施建设和随之而来的绿色企业提供资金，而这些建设和企业显著提高的总效率和生产率肯定会为养老金投资带来更高的长期回报，同时开创更强劲的经济发展局面。[13]

中国政府于2015年宣布，绿色金融将成为中国"十三五"规划以及随后的以建设智能第三次工业革命基础设施为重点的五年规划的核心内容。截至2018年，中国已经发行共计312亿美元的绿色债券，成为仅次于美国的第二大债券持有国。[14] 中国绿色债券市场的潜力巨大。据估计，为了实现能源和气候目标，当前的"十三五"规划每年将花费约3万亿到4万亿元人民币。在未来的绿色基础设施建设和随之而来的绿色商业举措中，很大一部分投资将来自发行绿色债券，而其中大部分债券就将卖给中国养老基金和世界各地的其他养老基金。[15]

尽管目前全球100万亿美元的债券市场中，只有一小部分资金投资于绿色债券，但中国、欧盟、美国和其他工业国家预计将会越来越多地转向绿色债券，投资于新兴的智能基础设施。中国很可能在绿色债券方面占据领先地位，欧盟和美国紧随其后。2017年至2025年间，中国养老基金资产预计将以18%的复合年增长率持续积累，预计到2025年，中国养老基金资产总额将达到6.3万亿美元。[16] 其中大部分资金将投资于绿色债券，用于推进中国国内和"一带一路"沿途的绿色基础设施建设。

向第三次工业革命基础设施和零排放绿色经济的转型在一些地区的发展中国家势头强劲，它们甚至比高度工业化的国家发展更快。到

2019年，绿色银行已经遍布世界各地。同年3月，占世界人口总数的56%、全球GDP的26%、全球二氧化碳排放量43%的23个主要发展中国家的官员在巴黎举行绿色银行设计峰会，目的是设立本国的绿色银行。[17]机构投资者已经加入谈判，养老基金及其他投资基金则准备扩大规模。

发展中国家设立绿色银行、向第三次工业革命智能基础设施转型的新举措，明确表明绿色新政愿景具有普遍的吸引力。越来越多的人一致认为，智能绿色基础设施革命在新兴国家可能发展得更快。原因很简单，债务亦资产。换言之，由于缺乏基础设施，发展中国家发现，在部署新的绿色基础设施并制定相应的法规、规章和标准方面，它们比发达国家的行动更快，因为发达国家需要先停用老旧的第二次工业革命基础设施，或在此基础上建设并转型为新的绿色模式，而这种大规模转型阻碍重重。太阳能和风能装置正在发展中国家迅速普及。

早在2011年，我和时任联合国工业发展组织总干事的坎德·尤姆凯拉（Kandeh Yumkella）博士就曾针对发展中国家怎样开始接受和部署第三次智能工业革命愿景展开过一次对话。2011年，我们在联合国工业发展组织两年举行一次的大会上共同介绍了这一概念。尤姆凯拉博士说道："我们正处于第三次工业革命的开端。"接着，他又问道："我们怎样在世界各地分享知识、资本和投资，真正实现这场革命？"[18]联合国工业发展组织开始接受第三次工业革命的概念，并带动联合国和发展中国家开始谈论和部署绿色后碳基础设施。

过去8年间，第三次工业革命绿色能源基础设施已经遍及发展中国家。根据彭博新能源财经和联合国环境规划署发布的一份报告，

2017年发展中国家在太阳能、风能和其他可再生能源领域的投资总额为1 770亿美元，增长率为20%，超过发达国家在可再生能源领域的投资（1 030亿美元）。印度、巴西、墨西哥和埃及等发展中国家正在迅速抛弃化石燃料，安装太阳能和风能装置以及其他可再生能源，为经济走向零碳排放的未来开拓道路。[19]

全球大约有11亿人没有机会使用电力，还有更多的人只能依靠不稳定的电力。[19]现如今，发展中国家的太阳能和风能安装成本呈指数级下降，它们有望带领世界其他地区进入21世纪的电气化社会。

新兴国家的街区、社区和地区普遍实现的绿色发电将改变社会的各个方面，其带来的最显著的影响莫过于妇女地位的变化。我们常常会忽略，20世纪西方国家电力的普及是推动妇女解放运动的一个主要因素。在此之前，妇女被束缚在火炉旁，承担着为全家生活提供能量以及管理农场、手工作坊和其他小型企业所需能源的重任。随着电力的普及，女孩们可以自由地学习，获得更高的学历，并且有机会在新兴的电气化经济中寻求就业机会。因为在新兴经济中，越来越多的工作技能需要脑力而不是体力，例如，电话接线员、收银员、会计和私营店主。今天，在美国，大学注册人数的56%为女性，而且她们越来越多地走向商业和机构生活的最高阶层。[20]

随着妇女受教育水平和经济独立性的提高，工业国家的生育率（子女与父母的比例）降至每名妇女生育2.1名子女。[21]各个发达国家普遍如此。世界人口已经超过70亿，预计到21世纪中叶超过90亿，如此庞大的人口很可能会耗尽地球上剩余的自然资源。在这种情况下，绿色电力在发展中国家的兴起以及人口的急剧下降，将成为我们人类更可持续地生活在这个星球上的一个决定性因素。

全球数字泛大陆

为了共享可再生能源，在整个大陆铺设数字化增强的智能高压电网的可行性研究和部署计划已经开始。2019 年，关于可能在 2030 年之前建成从阿拉斯加至智利的泛美洲地区电网的可行性研究引发了美洲各国的对话，各国讨论这种洲际技术联盟将如何对它们的经济、社会生活和国家治理产生影响。[22] 2019 年发布的另一项报告则详细介绍了在欧洲和北美之间铺设海底电力电缆的计划，以便实现太阳能和风能产生的绿色电力跨越大西洋的交易。[23] 关于建设非洲电网和欧非电网的类似可行性研究和部署计划也在拟定中。

2019 年 3 月，芬兰拉彭兰塔理工大学和能源观察集团联合发表了一项具有里程碑意义的研究，题为《基于 100% 可再生能源的全球能源体系》。该研究历时 4 年半，14 名世界顶尖的能源科学家参与其中，使用覆盖世界各个地区的"最先进的能源转型建模模拟"，为全球经济和社会的电力绿色化制订高度细化的全面计划。根据研究所述，目前在技术上和商业上已经可以提供 100% 可再生能源——主要依靠太阳能和风能，也包括储能和其他相关的绿色基础设施技术，并且在 2050 年之前，基本实现世界各地几乎每一个社区的绿色能源转型。[24] 在这一新的现实背景下，为了共享数十亿人生产的绿色能源，未来 20 年的全球能源互联网部署变得更加紧迫。该研究包括成本的详细分类、投资回报的时间表、对全球经济的乘数效应以及对基础设施扩建带来的工作类别和工作数量的详细描述。

这项研究共有两个重要发现："全球 100% 可再生能源体系的转型不再是技术可行性和经济可行性的问题，而是政治意愿"，以及现在的绿色能源驱动全球经济的成本"低于当前全球能源体系驱动全球经济的成本"。[25]

我们正处于构建全球互联电网——数字化泛大陆的初期阶段，从现在起到 21 世纪 30 年代末，它可能会零零碎碎地上线，直到有史以来第一次将全人类连接起来。个人、家庭、社区和整个国家将摆脱石油时代以零和博弈的冲突和战争为特征的地缘政治，越来越多地参与生物圈政治，进行深度合作并共享遍布全球的免费太阳能和风能。

超越看不见的手

对于美国和其他尚未全心投入绿色新政或进程的国家而言，这意味着什么？我们能从中学到什么？首先最重要的是，气候危机已经到来，向零碳社会的转型必须要快，因为我们已经没有时间了。但是，我们也要认识到 1932 年的情况和现在的情况差异巨大。想重复 20 世纪 30 年代"罗斯福新政"议程的活动家，可能很难听进去这一点。这次的方式会不一样。今天，市场力量正在摧毁化石燃料文明，其速度之快和范围之广前所未有。旧的化石燃料能源制造的碳泡沫，与人类历史上任何经济变革都不同。信息通信技术／电信／互联网、电力、运输、建筑等关键经济领域，正迅速与化石燃料脱钩，然后与可再生能源结合，从而为第三次工业革命开辟道路。

与一个又一个化石燃料行业脱钩，再与清洁的可再生能源和绿色技术结合，我们脱离化石燃料文明的速度正在加快。研究预测，转折点最早会出现在 2023 年，最晚在 2035 年。经过对各种情景和预测的平衡，转折点可能会出现在中间某个时间点，2028 年前后，化石燃料文明将崩溃。

要注意的是，化石燃料文明的崩溃不可避免，尽管化石燃料业尽了一切努力去阻止它的发生。此时此刻，市场力量远比化石燃料业可以用的所有游说手段都强大。对于仍然坚持认为市场永远不会站在人民一边的活动家来说，这一点可能也很难听进去。我当然知道这种情况经常发生，而且我一辈子都在批评市场资本主义的方方面面。但是这一次，随着这场变革的发生，市场成了守护人类的天使。

仅靠看不见的手，还无法引导我们进入"弹性时代"。在废墟上建设新的生态文明，需要更大范围的集体响应，召集各级公共资本、市场资本、社会资本，让全体人民深度参与。

在"进步时代"，我们每个人都渴望在市场上单打独斗，或者至少这正是当权者希望我们相信的。但在现在这个气候变化的世界里，我们知道"进步时代"已经成为历史，"弹性时代"才是未来。它需要每个社区的集体努力，这是地球短暂的历史中从未经历过的。

从现在开始，游戏的名字成了"深度思考的速度"。我们需要加快向与化石燃料业脱钩带来的绿色时代转型，加快在美国和世界其他各地建设绿色新政的零碳基础设施。

绿色新政的 23 点重要倡议

已经形成共识的 23 个重要主题和倡议，要同时实施，才能开启前进的旅程。

第一，联邦政府应立即全面提高碳税，碳税收入应通过平等的一次性退税返还给美国人民，确保家庭——尤其是最脆弱的家庭获得的碳红利超过他们支付的更高的能源价格。剩下的收入则由联邦政府资助绿色新政的基础设施。

第二，联邦政府应逐步削减和取消每年150亿美元的化石燃料补贴。

第三，联邦政府应与50个州一起制订和部署综合性计划，建起全美无缝连接的国家智能电网，用高压长距离线路和数字化管理取代传统的输配电线路，提供足够的绿色发电能力，为第三次工业革命的全国智能基础设施提供动力。联邦政府应该为国家智能电网提供大部分建设资金，余下的资金则由各州承担。到2030年，国家骨干智能电网的基础设施将投入运营；到2040年，运营电网应该建成并上线。

第四，联邦政府、州政府、市政府和县政府应提供税收抵免等激励措施，鼓励在建筑环境和自然地带可行的地方加快太阳能和风能设施的安装，实现全国范围内零排放、边际成本接近于零的绿色能源转型。太阳能和风能设施的组合应优先考虑街区和社区的微型电网，以确保基础设施的灵活性和弹性。在气候事件或网络恐怖袭击发生期间或发生之后，微型电网应该能够轻松断开与主电网的连接，并在所属街区共享本地用太阳能和风能发电。联邦政府还应重新规划公共土地用途，立即逐步取消所有化石燃料的特许经营权，逐步增加太阳能和风能设施。

第五，联邦政府、州政府、市政府和县政府应提供税收抵免等激励措施，鼓励住宅、商业建筑、工业设施和机构设施安装储能设备，提供备用电力，确保当电网因气候灾害或网络恐怖袭击而受损时，既可以管理整个电网的间歇能源，又可以提供现场紧急供电。

第六，联邦政府、州政府、市政府和县政府应根据无线连接和有线连接对健康和环境可能产生的影响，推出宽带和物联网，且各州应优先考虑在农村社区和弱势社区安装宽带。

第七，若在 2030 年之前，使用数据中心的企业在数据中心设施及其周围安装 100% 可再生能源，当电网因气候相关事件或网络恐怖袭击而瘫痪或崩溃时，它们可以完全脱离电网，确保数据安全，所有该类企业均应享受联邦税收抵免。

第八，联邦和州应对购买电动汽车给予税收抵免，对购买内燃机汽车征收累进税。为了加快这一进程，应该为旧车（内燃机汽车）置换新车提供代金券，用于购买电动汽车。代金券的价值应当高于内燃机汽车的抵换价值。联邦政府应立即设定在 2030 年取消所有新内燃机汽车、卡车和公共汽车的销售和登记的具体日期。

第九，联邦政府、州政府、市政府、县政府应提供税收抵免，用于在住宅、商业建筑和工业建筑场地及其周围安装充电站，为电动汽车充电；应鼓励房地产公司和拥有多人居住住宅的业主安装充足的充电站，并提供相应的税收抵免；对不提供充电服务的，应逐步加税。

第十，联邦政府应授权并资助所有联邦财产在 2030 年前转型为绿色零排放资产和基础设施，利用采购促进绿色企业发展。联邦政府、州政府、市政府、县政府还应立即推出全面慷慨的税收减免、补贴和低息贷款，鼓励对全国现有的住宅、商业建筑、工业建筑和机构建筑进行改造，从用天然气和石油供暖转型为用电网的可再生能源电力供暖，从而提高能源效率，减少温室气体排放，增强应对气候变化破坏的能力。为了鼓励建筑改造，各级政府还应补充其他税收抵免、税收减免、补贴和低息贷款，并将其扩展到中低收入的租赁财产和业主。所有联邦税收抵免应取决于各州接下来定下的目标：现有的所有住宅和商业建筑的温室气体排放量到 2030 年要比 1990 年的水平降低 40%，2040 年之前实现净零能耗；所有新建住宅建筑和商业建筑分别在 2025 年和 2030 年之前实现净零能耗。

第十一，联邦政府和州政府应制订和实施计划，在 20 年期限内，逐步淘汰石化农业，引入有机耕作和生态耕作，促进满足地方市场需求的区域化农业生产，力争在 2040 年之前实现 100% 有机认证的目标。联邦政府和州政府应提供高额补贴和强有力的激励措施，来鼓励加快转型。

第十二，联邦政府和州政府应提供税收抵免等激励措施，鼓励农民利用碳农业技术，加快边际土地的退耕还林进程，将其打造为二氧化碳捕捉池，从大气中捕获和封存二氧化碳。联邦政府还应重新确定公共土地用途的优先级，在条件合适的情况下通过还林来捕获和封存二氧化碳。

第十三，联邦政府、州政府、市政府和县政府应提供资金，在 2040 年前，优先升级所有供水系统、排污系统和排水系统，以应对由气候变化引起的对公共卫生威胁日趋严重的飓风、风暴和洪水。在全美易干旱地区要采取措施，在建筑环境中安装蓄水池储水，确保当电网因气候事件或网络攻击而瘫痪时，可以提供紧急备用供水通道。在适合的城市，应将多年来私有化的所有与水有关的系统重新统归市政管理，确保公众对水资源的监督和控制。

第十四，联邦政府、州政府、市政府和县政府应在 2030 年前，强制将每条供应链和每个行业纳入循环过程，以在经济、公民社会和治理各个方面大幅减少碳排放、增强应对气候变化的能力，同时也应制定适当的奖惩措施。

第十五，在不损害国家或各州安全的前提下，联邦政府与各州应协力重新部署比例越来越大的军事开支，用于支付联邦部队和各州国民警卫队应对气候相关灾害和管理救援任务（从快速反应人员到长期性灾后重建计划）的费用。

第十六，联邦政府应颁布法律，设立国家绿色银行，为州、县、市的绿色银行提供资金，让它们利用这些资金获得充足的融资，特别是将公私养老基金等投资资本用于进行大规模的绿色基础设施建设。国家绿色银行向州、市、县绿色银行提供资金应取决于州和地方管理辖区的目标：到 2030 年，50% 的电力来自太阳能、风能及其他适当的可再生能源；在 2040 年之前，100% 的电力来自可再生能源。

第十七，利用工会养老基金为联邦、州、市、县的第三次工业革命基础设施项目提供资金的条件是确保尽可能雇用工会工人。由于只有 11% 的美国劳动力加入了工会，所以第三次工业革命基础设施项目还必须保护工人成立组织和集体谈判的权利。州、市、县各级政府还应向经济上依赖开采、提炼、配送化石燃料的社区提供"合乎公义的过渡"资金，并优先将这些搁浅行业转型为第三次工业革命新的绿色商业机会和就业机会。

第十八，学生一代需要学习技能和培养才能，确保他们自己有能力创建新企业，并在绿色新政经济中获得高薪工作。联邦政府和州政府应成立和平队、服务美国志愿队、美国服务队模式的服务项目。由联邦政府和州政府资助的项目——绿色项目、气候拓新者项目、资源保护项目、基础设施项目，在全国社区、企业中开展学徒制，将为中学和大学毕业生提供足以维持生活的工资，教授智能化 21 世纪劳动力所需的技能。联邦和各州管理的这些新的青年学徒组织还将培训年青一代在救灾任务中使用新获得的技能，担任第一反应人员，与联邦政府部队和州国民警卫队一起，在当地社区中开展重建工作。

第十九，联邦政府、州政府、市政府和县政府应优先考虑最弱势社区的绿色新政商业机会，并为扩大绿色基础设施带来的新就业机会提供适当的培训；应向面临气候变化引起公共卫生风险的最贫穷社区提供慷慨的税收抵免、补贴、低息贷款及其他激励措施，升级所有公共卫生服务。

第二十，为了确保社会更加公平和公正，联邦、州、地方等各级政府应制定更公平的税法，缩小超级富豪与其他人口之间的巨大差距，将其收入用于推进绿色新政转型。

第二十一，联邦政府和州政府的各个部门和机构应重新确定提供资金的优先级，大幅增加对绿色技术转型和第三次工业革命基础设施部署的所有相关领域的研发的投入。各级政府应特别注意为与难以减排的领域相关的研发和部署提供资金，加快从以化石燃料为基础的过程和产品转型为以生物为基础的过程和产品。政府应利用公立大学、私立大学和研究机构最好的专业知识和人才，开展联合研发，推进向绿色新政第三次工业革命的绿色能源和可持续发展转型。

第二十二，联邦政府各部门和机构应与州政府合作，加快制定法规、规范和标准，促进宽带、可再生能源发电配电、无人驾驶电动汽车和燃料电池汽车运输、零排放物联网节点建筑的无缝整合；加快制定其他必需的法规、规范和标准，以确保互联、不间断的智能物联网第三次工业革命基础设施在全美范围内正常运行。

第二十三，美国政府应与欧盟、中国和其他所有愿意加入的国家开展正式、持续的合作，确定、支持并执行通用准则、条例、标准和奖惩措施，并将其落实到位，以确保智能绿色全球基础设施的部署和运行保持全球互联和透明性。

在2021年新总统上任后的前6个月，美国国会应制定涵盖以上所有23项措施的绿色新政法律，由美国总统签署，启动美国第三次工业革命绿色零排放基础设施的20年紧急建设。

代表大会制度

我们前面提到过，基础设施的设计和工程建设对相应的业务模式和治理形式既是支持也是限制。回顾第一次工业革命和第二次工业革命，基础设施是集中式的，封闭在知识产权里，通过垂直整合创造规模经济，然后才能向投资者回报足够的利润，因为勘探、开采、运输、精炼并向最终用户输送煤炭、石油、天然气和石化产品的前期成本巨大。反过来，其他所有行业由于完全依赖相同的能源和基础设施动态，所以也不得不以类似的方式组织生产商品和服务的供应链和价值链。因此，第一次工业革命基础设施的时空延伸产生了全国市场和监督全国市场的国家管理体系；第二次工业革命基础设施产生了全球市场和联合国、世界银行、经济合作与发展组织、世界贸易组织等国际组织与各个国家共同参与的跨国管理机构。

如前所述，第三次工业革命带来了不同于第一次和第二次工业革命的基础设施的设计和工程建设。该平台倾向于分布式运行，而不是集中化运营；相比于封闭在知识产权里，该系统可以通过保持开放和透明形成网络效应，实现自行优化；最后，如果系统的运营是横向扩展，而不是纵向集成，那么系统的分布式、开放透明的特性能使其达到最为有效、生产力最高的状态。

互联网巨头早期在垂直扩张的全球垄断中控制了许多平台，但这不太可能持久，因为它们最终无法与数百万中小型高科技企业竞争。中小企业联合各种能力，通过合作社运营，接受公共管理部门的监督；它们的组织风格灵活得多，运营费用少得多，同时可以确保产生的收入留在合作企业和所在社区内，而不是大部分收入被外部投资者以利润的形式吸走。

无论如何，为了确保公平竞争，联邦政府应积极执行反垄断法，采用相同的标准监管信息通信技术公司、电力公司、运输物流公司的活动——过去为了企业的繁荣发展，这些标准一直被用于确保商业领域的开放。

第三次工业革命基础设施内在的横向扩展的分布式开源设计和工程建设原则有利于建立相应开放、透明、横向扩展的分布式监管制度，以促进和协调这种新的商业模式。我们在欧盟20年的经验表明，在欧洲运营绿色基础设施所需的准则、法规和标准仍将由成员国和欧盟委员会负责落实，但是绿色新政经济的建设和扩大最终会由欧洲治理的350个地区和城市负责。每个地区和城市都将根据自己的目标、可交付成果和愿望，按照欧盟准则、法规和标准量身打造基础设施，从而在欧洲智能基础设施中实现跨界互联。

这不是罗斯福新政——由联邦政府建设和运营巨型水电站，生产廉价的水电输送至全国各地，而是21世纪的分布式绿色新政——以本地可再生能源发电为中心，通过Wi-Fi等跨境连接的地区基础设施进行管理。在21世纪，美国的每个州、市、县，甚至全世界的每个地方，都可以在绿色发电和电力恢复方面做到相对自给自足。阳光普照,风满人间。有些地区在一天、一周、一个月或一年中的任何特定时间都享有充足的太阳能和风能,多余的电力可以储存起来,然后与其他经历间歇性电力不足的地区共享,从而保证整片大陆都有足够的能源驱动。

横向扩展并连接众多小型参与者的第三次工业革命基础设施最为有效且效率最高。这不是理论推测。如第二章所述,德国四大电力公司已经从惨痛的经历中吸取教训,在太阳能和风能上线后不到12年的时间里,就产生了数十亿美元的资产搁浅。回顾德国的小型参与者——农民、中小企业和街区协会,他们成立了电力合作社,获得了银行贷款,安装了太阳能和风能发电技术,从而可以使用电网外的绿色电力,并将多余的电力卖回电网。现在,德国将近25%的电力来自太阳能和风能,其中大部分绿色能源由小型合作社生产。[26] 四大电力公司绿色能源的发电量占比不到21世纪绿色能源总发电量的5%,而且它们在很大程度上已经从可再生能源发电中被淘汰。[27]

各个地区的分布式能源都与分布式治理紧密相连,这就是我们所说的"赋予人民Power"——智能化高科技中小企业组织成横向扩展的合作社,构成与第三次工业革命的绿色智能基础设施相连的50个州经济体,从而以低廉的固定成本、接近于零的边际成本和接近于零的碳足迹,在价值链上管理和驱动商品和服务,并促进其流转。虽然各州都将承担建设和扩大第三次工业革命的任务,但是每个辖区都可以根据自己的具体需要定制目标和可交付成果。同时,为了实现其有效性,各州都需要跨界连接,在国家智能电网上展开合作,创造横向规模经济和网络效应。

考虑到这一点,美国全国州长协会、州立法机关全国大会、全美市长会议和全美郡县协会应通过决议，呼吁各州自愿成立绿色新政"代表大会"，由各县市民选官员和地方商会、工会、经济开发机构、公立大学和私立大学以及民间组织的代表组成。代表大会由州、市、县各级政府监督，负责制定绿色新政路线图，以实现经济和社区转型，进入绿色时代。一开始不是每个州都必须加入，但是至少要有一些州先站出来，形成阈值效应。之后，随着所在社区的绿色新政压力不断积累，其他州可能会很快加入。

联邦政府的当权派可能会对掌握着全美绿色智能基础设施转型规划和部署的州、市、县感到不安，但是这一进程已经开始。过去几年里，全美各州悄无声息地发生着一场革命。虽然联邦政府没有关注这一变革，但是已经有29个州和3个地区采用了可再生能源组合标准，要求其公用事业销售的可再生能源电力必须达到规定的百分比。[28] 各州正在通过可再生能源信贷支持可再生能源发电配额制改革，以鼓励安装风能和太阳能发电。

尽管美国政府退出了关于气候变化的《巴黎气候变化协定》，但是目前已经有19个州和波多黎各同意遵守该协定，其他州也有望很快加入。[29] 一些州长目前正在制订计划，从零碳资源中获得100%的电力供应。加利福尼亚州和夏威夷州已经把2045年定为达到规定的最后期限，科罗拉多州、纽约州、新泽西州和伊利诺伊州的州长也承诺跟进。[30] 美国各州都在行动。

联邦政府可以采取相应措施保持这种势头。国会山的立法者应同意一次性补助各州6 000万美元资金用于实现3年计划，并与各州达成相关协议。州政府应将这些资金完全用于设立运营中心及配备人员。运营中心的唯一目的是组织和协调各县市的代表大会，针对各个地方的目标、需求和现有绿色可持续发展计划和倡议，制定明确的绿色新政路线图。

尽管联邦政府会提供部分基础设施资金，但是75%的资金还是由各个州、市、县承担。在美国这种联邦共和国，基础设施的部署在很大程度上应由各州推动。如果对此一无所知，认为联邦政府会单方面安排基础设施转型并强加给各州，必将遭到当头一棒。

由各州进行监督的概念为分布式第三次工业革命的展开提供了理想的治理框架。美利坚合众国自诞生之初，各州及其公民就积极地捍卫根据自己的选择进行治理的基本权利，并警惕联邦政府侵犯自己的自由。与此同时，各州时刻提防其他州，争抢最佳表现，为本州居民带来新的商业机会、就业机会和其他好处。纽约州、加利福尼亚州和得克萨斯州在绿色经济和社会的比拼中名列前三，并由此获得了种种好处，所以其他各州可能很快就会加入竞争，根本不需要强制执行。

我们在欧盟已经认识到，如果被部署了第三次工业革命基础设施的社区和地区将其概念化并引入的话，那么分布式特点将使其更有可能得到迅速应用和推广，但前提是各州不仅必须相互合作，还必须与联邦政府合作，共同确定需要制定的运营准则、法规和标准，以确保分布式绿色基础设施能够迅速在各个辖区安装和连接。

分布式绿色新政的关键是扩大50个州能源服务公司的规模，并建立和部署能源服务公司的相应融资机制。因此，2020年全国大选之后，美国全国州长协会、州立法机关全国大会、全美市长会议和全美郡县协会应召开为期一周的紧急会议，召集关键行业和企业（从中小企业到《财富》500强企业）参加。建设和扩大第三次工业革命基础设施的努力离不开这些行业和企业的努力。信息通信技术、电信、电子、电力、交通运输、房地产、设施管理、建筑、制造、农业与生命科学、旅游观光等行业的代表,以及来自全国金融、银行、保险界的代表将共同出席此次会议。

州、市、县以及全国经济各部门行业召开紧急会议的目的是建立能源服务公司的商业模式,设立各州和地方的绿色银行,为第三次工业革命基础设施的发展提供资金。

截至2017年,全球能源服务公司的市场规模约为150亿美元,预计到2026年,将以8.3%的复合年增长率达到308亿美元。[31] 在正常时期,这一增长率确实值得赞赏,但是由于气候变化加速造成时间紧迫,这一速度远远不足以确保美国和全球其他地区的基础设施按时进入零排放时代。

我们现在需要的是10年内增长10倍,相当于美国二战期间从和平时期经济转向战时经济的行动速度。所有的行业、部门和能力现在已经就位,为了同心协力地形成在所有50个州州内运营和跨州运营的能源服务公司,它们只是需要在新的能源服务公司绩效合同业务模式的保护伞下跨界重组。

为了加快扩大各市、县、州基础设施的建设规模,慷慨的税收抵免政策和仔细精简的准则、法规、标准将是向新商业模式转型必不可少的条件,这也类似于战时的情况。

我们应该提醒反对延长慷慨税收抵免的人士注意,各州和地方每年都会实施数十亿美元的税收抵免和其他激励措施,以补贴体育场馆和会议中心,鼓励企业在自己的社区建设工厂和商业综合体,换取各处的几千个工作岗位,但是这对经济和税基的回报要小得多。各州和地方通过税收抵免加快向智能绿色零排放经济转型,将为中小企业提供巨大机遇,并重新配置每个社区的劳动力。

根据我们在欧盟组织代表大会的经验,各区域派出300人参与特定会议并在每个阶段提供意见和反馈,将会实现最佳效果。代表大会不是焦点小组和利益相关者小组,而是公众代表,他们将密切参与进行中的审议,准备提案和倡议,这些提案和倡议将会被纳入辖区的绿色新政路线图。

州长、市长和县行政人员担任协调者,负责选择参会代表,监督各自辖区大会的活动。

各代表大会都希望寻求并获得技术支持。各州公立大学的任务应是召集本校和私立大学、社区学院、贸易与技术学院、智库、研究院所、地方慈善基金会的专业技术人才,提供来自各个学术领域和专业领域的宝贵专业知识。

在组织绿色新政代表大会的6个月内,各州州长和立法机关也应召开为期一周、由数千名县市代表大会代表参加的紧急会议。会议应涵盖绿色新政动员的所有方面,包括编制县市路线图、部署和融资,将全州及州外的最佳经验和专家技术援助写入会议记录。

绿色新政首先要制定详细的第三次工业革命路线图,这通常需要10个月。市县级代表大会应各自制定路线图,并与本州的路线图保持一致。路线图的成败取决于它是否从一开始就真正协作、开放、跨学科地进行。建议各县、市选择的每位代表都签署社会责任伦理协议,承诺合作而不是竞争、行事公正而不是为特殊利益或事业游说。如果要取得成功,代表们应怀有热心公益的社区集体精神。路线图创造的就是社区集体精神,即代表们认识到自己的所为不只是为自己,而是会深刻影响他们的家庭、社区和后代。

县、市代表大会的主席应定期与州长办公室和州立法机关开会，汇报路线图审议的进展情况，听取反馈，接受协助。10个月过后，各县、市代表大会将发布全面路线图，详细说明量身打造的绿色新政计划以及接下来启动大型绿色基础设施项目融资和本地部署的措施。对于州立法机关和州长办公室为加快全州向绿色新政第三次工业革命模式过渡而出台的准则、法规、标准和奖惩措施，他们也会分享自己的看法。

路线图的任务不是创建一些哗众取宠的绿色项目，而是制订一个为期20年、在全州部署的全面和系统的第三次工业革命基础设施计划。绿色新政提案目前非常缺少的是扩大基础设施规模的综合性方法。把第三次工业革命的建设看作全州多代人的建筑工地，它会随着时间的推移而演变，并根据环境的要求向多个方向扩展，这点至关重要。理解不了这一任务将导致计划支离破碎，最终退回小型、孤立的绿色项目，起不到转型的作用。上法兰西大区的工业区、鹿特丹－海牙大都市区的23个城市以及卢森堡目前正在编制和部署的三份第三次工业革命路线图是开源的，人人可用。[32]

美国各地的许多县、市已经开始编制绿色可持续发展路线图，有些甚至允许某种形式的代表大会参与审议，这些将成为最佳实践经验的来源。在第三次工业革命路线图进程和随后的部署中，各市、县、州实施中的绿色发展计划没有一个作废，而是融入绿色基础设施，在无缝新经济模式中连接各种绿色发展项目。如果各市、县、州没有统一的愿景，我们将回到成千上万个出发点虽好但仍然依附于行将就木的20世纪化石燃料基础设施的绿色项目。

美国的市、县、州各级政府可能希望建设网站，实时分享绿色新政路线图的讨论和部署，引发对最佳经验的全国对话，并由此带来机遇和挑战，推动跨越传统政治边界的多方合作，形成超越选举时代用投票选举代表的全新政治互动。这正是代表大会治理的本质。

在零排放绿色基础设施转型的整个扩张过程中，代表大会继续超越路线图阶段，通过代表的更新换代，确保每两到四年民选官员会进行更替，并保证代表轮换过程本身不会被当政的政党或民选官员控制。

当今气候变化危机对生存的影响之大，人类前所未见，它需要一种可以持续到无限未来的多代公共管理模式去应对。气候变化带给我们的恐惧非常真实，地球的生活条件在将来会持续恶化很长一段时间，超乎我们的想象。市、县、州、联邦各级政府都必须无休止地参与这项政治进程。

我们从一直参与的 7 个地区的路线图进程和后来的部署中发现，尽管政府成立代表大会，但是内阁部门、政府官僚机构和特殊利益集团往往会对分享它们各自的地盘感到不安并怀有敌意。它们可能不愿意公开做出表示（一般谁会愿意说自己反对代表大会呢），但是往往会搞小动作，破坏代表大会的进程、建议和部署。它们更喜欢利用经常被滥用的焦点小组和利益相关者小组，来支持它们自己的行政议程和立法议程。

另一方面，负责发起和监督代表大会的是市、县、州各级政府的行政部门和立法部门，而代表大会最终负责将自己的建议、项目、倡议和提案变成法律、协议和计划。代表大会是非正式机构，它把公众的声音带入进程，鼓励民选官员和政府机构更热情、更全面地协助完成使命和任务，更系统、更主动地关注自己社区出现的多种观点。代表大会通过让公众与政府持续接触来促进公益事业，推动横向化治理。它们的存在需要新一代民选官员和政府雇员愿意在选举期间非正式地分享治理，而不是独揽大权。

气候变化需要全体人民持续参与。任何一个民选官员或政府机构的负责人都不可能单枪匹马地赢得胜利。就像紧急救灾时，本地组织、非政府组织、宗教团体、学校、街区协会和商业部门等整个社区都要团结起来。虽然监督备灾和紧急情况的是选举产生的官员，但是灾难的发生往往出乎意料，救灾过程消耗精力，所以需要人人全面积极地参与，有时历时数周、数月甚至数年。灾害间歇期间，民间社会组织和商业团体在围绕保障公共利益展开的持续对话中，持续与公共当局合作，从过去的紧急情况中学习，分享最佳经验，将新的想法、计划和应对机制纳入规划，以及为应对即将到来的紧急情况做好准备。

现实情况是，气候变化在持续的灾难模式中，将全世界每个社区都置于危险之中。如果社区想要着手应对失控的气候，代表大会在世界各地很快会必不可少。加州前州长杰里·布朗在任职的最后几天曾说到，天气的剧烈变化是"新的反常现象"。[33] 在这一点上，他的话毋庸置疑。

最后，如果没有代表大会，美国和世界其他各地的人民会感到政府更少地倾听他们的意见，更多地抛弃他们、冷落他们、任由他们自生自灭。如果任由这种恐惧和孤立之感蔓延和加剧，可能产生爆炸性后果，导致文明生活支离破碎。代表大会是将社区面对气候变化时的无力感转化为对生物圈的共同责任感的一种方式，而在未来的几年甚至几个世纪，我们都需要这种责任感。

这里，我要明确说一说开辟全球本地化的绿色新政和第三次工业革命转型的时间表。美国在1860年至1890年间铺设了第一次工业革命基础设施的雏形，在1908年至1933年的25年内初步建成了第二次工业革命基础设施。时间之所以缩短，部分是因为第二次工业革命基础设施可以在已经到位的第一次工业革命基础设施的基础上进行建设。因此，在前两次工业革命基础设施的基础上建成第三次工业革命的基础设施，很可能在20年，也就是一代人的时间内完成。前两次工业革命的基础设施仍然部分有效，这会促进转型。

不管谁说这不可能实现，都无须在意。如果作为社区和全国的一分子，每个人都尽心尽力、勇担重任，有勇气、有决心，到2040年，我们就能成功。

绿色新政不是动员公众向政府施压，要求它们慷慨解囊、立法、激励绿色倡议，而是呼吁成立新的代表式政治运动和共同治理机制，在地球生命史上非常黑暗的一刻，赋予整个社区直接掌控自己未来的权力。

我们依靠石炭纪的化石燃料沉积物生活了两个多世纪，这给了我们一种错觉：未来无限且毫无限制，一切皆有可能，而且不用付出什么代价。我们认为自己是命运的主人，地球等着我们索取。我们没能看到，地球上不管发生什么，总会有一份熵账单。我们称这个时代为"进步时代"。现在，气候变化就是熵账单即将到期。我们正进入新的时代，踏上新的旅程。弹性时代现在就在我们面前。我们怎样适应地球的新现实，将决定我们作为一个物种的未来命运。我们正迅速迈向生物圈意识。我们应该相信自己能及时赶到。这就是我信仰的绿色新政。

致　谢

我要对同事丹尼尔·克里斯滕森（Daniel Christensen）和克劳迪娅·萨尔瓦多（Claudia Salvador）表示深深的感激，他们对本书的贡献颇大。本书的每一页都体现着他们的研究能力、对细节的敏锐度和对语言的驾驭能力。为了赶进度，他们在晚上和周末经常也需要投入紧张的工作，正是他们的辛勤工作使本书得以如期完成。我还要感谢我的好朋友兼同事安杰洛·孔索利(Angelo Consoli)，他为书中有关欧盟绿色新政转变的历史提供了建议。

我也要感谢圣马丁出版社的编辑蒂姆·巴特利特（Tim Bartlett）。他迅速地接手本书，并在本书从构思到最终定稿的过程中，竭尽全力地提供帮助，不断地予以鼓励。他睿智的编辑建议和编辑工作使本书读起来更朗朗上口。我还要感谢因迪亚·库珀（India Cooper），他出色的编辑工作在出版过程中起到了至关重要的作用。我还要感谢丹蒂·卡尔法扬（Dante Calfayan）、蕾切尔·达布斯（Rachel Dubbs）、凯瑟琳·乔西（Katherine Jossi）、约翰·马里诺（John Marino）、加文·马洛（Gavin Marlowe）和穆罕默德·马斯里（Mohammad Masri）的协助研究。

感谢我的文学经纪人梅格·汤普森（Meg Thompson），她热情和明智的建议，使我们全程专注于工作。还要感谢我的外国版权文学经纪人桑迪·霍奇曼（Sandy Hodgman）与全球各地出版商的接洽。

最后，我要深深地感谢我的妻子卡罗尔·格鲁内瓦尔德（Carol Grunewald）建议我写这本书。书中有许多主题来自 30 年来的无数次对话，这些对话形成了我们对我们居住的世界的共识，形成了我们对人类和与我们共享地球的其他生物的未来愿景。

参考文献

● 序

1. European Commission Directorate-General for Trade, "Countries and Regions: China," last modified April 16, 2018, http://ec.europa.eu/trade/policy/countries-and-regions/countries/china/ (accessed February 27, 2019).

2. State Council of the People's Republic of China, "Chronology of China's Belt and Road Initiative," http://english.gov.cn/news/top_news/2015/04/20/content_281475092566326.htm (accessed March 1, 2019).

3. Pan Xiang-chao, "Research on Xi Jinping's Thought of Ecological Civilization and Environment Sustainable Development," *IOP Conf. Series: Earth and Environmental Science* 153, no. 5 (2018), doi:10.1088/1755-1315/153/6/062067.

4. European Commission, *Joint Communication to the European Parliament, the Council of the European Economic and Social Committee, the Committee of the Regions and the European Investment Bank: Connecting Europe and Asia—Building Blocks for an EU Strategy*, September 19, 2018.

5. Alex Barker and Mehreen Kahn, "What to expect from President von der Leyen," *The Financial Times*, July 17, 2019, https://www.ft.com/content/f15b3e28-a818-11e9-984c-fac8325aaa04 (accessed August 19, 2019).

6. "MEP Issues the Guidance on Promoting Green Belt and Road with Three Line Ministries," Belt and Road Portal, May 8, 2017, accessed February 27, 2019, https://eng.yidaiyilu.gov.cn/qwyw/rdxw/12484.htm; Belt and Road Portal, "Guidance on Promoting Green Belt and Road," May 8, 2017, http://eng.yidaiyilu.gov.cn/zchj/qwfb/12479.htm (accessed February 27, 2019).

7. Long Yongtu, *Digital Silk Road: The Opportunities and Challenges to Develop a Digital Economy Along the Belt and Road* (Beijing: Post & Telecom Press,

2017), 1–8; Morgan Stanley, "Inside China's Plan to Create a Modern Silk Road," March 14, 2018, https://www.morganstanley.com/ideas/china-belt-and-road (accessed March 1, 2019).

前言

1. Intergovernmental Panel on Climate Change, "Summary for Policymakers," in *Global Warming of 1.5°C: An IPCC Special Report* (Geneva: World Meteorological Organization, 2018), 6.
2. Edward O. Wilson, "The 8 Million Species We Don't Know," *The New York Times,* March 3, 2018, https://www.nytimes.com/2018/03/03/opinion/sunday/species-conservation-extinction.html (accessed February 4, 2019).
3. Gerta Keller, et al., "Volcanism, Impacts and Mass Extinctions (Long Version)," *Geoscientist Online,* November 2012, https://www.geolsoc.org.uk/Geoscientist/Archive/November-2012/Volcanism-impacts-and-mass-extinctions-2 (accessed March 12, 2019).
4. IPCC, "Summary for Policymakers," 14.
5. Ryan Grim and Briahna Gray, "Alexandria Ocasio-Cortez Joins Environmental Activists in Protest at Democratic Leader Nancy Pelosi's Office," *The Intercept*, November 13, 2018, https://theintercept.com/2018/11/13/alexandria-ocasio-cortez-sunrise-activists-nancy-pelosi/ (accessed February 1, 2019).
6. Sunrise Movement, "Green New Deal," updated March 26, 2019, https://www.sunrisemovement.org/gnd (accessed April 5, 2019).
7. Anthony Leiserowitz, Edward Maibach, Seth Rosenthal, John Kotcher, Matthew Ballew, Matthew Goldberg, and Abel Gustafson, *Climate Change in the American Mind: December 2018,* Yale University and George Mason University (New Haven, CT: Yale University Program on Climate Change Communication, 2018), 3.
8. Kevin E. Trenberth, "Changes in Precipitation with Climate Change," *Climate Research* 47 (March 2011): 123, doi: 10.3354/cr00953.
9. Kim Cohen, Phil Gibbard, Stan Finney, and Jun-xuan Fan, "The ICS International Chronostratigraphic Chart," *Episodes* 36, no. 3 (2013): 200–201.

10. Abel Gustafson, Seth Rosenthal, Anthony Leiserowitz, Edward Maibach, John Kotcher, Matthew Ballew, and Matthew Goldberg, "The Green New Deal Has Strong Bipartisan Support," Yale Program on Climate Change Communication, December 14, 2018, http://climatecommunication.yale.edu/publications/the-green-new-deal-has-strong-bipartisan-support/ (accessed February 7, 2019).

11. Aengus Collins, *The Global Risks Report 2019* (Geneva: World Economic Forum, 2019), 6.

12. Gillian Tett, "Davos Climate Obsessions Contain Clues for Policymaking," *Financial Times*, January 17, 2019, https://www.ft.com/content/369920f2-19b4-11e9-b93e-f4351a53f1c3 (accessed January 28, 2019).

13. Leslie Hook, "Four Former Fed Chairs Call for US Carbon Tax," *Financial Times*, January 16, 2019, https://www.ft.com/content/e9fd0472-19de-11e9-9e64-d150b3105d21 (accessed January 28, 2019).

14. "Economists' Statement on Carbon Dividends," *The Wall Street Journal*, January 16, 2019, https://www.wsj.com/articles/economists-statement-on-carbon-dividends-11547682910?mod=searchresults&page=1&pos=1 (accessed February 5, 2019).

15. Damian Carrington, "School Climate Strikes: 1.4 Million People Took Part, Say Campaigners," *The Guardian*, March 19, 2019, https://www.theguardian.com/environment/2019/mar/19/school-climate-strikes-more-than-1-million-took-part-say-campaigners-greta-thunberg (accessed March 20, 2019).

16. *Lazard's Levelized Cost of Energy Analysis—Version 12.0*, 2018, https://www.lazard.com/media/450784/lazards-levelized-cost-of-energy-version-120-vfinal.pdf (accessed March 12, 2019); Naureen S. Malik, "Wind and Solar Costs Keep Falling, Squeezing Nuke, Coal Plants," Bloomberg *Quint*, November 8, 2018, https://www.bloombergquint.com/technology/wind-and-solar-costs-keep-falling-squeezing-nuke-coal-plants (accessed March 12, 2019).

17. "Cost of electricity by source," Wikipedia, https://en.wikipedia.org/wiki/Cost_of_electricity_by_source#Levelized_cost_of_electricity (accessed April 5, 2019).

18. *Lazard's Levelized Cost of Energy Analysis—Version 12.0*, 2018, https://www.

lazard.com/media/450784/lazards-levelized-cost-of-energy-version-120-vfinal.pdf (accessed March 12, 2019).

19. Carbon Tracker Initiative, "Fossil Fuels Will Peak in the 2020s as Renewables Supply All Growth in Energy Demand," news release, September 11, 2018, https://www.carbontracker.org/fossil-fuels-will-peak-in-the-2020s-as-renewables-supply-all-growth-in-energy-demand/ (accessed February 5, 2019).

20. Jason Channell, Elizabeth Curmi, Phuc Nguyen, Elaine Prior, Alastair R. Syme, Heath R. Jansen, Ebrahim Rahbari et al., *Energy Darwinism II: Why a Low Carbon Future Doesn't Have to Cost the Earth*, report (Citi, 2015), 8.

21. Carbon Tracker Initiative, "Fossil Fuels Will Peak in the 2020s."

22. Candace Dunn and Tim Hess, "The United States Is Now the Largest Global Crude Oil Producer," US Energy Information Administration, September 12, 2018, https://www.eia.gov/todayinenergy/detail.php?id=37053 (accessed February 5, 2019).

23. Willis Towers Watson, Thinking Ahead Institute, *Global Pension Assets Study 2018*, https://www.thinkingaheadinstitute.org/en/Library/Public/Research-and-Ideas/2018/02/Global-Pension-Asset-Survey-2018 *(accessed April 5, 2019), 9.*

24. "1,000+ Divestment Commitments," Fossil Free, https://gofossilfree.org/divestment/commitments/ (accessed March 15, 2019).

● 第一章　基础设施是重中之重

1. Brian Merchant, "With a Trillion Sensors, the Internet of Things Would be the 'Biggest Business in the History of Electronics,'" *Motherboard*, October 29, 2013, https://motherboard.vice.com/en_us/article/8qx4gz/the-internet-of-things-could-be-the-biggest-business-in-the-history-of-electronics (accessed February 6, 2019).

2. "Wikipedia.org Traffic Statistics," Alexa, https://www.alexa.com/siteinfo/wikipedia.org (accessed February 6, 2019).

3. Lester Salamon, "Putting the Civil Society Sector on the Economic Map of the World," Annals of Public and Cooperative Economics 81(2) (June 2010): 187-88, http://ccss.jhu.edu/wp-content/uploads/downloads/2011/10/Annals-

June-2010.pdf (accessed May 3, 2013).

4. Robert U. Ayres and Benjamin Warr, *The Economic Growth Engine: How Energy and Work Drive Material Prosperity* (Northampton, MA: Edward Elgar Publishing, 2009), 334–37; John A. "Skip" Laitner, "Linking Energy Efficiency to Economic Productivity: Recommendations for Improving the Robustness of the U.S. Economy," *WIREs Energy and Environment* 4 (May/June 2015): 235.

5. John A. "Skip" Laitner, Steven Nadel, R. Neal Elliott, Harvey Sachs, and A. Siddiq Khan, *The Long-Term Energy Efficiency Potential: What the Evidence Suggests* (Washington, DC: American Council for an Energy-Efficient Economy, 2012), 65.

6. Global Covenant of Mayors for Climate & Energy, "About the Global Covenant of Mayors for Climate & Energy," https://www.globalcovenantofmayors.org/about/ (accessed February 9, 2019).

7. David E. Nye, *Electrifying America: Social Meanings of a New Technology, 1880–1940* (Cambridge, MA: MIT Press, 1991), 239–321.

8. Xavier Sala-i-Martin, chief adviser, and Klaus Schwab, ed., *The Global Competitiveness Report 2017–2018* (Geneva: World Economic Forum, 2017), 329.

9. Jonathan Woetzel et al., *Bridging Global Infrastructure Gaps: Has the World Made Progress?* McKinsey Global Institute report, 2017, 5.

10. Sala-i-Martin and Schwab, *The Global Competitiveness Report 2017–2018,* 303.

11. The White House, "Remarks by the President at a Campaign Event in Roanoke, Virginia," July 13, 2012, https://obamawhitehouse.archives.gov/the-press-office/2012/07/13/remarks-president-campaign-event-roanoke-virginia (accessed February 27, 2019), emphasis added.

12. Sterling Beard, "Republicans Take Dig at Obama with 'We Built It' Convention Theme," *The Hill*, August 21, 2012, https://thehill.com/blogs/blog-briefing-room/news/244633-republicans-take-dig-at-obama-with-qwe-built-itq-convention-theme (accessed May 10, 2019).

13. Joan Claybrook, "Reagan Ballooned 'Big Government,'" *The New York Times*, November 1, 1984, https://www.nytimes.com/1984/11/01/opinion/reagan-

ballooned-big-government.html. (accessed February 8, 2019).
14. Frank Newport, "Trump Family Leave, Infrastructure Proposals Widely Popular," Gallup, April 7, 2017, https://news.gallup.com/poll/207905/trump-family-leave-infrastructure-proposals-widely-popular.aspx (accessed February 4, 2019).
15. American Society of Civil Engineers, *The 2017 Infrastructure Report Card: A Comprehensive Assessment of America's Infrastructure,* https://www.infrastructurereportcard.org/wp-content/uploads/2017/01/2017-Infrastructure-Report-Card.pdf (accessed March 12, 2019), 5–7.
16. American Society of Civil Engineers, *Failure to Act: Closing the Infrastructure Investment Gap for America's Economic Future,* 2016, https://www.infrastructurereportcard.org/wp-content/uploads/2016/05/ASCE-Failure-to-Act-Report-for-Web-5.23.16.pdf (accessed March 12, 2019), 4–6.
17. ASCE, *The 2017 Infrastructure Report Card,* 7–8.
18. Werling and Horst, *Catching Up,* 9.
19. Woetzel et al., *Bridging Global Infrastructure Gaps,* 2.
20. "First Telegraph Messages from the Capitol," United States Senate, https://www.senate.gov/artandhistory/history/minute/First_Telegraph_Messages_from_the_Capitol.htm (accessed February 7, 2019).
21. Lee Ann Potter and Wynell Schamel, "The Homestead Act of 1862," *Social Education* 61, no. 6 (October 1997): 359–64.
22. Richard Walker and Gray Brechin, "The Living New Deal: The Unsung Benefits of the New Deal for the United States and California," UC Berkeley Institute for Research on Labor and Employment working paper 220-10, August 2010, 14.
23. Work Projects Administration, *Final Report on the WPA Program, 1935-43* (Washington, DC: USGPO, 1947).
24. Patrick Kline and Enrico Moretti, "Local Economic Development, Agglomeration Economies, and the Big Push: 100 Years of Evidence from the Tennessee Valley Authority," *The Quarterly Journal of Economics* 129, no. 1 (February 2014): 276.
25. Erica Interrante and Bingxin Yu, *Contributions and Crossroads: Our National*

Road System's Impact on the U.S. Economy and Way of Life (1916-2016) (Washington, DC: US Department of Transportation, Federal Highway Administration, 2017), 20.

26. "Servicemen's Readjustment Act (1944)," US National Archives and Records Administration, http://www.ourdocuments.gov/doc.php?doc=76. (accessed February 27, 2019).

27. "GDP (Current US$)," World Bank, https://data.worldbank.org/indicator/NY.GDP.MKTP.CD (accessed February 26, 2019); "Fortune Global 500 List 2018: See Who Made It," *Fortune,* May 21, 2018, http://fortune.com/global500/ (accessed February 14, 2019); "Labor Force, Total," World Bank, https://data.worldbank.org/indicator/sl.tlf.totl.in (accessed February 15, 2019).

28. World Bank Group, *Piecing Together the Poverty Puzzle* (Washington, DC: World Bank, 2018), 7.

29. Deborah Hardoon, *An Economy for the 99%,* Oxfam International Briefing Paper, January 2017, https://www-cdn.oxfam.org/s3fs-public/file_attachments/bp-economy-for-99-percent-160117-en.pdf (accessed March 12, 2019), 1.

30. "Company Info," Facebook Newsroom, https://newsroom.fb.com/company-info/ (accessed February 12, 2019).

31. Benny Evangelista, "Alphabet, Toronto Partner to Create Tech-Infused Neighborhood," *San Francisco Chronicle*, October 18, 2017, http://www.govtech.com/news/Alphabet-Toronto-Partner-to-Create-Tech-Infused-Neighborhood.html (accessed February 22, 2019).

32. North Carolina State University, "Mayday 23: World Population Becomes More Urban than Rural," *Science Daily,* May 25, 2007, https://www.sciencedaily.com/releases/2007/05/070525000642.htm (accessed March 12, 2019).

33. Jim Balsillie, "Sidewalk Toronto Has Only One Beneficiary, and It Is Not Toronto," *The Globe and Mail*, October 5, 2018, https://www.theglobeandmail.com/opinion/article-sidewalk-toronto-is-not-a-smart-city/ (accessed February 14, 2019).

34. Ibid.

35. Ibid.

36. Vipal Monga and Jacquie McNish, "Local Resistance Builds to Google's 'Smart City' in Toronto," *The Wall Street Journal,* August 1, 2018, https://www.wsj.com/articles/local-resistance-builds-to-googles-smart-city-in-toronto-1533135550 (accessed February 2, 2019).
37. Ibid.; Ava Kofman, "Google's 'Smart City of Surveillance' Faces New Resistance in Toronto," *The Intercept,* November 13, 2018, https://theintercept.com/2018/11/13/google-quayside-toronto-smart-city/ (accessed February 2, 2019).
38. Jennings Brown, "Privacy Expert Resigns from Alphabet-Backed Smart City Project over Surveillance Concerns," Gizmodo, October 23, 2018, https://gizmodo.com/privacy-expert-resigns-from-alphabet-backed-smart-city-1829934748 (accessed February 14, 2019).
39. "Les Hauts-de-France envoient du rev3," Région Hauts-de-France, October 18, 2018, accessed February 14, 2019, http://www.hautsdefrance.fr/les-hauts-de-france-envoient-du-rev3/ (accessed February 14, 2019).

● 第二章 人民的动力：免费的太阳能和风能

1. "2020 Climate & Energy Package," European Commission, https://ec.europa.eu/clima/policies/strategies/2020_en.(accessed February 20, 2019).
2. "About the Group," Green New Deal Group, https://www.greennewdealgroup.org/?page_id=2 (accessed February 9, 2019).
3. New Economics Foundation, *A Green New Deal: Joined-Up Policies to Solve the Triple Crunch of the Credit Crisis, Climate Change and High Oil Prices,* July 20, 2008, https://neweconomics.org/2008/07/green-new-deal (accessed March 12, 2019).
4. Katy Nicholson, ed., *Toward a Transatlantic Green New Deal: Tackling the Climate and Economic Crises,* prepared by the Worldwatch Institute for the Heinrich Böll Foundation (Brussels: Heinrich-Böll-Stiftung, 2009), 6 (quoted).
5. "Countdown to Copenhagen: Germany's Responsibility for Climate Justice," Oxfam Deutschland, November 2009, https://www.oxfam.de/system/files/20091111_Programm.pdf (accessed February 7, 2019).

6. Philipp Schepelmann, Marten Stock, Thorsten Koska, Ralf Schüle, and Oscar Reutter, *A Green New Deal for Europe: Towards Green Modernisation in the Face of Crisis,* ed. Jacki Davis and Geoff Meade, vol. 1 (Brussels: Green European Foundation, 2009).
7. Edward B. Barbier, *Rethinking the Economic Recovery: A Global Green New Deal,* report prepared for the United Nations Environment Programme, April 2009, https://www.cbd.int/developm https://bnef.turtl.co/story/neo2018?teaser=true ent/doc/UNEP-global-green-new-deal.pdf (accessed March 12, 2019).
8. Ibid., 16.
9. Enric Ruiz Geli and Jeremy Rifkin, *A Green New Deal: From Geopolitics to Biosphere Politics*, bilingual ed. (Barcelona, Basel, and New York: Actar, 2011).
10. New Deal 4 Europe, "Petition to the European Parliament," http://www.newdeal4europe.eu/en/petition (accessed February 5, 2019).
11. Jill Stein and Ajamu Baraka campaign, "The Green New Deal," 2016, https://d3n8a8pro7vhmx.cloudfront.net/jillstein/pages/27056/attachments/original/1478104990/green-new-deal.pdf?1478104990 (accessed March 12, 2019).
12. Greg Carlock and Emily Mangan, *A Green New Deal: A Progressive Vision for Environmental Sustainability and Economic Stability,* Data for Progress, September 2018, http://filesforprogress.org/pdfs/Green_New_Deal.pdf (accessed March 12, 2019).
13. "Draft Text for Proposed Addendum to House Rules for 116th Congress of the United States," November 2018, https://docs.google.com/document/d/1jxUzp9SZ6-VB-4wSm8sselVMsqWZrSrYpYC9slHKLzo/edit#heading=h.z7x8pz4dydey (accessed January 3, 2019).
14. Jason Channell, et al., *Energy Darwinism II: Why a Low Carbon Future Doesn't Have to Cost the Earth,* Citi GPS report, 2015, https://cusdi.org/wp-content/uploads/2016/02/ENERGY-DARWINISM-II-Why-a-Low-Carbon-Future-Doesn%E2%80%99t-Have-to-Cost-the-Earth.-Citi-GPSI.pdf (accessed March 24, 2019), 8.

15. Pilita Clark, "Mark Carney Warns Investors Face 'Huge' Climate Change Losses," *Financial Times*, September 29, 2015, https://www.ft.com/content/622de3da-66e6-11e5-97d0-1456a776a4f5 (accessed January 8, 2019).
16. Mario Pickavet et al., "Worldwide Energy Needs for ICT: The Rise of Power-aware Networking," paper presented at the 2008 International Conference on Advanced Networks and Telecommunication Systems, 2, doi:10.1109/ants.2008.4937762; Lotfi Belkhir and Ahmed Elmeligi, "Assessing ICT Global Emissions Footprint: Trends to 2040 & Recommendations," *Journal of Cleaner Production* 177 (January 2, 2018): 448, doi:10.1016/j.jclepro.2017.12.239.
17. Ibid., 458.
18. Ibid., 458–59.
19. Apple, "Apple Now Globally Powered by 100 Percent Renewable Energy," news release, April 9, 2018, https://www.apple.com/newsroom/2018/04/apple-now-globally-powered-by-100-percent-renewable-energy/ (accessed January 15, 2019).
20. Urs Hölzle, "100% Renewable Is Just the Beginning," Google news release, December 12, 2016, https://sustainability.google/projects/announcement-100/ (accessed February 7, 2019).
21. Facebook, "2017 Year in Review: Data Centers," news release, December 11, 2017, https://code.fb.com/data-center-engineering/2017-year-in-review-data-centers/ (accessed February 7, 2019).
22. "We're increasing our carbon fee as we double down on sustainability," Microsoft, press release, April 2019.
23. "The AT&T Issue Brief on Energy Management," August 2018, https://about.att.com/ecms/dam/csr/issuebriefs/IssueBriefs2018/environment/energy-management.pdf (accessed February 22, 2019); "Intel Climate Change Policy Statement," December 2017, https://www.intel.com/content/www/us/en/corporate-responsibility/environment-climate-change-policy.html (accessed February 22, 2019); Cisco, "CSR Environmental Sustainability," https://www.cisco.com/c/en/us/about/csr/impact/environmental-sustainability.html (accessed February 22, 2019).

24. Steven Levy, "The Brief History of the ENIAC Computer: A Look Back at the Room-Size Government Computer That Began the Digital Era," *Smithsonian Magazine,* November 2013, https://www.smithsonianmag.com/history/the-brief-history-of-the-eniac-computer-3889120/ (accessed March 12, 2019).

25. Simon Kemp, *Digital in 2018: Essential Insights Into the Internet, Social Media, Mobile, and Ecommerce Use Around the World,* Hootsuite and We Are Social Global Digital Report, 3.

26. Peter Diamandis, "Solar Energy Revolution: A Massive Opportunity," *Forbes,* September 2, 2014, https://www.forbes.com/sites/peterdiamandis/2014/09/02/solar-energy-revolution-a-massive-opportunity/#7f88662d6c90 (accessed March 12, 2019); Solarponics, *The Complete Homeowners' Guide To Going Solar,* 2016, https://solarponics.com/wp-content/uploads/2017/02/chgtgs.pdf (accessed March 24, 2019), 1.

27. LeAnne Graves, "Record Low Bids Submitted for Abu Dhabi's 350MW Solar Plant in Sweihan," *The National,* September 19, 2016, https://www.thenational.ae/business/record-low-bids-submitted-for-abu-dhabi-s-350mw-solar-plant-in-sweihan-1.213135 (accessed March 3, 2019).

28. IRENA, *Renewable Power Generation Costs in 2018,* International Renewable Energy Agency (Abu Dhabi, 2019): 18.

29. *Lazard's Levelized Cost of Energy Analysis—Version 12.0,* 2018, https://www.lazard.com/media/450784/lazards-levelized-cost-of-energy-version-120-vfinal.pdf (accessed March 12, 2019).

30. Ramez Namm, "Smaller, Cheaper, Faster: Does Moore's Law Apply to Solar Cells?" *Scientific American* Guest Blog, March 16, 2011, https://blogs.scientificamerican.com/guest-blog/smaller-cheaper-faster-does-moores-law-apply-to-solar-cells/ (accessed March 24, 2019).

31. Cristina L. Archer and Mark Z. Jacobson, "Evaluation of Global Wind Power," *Journal of Geophysical Research* 110 (2005): 1, doi:10.1029/2004JD005462.

32. Mark A. Jacobson et al. "100 percent Clean and Renewable Wind, Water, and Sunlight All-Sector Energy Roadmaps for 139 Countries of the World," *Joule* 1 (September 6, 2017): 35.

33. Richard J. Campbell, *The Smart Grid: Status and Outlook*, report (Congressional Research Service, April 10, 2018): 8, https://fas.org/sgp/crs/misc/R45156.pdf.
34. Electric Power Research Institute, *Estimating the Costs and Benefits of the Smart Grid: A Preliminary Estimate of the Investment Requirements and the Resultant Benefits of a Fully Functioning Smart Grid*, report (Electric Power Research Institute 2011): 1-4.
35. Electric Power Research Institute, *Estimating the Costs and Benefits of the Smart Grid: A Preliminary Estimate of the Investment Requirements and the Resultant Benefits of a Fully Functioning Smart Grid,* March 2011, https://www.smartgrid.gov/files/Estimating_Costs_Benefits_Smart_Grid_Preliminary_Estimate_In_201103.pdf (accessed March 24, 2019), 4; Electric Power Research Institute, *The Power to Reduce CO2 Emissions: The Full Portfolio,* October 2009, https://www.smartgrid.gov/files/The_Power_to_Reduce_CO2_Emission_Full_Portfolio_Technical_R_200912.pdf (accessed March 23, 2019), 2-1.
36. Pieter Gagnon et al., *Rooftop Solar Photovoltaic Technical Potential in the United States: A Detailed Assessment,* National Renewable Energy Laboratory, January 2016, vii-viii.
37. Weiss, Jürgen, J. Michael Hagerty, and María Castañer, *The Coming Electrification of the North American Economy Why We Need a Robust Transmission Grid*, report (The Brattle Group, 2019): 2.
38. Kerstine Appunn, Felix Bieler, and Julian Wettengel, "Germany's Energy Consumption and Power Mix in Charts," *Clean Energy Wire,* February 6, 2019; Rob Smith, "This Is How People in Europe Are Helping Lead the Energy Charge," World Economic Forum, April 25, 2018, https://www.weforum.org/agenda/2018/04/how-europe-s-energy-citizens-are-leading-the-way-to-100-renewable-power/ (accessed March 5, 2019).
39. Sören Amelang, Benjamin Wehrmann, and Julian Wettengel, "Climate, energy and transport in Germany's coalition treaty," Climate Energy Wire, February 7, 2018, https://www.cleanenergywire.org/factsheets/climate-and-energy-germanys-government-coalition-draft-treaty (accessed June 28, 2019).
40. Edith Bayer, *Report on the German Power System, Version 1.2,* ed. Mara Marthe

Kleine, commissioned by Agora Energiewende, 2015, 9.

41. Appunn, Bieler, and Wettengel, "Germany's Energy Consumption and Power Mix in Charts."

42. Melissa Eddy, "Germany Lays Out a Path to Quit Coal by 2038," *The New York Times*, January 26, 2019, https://www.nytimes.com/2019/01/26/world/europe/germany-quit-coal-2038.html (accessed March 4, 2019).

43. Sharan Burrow, "Climate: Towards a just transition, with no stranded workers and no stranded communities," OECD Insights, May 23, 2017, accessed March 27, 2019, http://oecdinsights.org/2017/05/23/climate-towards-a-just-transition-with-no-stranded-workers-and-no-stranded-communities/.

44. Ibid.

45. Energie Baden-Württemberg, "International Committee of Experts Presents Road-map for Climate Protection," news release, September 21, 2006, https://www.enbw.com/company/press/press-releases/press-release-details_9683.html (accessed February 7, 2019).

46. ENBW, *Integrated Annual Report 2017*, https://www.enbw.com/enbw_com/downloadcenter/annual-reports/enbw-integrated-annual-report-2017.pdf (accessed May 14, 2019) 3.

47. E.ON, "Separation of E.ON Business Operations Completed on January 1: Uniper Launched on Schedule," news release, January 1, 2016, https://www.eon.com/en/about-us/media/press-releases/2016/2016-01-04-separation-of-eon-business-operations-completed-on-january-1-uniper-launched-on-schedule.html (accessed February 7, 2019).

48. Vattenfall, "Fossil-free Living Within a Generation," in German, https://fossilfreedom.vattenfall.com/de/ (accessed February 28, 2019); RWE, "Comprehensive Approach to Energy Transition Needed," news release, April 9, 2018, http://www.rwe.com/web/cms/en/3007818/press-releases/amer/ (accessed February 28, 2019).

49. International Renewable Energy Agency, *A New World: The Geopolitics of the Energy Transformation*, 2019, https://www.irena.org/publications/2019/Jan/A-New-World-The-Geopolitics-of-the-Energy-Transformation (accessed March

24, 2019), 28.

50. Jeremy Rifkin, *The Third Industrial Revolution: How Lateral Power Is Transforming Energy, the Economy, and the World* (New York: Palgrave Macmillan, 2011); Paul Panckhurst and Peter Hirschberg, eds., "China's New Leaders Burnish Image by Revealing Personal Details," *Bloomberg News*, December 24, 2012, https://www.bloomberg.com/news/articles/2012-12-24/china-s-new-leaders-burnish-image-by-revealing-personal-details (accessed March 13, 2019).

51. Liu Zhenya, "Smart Grid Hosting and Promoting the Third Industrial Revolution," in Chinese, *Science and Technology Daily*, December 5, 2013, http://h.wokeji.com/pl/kjjy/201312/t20131205_598738.shtml (accessed February 7, 2019).

52. The White House, "U.S.–China Joint Announcement on Climate Change," news release, November 11, 2014, https://obamawhitehouse.archives.gov/the-press-office/2014/11/11/us-china-joint-announcement-climate-change (accessed February 1, 2019).

53. Seb Henbest et al., *New Energy Outlook 2018: BNEF's Annual Long-Term Economic Analysis of the World's Power Sector out to 2050*, BloombergNEF, 2018, https://bnef.turtl.co/story/neo2018?teaser=true (accessed January 16, 2019).

54. Li Hejun, *China's New Energy Revolution: How the World Super Power Is Fostering Economic Development and Sustainable Growth Through Thin Film Solar Technology* (New York: McGraw Hill Education, 2015), x–16.

55. Hanergy Holding Group Limited, "Hanergy and the Climate Group Host Forum on 'The Third Industrial Revolution & China' with Dr. Jeremy Rifkin," news release, Cision PR Newswire, September 9, 2013, https://www.prnewswire.com/news-releases/hanergy-and-the-climate-group-host-forum-on-the-third-industrial-revolution-china-with-dr-jeremy-rifkin-222930411.html (accessed March 23, 2019).

56. Hanergy and APO Group–Africa Newsroom, "Running Without Charging: Hanergy Offers New Solar-Powered Express Delivery Cars to China's

Top Delivery Companies," news release, December 2018, https://www.africa-newsroom.com/press/running-without-charging-hanergy-offers-new-solarpowered-express-delivery-cars-to-chinas-top-delivery-companies?lang=en (accessed March 5, 2019).

57. "Hanergy's Alta Devices Leads the Industry, Setting New Efficiency Record for Its Solar Cell," PV Europe, November 15, 2018, https://www.pveurope.eu/Company-News/Hanergy-s-Alta-Devices-Leads-the-Industry-Setting-New-Efficiency-Record-for-Its-Solar-Cell (accessed March 5, 2019).

58. Michael Renner, Celia Garcia-Baños, Divyam Nagpal, and Arslan Khalid, *Renewable Energy and Jobs: Annual Review 2018,* International Renewable Energy Agency, https://www.irena.org/-/media/Files/IRENA/Agency/Publication/2018/May/IRENA_RE_Jobs_Annual_Review_2018.pdf (accessed March 13, 2019), 15.

59. CPS Energy, "Who We Are," https://www.cpsenergy.com/en/about-us/who-we-are.html (accessed February 22, 2019).

60. Greg Harman, "Jeremy Rifkin on San Antonio, the European Union, and the Lessons Learned in Our Push for a Planetary-Scale Power Shift," *San Antonio Current*, September 27, 2011, https://www.sacurrent.com/sanantonio/jeremy-rifkin-on-san-antonio-the-european-union-and-the-lessons-learned-in-our-push-for-a-planetary-scale-power-shift/Content?oid=2242809 (accessed March 24, 2019).

61. Business Wire, "RC Accepts Application for Two New Nuclear Units in Texas," news release, November 30, 2007, https://www.businesswire.com/news/home/20071130005184/en/NRC-Accepts-Application-Nuclear-Units-Texas (accessed March 14, 2019).

62. "NRG, CPS Energy Meet with Toshiba on Nuclear Cost," Reuters, November 12, 2009, https://www.reuters.com/article/utilities-nuclear-nrg/nrg-cps-energy-meet-with-toshiba-on-nuclear-cost-idUSN1250181920091112 (accessed March 23, 2019).

63. "Lazard's Levelized Cost of Energy Analysis - Version 12.0", report (Lazard, 2018).

64. Gavin Bade, "Southern Increases Vogtle Nuke Price Tag by $1.1 Billion," *Utility Dive*, August 8, 2018, https://www.utilitydive.com/news/southern-increases-vogtle-nuke-pricetag-by-11-billion/529682/ (accessed May 8, 2019). Grace Dobush, "The Last Nuclear Power Plant Under Construction in the U.S. Lives to See Another Day," *Fortune*, September 27, 2018, http://fortune.com/2018/09/27/vogtle-nuclear-power-plant-construction-deal/ (accessed March 28, 2019).

65. Rye Druzin, "Texas Wind Generation Keeps Growing, State Remains at No. 1," *Houston Chronicle,* August 23, 2018, https://www.houstonchronicle.com/business/energy/article/Texas-wind-generation-keeps-growing-state-13178629.php (accessed March 24, 2019).

66. Mark Reagan, "CPS Energy Sets One-Day Record for Wind Energy Powering San Antonio," *San Antonio Current*, May 31, 2016, https://www.sacurrent.com/the-daily/archives/2016/03/31/cps-energy-sets-one-day-record-for-wind-energy-powering-san-antonio (accessed March 24, 2019).

67. Gavin Bade, "Chicago's REV: How ComEd Is Reinventing Itself as a Smart Energy Platform," *Utility Dive,* March 31, 2016, https://www.utilitydive.com/news/chicagos-rev-how-comed-is-reinventing-itself-as-a-smart-energy-platform/416623/ (accessed February 7, 2019).

68. Ibid.

69. Ben Caldecott, Deger Saygin, Jasper Rigter, and Dolf Gielen, *Stranded Assets and Renewables How the Energy Transition Affects the Value of Energy Reserves, Buildings and Capital Stock*, International Renewable Energy Agency, 2017, 5.

70. Ibid., 6.

71. Ibid., 7.

● 第三章 零碳生活：无人驾驶电动汽车、物联网节点建筑与智能生态农业

1. Isabella Burch and Jock Gilchrist, *Survey of Global Activity to Phase Out Internal Combustion Engine Vehicles,* ed. Ann Hancock and Gemma Waaland, Center for Climate Change, September 2018 revision, https://climateprotection.

org/wp-content/uploads/2018/10/Survey-on-Global-Activities-to-Phase-Out-ICE-Vehicles-FINAL-Oct-3-2018.pdf (accessed March 24, 2019), 2.

2. Alex Longley, "BofA Sees Oil Demand Peaking by 2030 as Electric Vehicles Boom," Bloomberg, January 22, 2018, https://www.bloomberg.com/news/articles/2018-01-22/bofa-sees-oil-demand-peaking-by-2030-as-electric-vehicles-boom (accessed March 24, 2019).*Batteries Update: Oil Demand Could Peak by 2030,* Fitch Ratings, 2018, http://cdn.roxhillmedia.com/production/email/attachment/660001_670000/Fitch_Oil%20Demand%20Could%20Peak%20by%202030.pdf (accessed March 24, 2019), 2.

3. Eric Garcetti, L.A.'s Green New Deal: Sustainable City pLAn, 2019, http://plan.lamayor.org/sites/default/files/pLAn_2019_final.pdf (accessed May 9, 2019), 11.

4. Ron Bousso and Karolin Schaps, "Shell Sees Oil Demand Peaking by Late 2020s as Electric Car Sales Grow," Reuters, July 27, 2017, https://www.reuters.com/article/us-oil-demand-shell/shell-sees-oil-demand-peaking-by-late-2020s-as-electric-car-sales-grow-idUSKBN1AC1MG (accessed March 24, 2019).

5. James Osborne, "Peak Oil Demand, a Theory with Many Doubters," *Houston Chronicle*, March 9, 2018, https://www.chron.com/business/energy/article/Peak-oil-demand-a-theory-with-many-doubters-12729734.php (accessed March 24, 2019).

6. "Daimler Trucks Is Connecting Its Trucks with the Internet" Daimler Global Media Site, March 2016, https://media.daimler.com/marsMediaSite/en/instance/ko/Daimler-Trucks-is-connecting-its-trucks-with-the-internet.xhtml?oid=9920445 (accessed February 7, 2019).

7. "Daimler Trucks Is Connecting Its Trucks with the Internet."

8. Steven Montgomery, " The Future of Transportation Is Driverless, Shared and Networked," Ford Social, https://social.ford.com/en_US/story/ford-community/move-freely/the-future-of-transportation-is-driverless-shared-and-networked.html (accessed March 23, 2019).

9. Barbora Bondorová and Greg Archer, *Does Sharing Cars Really Reduce Car Use?* Transport & Environment, 2017, https://www.transportenvironment.org/sites/te/files/publications/Does-sharing-cars-really-reduce-car-use-June%20

2017.pdf (accessed March 23, 2019), 1.
10. Lawrence D. Burns, "Sustainable Mobility: A Vision of Our Transport Future," *Nature* 497 (2013): 182, doi:10.1038/497181a.
11. Navigant Research, *Transportation Forecast: Light Duty Vehicles,* 2017, https://www.navigantresearch.com/reports/transportation-forecast-light-duty-vehicles (accessed March 24, 2019).
12. Burns, "Sustainable Mobility," 182.
13. Gunnela Hahn, Jukka Honkaniemi, Jenny Askfelt Ruud, and Luca A De Lorenzo, *Framing Stranded Asset Risks in an Age of Disruption,* Stockholm Environment Institute, February 14, 2018, https://www.sei.org/publications/framing-stranded-assets-age-disruption/ (accessed March 24, 2019), 31.
14. Colin McKerracher, *Electric Vehicles Outlook 2018*, BloombergNEF, https://about.bnef.com/electric-vehicle-outlook/(accessed January 16, 2019).
15. Ibid.
16. Ibid.
17. Edward Taylor and Jan Schwartz, "Bet everything on electric: Inside Volkswagen's radical strategy shift," Reuters, February 6, 2019, https://www.reuters.com/article/us-volkswagen-electric-insight/bet-everything-on-electric-inside-volkswagens-radical-strategy-shift-idUSKCN1PV0K4 (accessed June 28, 2019) ;Paul A. Eisenstein, "Volkswagen boosts electric vehicle production by 50% with 22 million BEVs by 2029," CNBC, March 13, 2019, https://www.cnbc.com/2019/03/12/vw-boosts-electric-production-by-50percent-with-22-million-bevs-by-2029.html (accessed June 28, 2019).
18. Edward Taylor and Jan Schwartz, "Bet everything on electric: Inside Volkswagen's radical strategy shift," Reuters; Eric C. Evarts, "BMW plans 12 all-electric models by 2025," Green Car Reports, March 21, 2019, https://www.greencarreports.com/news/1122188_bmw-plans-12-all-electric-models-by-2025 (accessed June 28, 2019).
19. Eric C. Evarts, "BMW plans 12 all-electric models by 2025," Green Car Report.
20. Peter Campbell, "BMW electric profits to rival traditional engines by 2025," Financial Times, June 27, 2019, https://www.ft.com/content/2f7bd1e8-9821-

11e9-8cfb-30c211dcd229 (accessed July 1, 2019).

21. Edward Taylor and Jan Schwartz, "Bet everything on electric: Inside Volkswagen's radical strategy shift," Reuters.
22. "Volkswagen plans 36,000 charging points for electric cars throughout Europe," Volkswagen Newsroom, press release, June 6, 2019, https://www.volkswagen-newsroom.com/en/press-releases/volkswagen-plans-36000-charging-points-for-electric-cars-throughout-europe-5054 (accessed June 28, 2019).
23. Ibid.; Gunnela Hahn et al., *Framing Stranded Asset Risks in an Age of Disruption*, 12.
24. Henbest et al., *New Energy Outlook 2018*.
25. Paul A. Eisenstein, "Volkswagen boosts electric vehicle production by 50% with 22 million BEVs by 2029," CNBC, March 13, 2019, https://www.cnbc.com/2019/03/12/vw-boosts-electric-production-by-50percent-with-22-million-bevs-by-2029.html (accessed June 28, 2019).
26. Wood Mackenzie, *The Rise and Fall of Black Gold,* 2018, https://www.qualenergia.it/wp-content/uploads/2017/10/Thought_Leadership___Peak_Oil_Demand_LowRes.pdf (accessed March 23, 2019), 4.
27. James Arbib and Tony Seba, *Rethinking Transportation 2020–2030: The Disruption of Transportation and the Collapse of the Internal-Combustion Vehicle and Oil Industries,* a RethinkX Sector Disruption Report, May 2017, https://static1.squarespace.com/static/585c3439be65942f022bbf9b/t/591a2e4be6f2e1c13df930c5/1494888038959/RethinkX+Report_051517.pdf (accessed March 23, 2019), 7.
28. Ibid., 7.
29. Ibid.
30. INRIX, "Los Angeles Tops INRIX Global Congestion Ranking," news release, 2017, http://inrix.com/press-releases/scorecard-2017/ (accessed March 23, 2019).
31. Arbib and Seba, *Rethinking Transportation 2020–2030,* 8.
32. Ibid., 32, 15.
33. Longley, "BofA Sees Oil Demand Peaking by 2030 as Electric Vehicles

Boom"; Bousso and Schaps, "Shell Sees Oil Demand Peaking by Late 2020s."

34. Tom DiChristopher, "Big Oil Is Sowing the Seeds for a 'super-spike' in Crude Prices Above $150, Bernstein Warns," CNBC, July 6, 2018, https://www.cnbc.com/2018/07/06/big-oil-sowing-the-seeds-for-crude-prices-above-150-bernstein-warns.html (accessed May 10, 2019).

35. Ibid.

36. Assembly Bill No. 3232, Chapter 373 (Cal. 2018), https://leginfo.legislature.ca.gov/faces/billTextClient.xhtml?bill_id=201720180AB3232 (accessed March 23, 2019).

37. "Zero Net Energy," California Public Utilities Commission, http://www.cpuc.ca.gov/zne/ (accessed February 8, 2019).

38. Yolande Barnes, Paul Tostevin, and Vladimir Tikhnenko, *Around the World in Dollars and Cents,* Savills World Research, 2016, http://pdf.savills.asia/selected-international-research/1601-around-the-world-in-dollars-and-cents-2016-en.pdf (accessed March 23, 2019), 5.

39. Mike Betts et al., *Global Construction 2030: A Global Forecast for the Construction Industry to 2030,* Global Construction Perspectives and Oxford Economics, 2015, https://www.globalconstruction2030.com/ (accessed March 23, 2019), 6.

40. Heidi Garrett-Peltier, *Employment Estimates for Energy Efficiency Retrofits of Commercial Buildings,* University of Massachusetts Political Economy Research Institute, 2011, https://www.peri.umass.edu/publication/item/426-employment-estimates-for-energy-efficiency-retrofits-of-commercial-buildings (accessed March 24, 2019), 2.

41. "Questions and Answers: Energy Efficiency Tips for Buildings and Heating," Federal Ministry for the Environment, Nature Conservation and Nuclear Safety (Germany), https://www.bmu.de/en/topics/climate-energy/energy-efficiency/buildings/questions-and-answers-energy-efficiency-tips-for-buildings-and-heating/ (accessed February 1, 2019); John Calvert and Kaylin Woods, "Climate Change, Construction and Labour in Europe: A Study of the Contribution of Building Workers and Their Unions to 'Greening' the Built Environment in

Germany, the United Kingdom and Denmark," paper presented at the Work in a Warming World (W3) Researchers' Workshop "Greening Work in a Chilly Climate," Toronto, November 2011, http://warming.apps01.yorku.ca/wp-content/uploads/WP_2011-04_Calvert_Climate-Change-Construction-Labour-in-Europe.pdf (accessed March 23, 2019), 15.

42. *The Internet of Things Business Index: A Quiet Revolution Gathers Pace,* Economist Intelligence Unit, 2013, http://fliphtml5.com/atss/gzeh/basic (accessed May 9, 2019), 10.

43. Jeremy Rifkin, *The Zero Marginal Cost Society: The Internet of Things, the Collaborative Commons, and the Eclipse of Capitalism* (New York: Palgrave Macmillan, 2014).

44. Haier, "Haier Group Announces Phase 2.0 of Its Cornerstone 'Rendanheyi' Business Model," Cision PR Newswire, September 21, 2015, https://www.prnewswire.com/news-releases/haier-group-announces-phase-20-of-its-cornerstone-rendanheyi-business-model-300146135.html (accessed March 5, 2019).

45. Jim Stengel, "Wisdom from the Oracle of Qingdao," *Forbes,* November 13, 2012, https://www.forbes.com/sites/jimstengel/2012/11/13/wisdom-from-the-oracle-of-qingdao/#3439fecd624f (accessed March 5, 2019); Haier, "Zhang Ruimin: Nine Years' Exploration of Haier's Business Models for the Internet Age," February 25, 2015, http://www.haier.net/en/about_haier/news/201502/t20150225_262109.shtml (accessed March 5, 2019).

46. Garrett-Peltier, *Employment Estimates for Energy Efficiency Retrofits of Commercial Buildings,* 2.

47. Kevin Muldoon-Smith and Paul Greenhalgh, "Understanding Climate-related Stranded Assets in the Global Real Estate Sector," in *Stranded Assets and the Environment: Risk, Resilience and Opportunity*, ed. Ben Caldecott (London: Routledge, 2018), 154; Kevin Muldoon-Smith and Paul Greenhalgh, "Suspect Foundations: Developing an Understanding of Climate-Related Stranded Assets in the Global Real Estate Sector," *Energy Research & Social Science* 54 (August 2019): 62.

48. M. J. Kelly, *Britain's Building Stock—A Carbon Challenge* (London: DCLG, 2008).
49. Ben Caldecott, "Introduction: Stranded Assets and the Environment," in Caldecott, *Stranded Assets and the Environment*, 6.
50. "More than 250 US Mayors Aim at 100% Renewable Energy by 2035," United Nations, June 28, 2017, https://unfccc.int/news/more-than-250-us-mayors-aim-at-100-renewable-energy-by-2035 (accessed March 24, 2019).
51. Muldoon-Smith and Greenhalgh, "Understanding Climate-related Stranded Assets in the Global Real Estate Sector," 157.
52. Ibid., 158.
53. Ibid., 159.
54. Lara Ettenson, "U.S. Clean Energy Jobs Surpass Fossil Fuel Employment," NRDC, February 1, 2017, https://www.nrdc.org/experts/lara-ettenson/us-clean-energy-jobs-surpass-fossil-fuel-employment (accessed February 25, 2019); US Department of Energy, *2017 U.S. Energy and Employment Report*, https://www.energy.gov/downloads/2017-us-energy-and-employment-report (accessed March 24, 2019).
55. Ettenson, "U.S. Clean Energy Jobs Surpass Fossil Fuel Employment."
56. Brookings Institution, *Advancing Inclusion Through Clean Energy Jobs*, April 2019, https://www.brookings.edu/wp-content/uploads/2019/04/2019.04_metro_Clean-Energy-Jobs_Report_Muro-Tomer-Shivaran-Kane.pdf#page=14.
57. Ibid.
58. "Mayor Bowser Opens the DC Infrastructure Academy," press release, March 12, 2018, https://dc.gov/release/mayor-bowser-opens-dc-infrastructure-academy.
59. Fabio Monforti-Ferrario et al., *Energy Use in the EU Food Sector: State of Play and Opportunities for Improvement*, ed. Fabio Monforti-Ferrario and Irene Pinedo Pascua, European Commission Joint Research Centre, 2015, http://publications.jrc.ec.europa.eu/repository/bitstream/JRC96121/ldna27247enn.pdf (accessed March 23, 2019), 7.
60. Pierre J. Gerber et al., *Tackling Climate Change Through Livestock: A Global Assessment of Emissions and Mitigation Opportunities* (Rome: Food and

Agriculture Organization of the United Nations, 2013), xii.

61. Food and Agricultural Organization of the United Nations, *Livestock and Landscapes,* 2012, http://www.fao.org/3/ar591e/ar591e.pdf (accessed March 23, 2019), 1.

62. Timothy P. Robinson et al., "Mapping the Global Distribution of Livestock," *PLoS ONE* 9, no. 5 (2014): 1, doi:10.1371/journal.pone.0096084; Susan Solomon, Dahe Qin, Martin Manning, Melinda Marquis, Kristen Averyt, Henry LeRoy Miller, and Zhenlin Chen, *AR4 Climate Change 2007: The Physical Science Basis,* Intergovernmental Panel on Climate Change, https://www.ipcc.ch/report/ar4/wg1/ (accessed March 24, 2019), 33.

63. H. Steinfeld et al., *Livestock's Long Shadow,* (Rome: FAO, 2006), xxi

64. Emily S. Cassidy, Paul C. West, James S. Gerber, and Jonathan A. Foley, "Redefining Agricultural Yields: From Tonnes to People Nourished per Hectare," *Environmental Research Letters* 8, no. 3 (2013): 4, doi:10.1088/1748-9326/8/3/034015.

65. Janet Ranganathan et al., "Shifting Diets for a Sustainable Food Future," World Resources Institute Working Paper, 2016, https://www.wri.org/sites/default/files/Shifting_Diets_for_a_Sustainable_Food_Future_0.pdf (accessed March 23, 2019), 21.

66. Alyssa Newcomb, "From Taco Bell to Carl's Jr., Grab-and-Go Vegetarian Options Are on the Rise," NBC News, February 6, 2019, https://www.nbcnews.com/business/consumer/taco-bell-mcdonald-s-vegetarian-options-are-rise-n966986 (accessed March 6, 2019); Danielle Wiener-Bronner, "Burger King Plans to Roll Out Impossible Whopper Across the United States," CNN, April 29, 2019, https://www.cnn.com/2019/04/29/business/burger-king-impossible-rollout/index.html (accessed May 9, 2019).

67. Monforti-Ferrario et al., *Energy Use in the EU Food Sector,* 7.

68. Helga Willer and Julia Lernoud, eds., *The World of Organic Agriculture: Statistics and Emerging Trends 2018,* FiBL and IFOAM–Organics International, https://shop.fibl.org/CHde/mwdownloads/download/link/id/1093/?ref=1 (accessed March 24, 2019).

69. Organic Trade Association, "Maturing U.S. Organic Sector Sees Steady Growth of 6.4 Percent in 2017," news release, May 18, 2018, https://ota.com/news/press-releases/20236 (accessed February 14, 2019).

70. Karlee Weinmann, "Thanks to Co-op, Small Iowa Town Goes Big on Solar," Institute for Local Self-Reliance, February 3, 2017, https://ilsr.org/thanks-to-co-op-small-iowa-town-goes-big-on-solar/ (accessed February 14, 2019).

71. Debbie Barker and Michael Pollan, "A Secret Weapon to Fight Climate Change: Dirt," *The Washington Post*, December 04, 2015, https://www.washingtonpost.com/opinions/2015/12/04/fe22879e-990b-11e5-8917-653b65c809eb_story.html?utm_term=.b2aa65cc4e76 (accessed March 7, 2019).

72. Jeff Stein, "Congress Just Passed an $867 Billion Farm Bill. Here's What's in It," *The Washington Post*, December 12, 2018, https://www.washingtonpost.com/business/2018/12/11/congresss-billion-farm-bill-is-out-heres-whats-it/?utm_term=.042ac7ab46fa (accessed March 6, 2019).

73. April Reese, "Public Lands Are Critical to Any Green New Deal," April 8, 2019, https://www.outsideonline.com/2393257/green-new-deal-public-lands-clean-energy (accessed April 8, 2019).

74. Matthew D. Merrill et. al., *Federal Lands Greenhouse Gas Emissions and Sequestration in the United States: Estimates for 2005-14*, U.S. Geological Survey, 2018, https://pubs.usgs.gov/sir/2018/5131/sir20185131.pdf (accessed May 9, 2019).

75. Reese, "Public Lands."

76. Ibid.

77. Marie-Jean-Antoine-Nicolas Caritat, Marquis de Condorcet, Outlines of an Historical View of the Progress of the Human Mind (Philadelphia:M. Carey, 1796) https://oll.libertyfund.org/titles/1669 (accessed May 11, 2019).

● 第四章 转折点：2028 年前后，化石能源文明崩溃

1. J.-F. Mercure et al., "Macroeconomic Impact of Stranded Fossil Fuel Assets," *Nature Climate Change* 8, no. 7 (2018): 588–93, doi:10.1038/s41558-018-0182-1.

参考文献

2. "Declaration of the European Parliament on Establishing a Green Hydrogen Economy and a Third Industrial Revolution in Europe Through a Partnership with Committed Regions and Cities, SMEs and Civil Society Organisations," 2007, https://eur-lex.europa.eu/legal-content/EN/TXT/?uri=CELEX%3A52007IP0197 (accessed March 23, 2019).
3. "Directive 2009/28/EC of the European Parliament and of the Council on the Promotion of the Use of Energy from Renewable Sources," *Official Journal of the European Union* (2009): L 140/17.
4. "Renewable Energy: Are Feed-in Tariffs Going out of Style?" *Power-Technology*, January 18, 2017, https://www.power-technology.com/features/featurerenewable-energy-are-feed-in-tariffs-going-out-of-style-5718419/ (accessed March 24, 2019).
5. David Coady et al., "How Large Are Global Fossil Fuel Subsidies?" *World Development* 91 (March 2017): 11, doi:10.1016/j.worlddev.2016.10.004.
6. Kingsmill Bond, *2020 Vision: Why You Should See the Fossil Fuel Peak Coming,* Carbon Tracker, September 2018, https://www.carbontracker.org/reports/2020-vision-why-you-should-see-the-fossil-fuel-peak-coming/ (accessed March 23, 2019), 31.
7. Kingsmill Bond, *Myths of the Energy Transition: Renewables Are Too Small to Matter,* Carbon Tracker, October 30, 2018, https://www.carbontracker.org/myths-of-the-transition-renewables-are-too-small/ (accessed March 23, 2019), 1.
8. Roger Fouquet, *Heat, Power and Light: Revolutions in Energy Services* (New York: Edward Elgar Publishing Limited 2008).
9. Bond, *Myths of the Energy Transition*, 3–4.
10. Bond, *2020 Vision,* 4.
11. Ibid., 5.
12. Ibid., 32.
13. Bobby Magill, "2019 Outlook: Solar, Wind Could Hit 10 Percent of U.S. Electricity," Bloomberg Environment, December 26, 2018, https://news.bloombergenvironment.com/environment-and-energy/2019-outlook-solar-wind-could-hit-10-percent-of-us-electricity (accessed March 23, 2019); Bond, *2020*

Vision, 22, 18.

14. Bond, *2020 Vision,* 31.
15. Ibid.
16. Ibid., 32.
17. Magill, "2019 Outlook."
18. Megan Mahajan, "Plunging Prices Mean Building New Renewable Energy Is Cheaper than Running Existing Coal," *Forbes,* December 3, 2018, https://www.forbes.com/sites/energyinnovation/2018/12/03/plunging-prices-mean-building-new-renewable-energy-is-cheaper-than-running-existing-coal/#3918a07731f3 (accessed March 24, 2019).
19. Justin Wilkes, Jacopo Moccia, and Mihaela Dragan, *Wind in Power: 2011 European Statistics,* European Wind Energy Association, February 2011, https://windeurope.org/about-wind/statistics/european/wind-in-power-2011/ (accessed March 23, 2019), 6.
20. T. W. Brown et al., "Response to 'Burden of Proof: A Comprehensive Review of the Feasibility of 100% Renewable-Electricity Systems," *Renewable and Sustainable Energy Reviews* 92 (2018): 834–47; Ben Elliston, Iain MacGill, and Mark Diesendorf, "Least Cost 100% Renewable Electricity Scenarios in the Australian National Electricity Market," *Energy Policy* 59 (August 2013): 270–82.
21. Kathryn Hopkins, "Fuel Prices: Iran Missile Launches Send Oil to $147 a Barrel Record," *The Guardian,* July 11, 2008, https://www.theguardian.com/business/2008/jul/12/oil.commodities (accessed March 23, 2019).
22. Gebisa Ejeta, "Revitalizing Agricultural Research for Global Food Security," *Food Security* 1, no. 4 (2018): 395, doi:10.1007/s12571-009-0045-8.
23. Jad Mouawad, "Exxon Mobil Profit Sets Record Again," *The New York Times,* February 1, 2008, https://www.nytimes.com/2008/02/01/business/01cnd-exxon.html (accessed March 24, 2019).
24. Gunnela Hahn et al., *Framing Stranded Asset Risks in an Age of Disruption,* Stockholm Environment Institute, March 2018, https://f88973py3n24eoxbq1o3o0fz-wpengine.netdna-ssl.com/wp-content/

uploads/2018/03/stranded-assets-age-disruption.pdf (accessed March 23, 2019), 14.
25. Ibid., 15, 12.
26. US Energy Information Administration, *Annual Energy Outlook 2019*, January 2019, https://www.eia.gov/outlooks/aeo/ (accessed March 24, 2019), 72.
27. Christopher Arcus, "Wind & Solar + Storage Prices Smash Records," CleanTechnica, January 11, 2018, https://cleantechnica.com/2018/01/11/wind-solar-storage-prices-smash-records/ (accessed March 23, 2019).
28. "Tumbling Costs for Wind, Solar, Batteries Are Squeezing Fossil Fuels," BloombertNEF, March 28, 2018, https://about.bnef.com/blog/tumbling-costs-wind-solar-batteries-squeezing-fossil-fuels/ (accessed March 23, 2019).
29. Gavin Bade, "'Eyes Wide Open': Despite Climate Risks, Utilities Bet Big on Natural Gas," *Utility Dive,* September 27, 2016, https://www.utilitydive.com/news/eyes-wide-open-despite-climate-risks-utilities-bet-big-on-natural-gas/426869/ (accessed March 24, 2019).
30. International Renewable Energy Agency, *A New World: The Geopolitics of the Energy Transition,* January 2019, https://www.irena.org/publications/2019/Jan/A-New-World-The-Geopolitics-of-the-Energy-Transformation (accessed March 23, 2019), 40.
31. Enerdata, "Natural Gas Production," *Global Energy Statistical Yearbook 2018,* https://yearbook.enerdata.net/natural-gas/world-natural-gas-production-statistics.html (accessed February 19, 2019).
32. Mark Dyson, Alexander Engel, and Jamil Farbes, *The Economics of Clean Energy Portfolios: How Renewables and Distributed Energy Resources Are Outcompeting and Can Strand Investment in Natural Gas–Fired Generation,* Rocky Mountain Institute, May 2018, https://www.rmi.org/wp-content/uploads/2018/05/RMI_Executive_Summary_Economics_of_Clean_Energy_Portfolios.pdf (accessed March 23, 2019), 6.
33. Ibid.
34. Ibid., 8–9.
35. Ibid., 10.

36. Enerdata, "Crude Oil Production," *Global Energy Statistical Yearbook 2018,* https://yearbook.enerdata.net/crude-oil/world-production-statitistics.html [*sic*] (accessed February 19, 2019).
37. Julie Gordon and Jessica Jaganathan, "UPDATE 5—Massive Canada LNG Project Gets Green Light as Asia Demand for Fuel Booms," CNBC, October 2, 2018, https://www.cnbc.com/2018/10/02/reuters-america-update-5-massive-canada-lng-project-gets-green-light-as-asia-demand-for-fuel-booms.html (accessed March 22, 2019).
38. "Coastal GasLink," TransCanada Operations, https://www.transcanada.com/en/operations/natural-gas/coastal-gaslink/ (accessed February 19, 2019).
39. Gordon and Jaganathan, "UPDATE 5."
40. Jurgen Weiss et al., *LNG and Renewable Power: Risk and Opportunity in a Changing World,* Brattle Group, January 15, 2016, https:// Brattle files.blob.core.windows.net/files/7222_lng_and_renewable_power_-_risk_and_opportunity_in_a_changing_world.pdf (accessed March 22, 2019), iii.
41. International Renewable Energy Agency, *A New World,* 40.
42. Weiss et al., *LNG and Renewable Power,* v.
43. Ibid., vi–viii.
44. Akshat Rathi, "The EU has spent nearly $500 million on technology to fight climate change – with little to show for it," *Quartz,* October 23, 2018, https://qz.com/1431655/the-eu-spent-e424-million-on-carbon-capture-with-little-to-show-for-it/ (accessed April 9, 2019). European Court of Auditors, Demonstrating Carbon Capture and Storage and Innovative Renewables at Commercial Scale in the EU: Intended Progress Not Achieved in the Past Decade, October 23, 2018, https://www.eca .europa.eu/Lists/ECADocuments/SR18_24/SR_CCS_EN.pdf (accessed May 10, 2019).
45. Vaclav Smil, "Global Energy: The Latest Infatuations," *American Scientist* 99 (May-June 2011), DOI: 10.1511/2011.90.212, 212.
46. Joe Room, "Mississippi realizes how to make a clean coal plant work: Run it on natural gas," *Think Progress,* June 22, 2017, https://thinkprogress.org/clean-coal-natural-gas-kemper-24e5e6db64fd/ (accessed April 5, 2019).

47. "Why aren't all commercial flights powered by sustainable fuel?" *The Economist*, March 15, 2018, https://www.economist.com/the-economist-explains/2018/03/15/why-arent-all-commercial-flights-powered-by-sustainable-fuel (accessed May 2, 2019).
48. Bioways, D2.1 Bio-based products and applications potential, May 31, 2017, http://www.bioways.eu/download.php?f=150&l=en&key=441a4e6a27f83a8e828b802c37adc6e1, 8–9.
49. Glenn-Marie Lange, Quentin Wodon, and Kevin Carey, eds., *The Changing Wealth of Nations 2018: Building a Sustainable Future* (Washington DC: World Bank, 2018), 103, http://hdl.handle.net/10986/29001.
50. Ibid., 14.
51. Lange, Wodon, and Carey, eds., *The Changing Wealth of Nations,* 111.
52. Lazard, "Lazard Releases Annual Levelized Cost of Energy and Levelized Cost of Storage Analyses," news release, November 8, 2018, https://www.lazard.com/media/450781/11-18-lcoelcos-press-release-2018_final.pdf (accessed March 22, 2019).
53. Ibid.
54. Bank of England, "PRA Review Finds That 70% of Banks Recognise That Climate Change Poses Financial Risks," news release, September 26, 2018, https://www.bankofengland.co.uk/news/2018/september/transition-in-thinking-the-impact-of-climate-change-on-the-uk-banking-sector (accessed March 19, 2019).
55. Task Force on Climate-Related Financial Disclosures, *Recommendations of the Task Force on Climate-Related Financial Disclosures,* June 2017, https://www.fsb-tcfd.org/wp-content/uploads/2017/06/FINAL-TCFD-Report-062817.pdf (accessed March 24, 2019), iii.
56. Ibid., ii, citing *Economist* Intelligence Unit, *The Cost of Inaction: Recognising the Value at Risk from Climate Change,* 2015, 41.
57. Task Force on Climate-Related Financial Disclosures, *Recommendations*, ii, citing International Energy Agency, "Chapter 2: Energy Sector Investment to Meet Climate Goals," in *Perspectives for the Energy Transition: Investment*

Needs for a Low-Carbon Energy System, OECD/IEA and IRENA, 2017, 51.

58. *Economist* Intelligence Unit, *The Cost of Inaction: Recognising the Value at Risk from Climate Change,* 2015, 17.

59. Task Force on Climate-Related Financial Disclosures, *2018 Status Report,* September 2018, https://www.fsb-tcfd.org/wp-content/uploads/2018/09/FINAL-2018-TCFD-Status-Report-092618.pdf (accessed April 23, 2019), 2.

60. Bloomberg Philanthropies, "TCFD Publishes First Status Report While Industry Support Continues to Grow," news release, September 26, 2019, https://www.bloomberg.org/press/releases/tcfd-publishes-first-status-report-industry-support-continues-grow/ (accessed March 24, 2019).

第五章 唤醒巨人：养老金打破沉默

1. Tom Harrison et al., *Not Long Now: Survey of Fund Managers' Responses to Climate-Related Risks Facing Fossil Fuel Companies,* Climate Change Collaboration and UK Sustainable Investment and Finance Association, April 2018, http://uksif.org/wp-content/uploads/2018/04/UPDATED-UKSIF-Not-Long-Now-Survey-report-2018-ilovepdf-compressed.pdf (accessed March 24, 2019), 5, 3; Felicia Jackson, "Three Risks That Are Haunting Big Oil," *Forbes,* April 26, 2018, https://www.forbes.com/sites/feliciajackson/2018/04/26/three-risks-that-are-haunting-big-oil/#335c06212739 (accessed March 29, 2019).

2. Thinking Ahead Institute, *Global Pension Assets Study 2018,* Willis Towers Watson, February 5, 2018, https://www.thinkingaheadinstitute.org/en/Library/Public/Research-and-Ideas/2018/02/Global-Pension-Asset-Survey-2018 (accessed March 23, 2019), 3, 5, 11.

3. International Trade Union Confederation, "Just Transition Centre," https://www.ituc-csi.org/just-transition-centre (accessed February 19, 2019).

4. Pension Rights Center, "How Many American Workers Participate in Workplace Retirement Plans?" January 18, 2018, http://www.pensionrights.org/publications/statistic/how-many-american-workers-participate-workplace-retirement-plans (accessed March 24, 2019).

5. *Congressional Record,* May 13, 1946, 4891–911.

6. Personal interview with William Winpisinger, July 18, 1977.
7. Nicholas Lemann, *The Promised Land: The Great Black Migration and How it Changed America* (New York: Vintage Books, 1992), 5.
8. Willis Peterson and Yoav Kislev, "The Cotton Harvester in Retrospect: Labor Displacement or Replacement?" University of Minnesota, Department of Agricultural and Applied Economics, Staff Paper P81-25, September 1991, 1–2.
9. Lemann, *The Promised Land,* 6.
10. Marcus Jones, *Black Migration in the United States: With Emphasis on Selected Central Cities* (Saratoga, CA: Century 21 Publishing, 1980), 46.
11. Wilson William Julius, *Declining Significance of Race,* 93; Thomas J. Sugrue, "The Structures of Urban Poverty: The Reorganization of Space and Work in Three Periods of American History," in *The Underclass Debate: Views from History,* ed. Michael Katz (Princeton: Princeton University Press, 1993), 102.
12. UAW data submitted to *Hearings before the United States Commission on Civil Rights,* held in Detroit, December 14–15, 1960 (Washington, DC: USGPO, 1961), 63–65.
13. John Judis, "The Jobless Recovery," *The New Republic,* March 15, 1993, 20.
14. Will Barnes, "The Second Industrialization of the American South," August 1, 2013, https://libcom.org/library/second-industrialization-american-south (accessed April 16, 2019).
15. Jeremy Rifkin and Randy Barber, *The North Will Rise Again: Pensions, Politics and Power in the 1980s* (Boston: Beacon Press, 1978), 7.
16. Ibid., 10–11.
17. Ibid., 11.
18. Ibid., 13.
19. Ibid.
20. Michael Decourcy Hinds, "Public Pension Funds Tempt States in Need," *The New York Times,* December 2, 1989, https://www.nytimes.com/1989/12/02/us/public-pension-funds-tempt-states-in-need.html (accessed February 28, 2019).
21. Owen Davis, "All Roads Lead to Wall Street," *Dissent Magazine,* October 16, 2018, https://www.dissentmagazine.org/online_articles/working-class-

shareholder-labor-activism-finance (accessed February 19, 2019).
22. Richard Marens, "Waiting for the North to Rise: Revisiting Barber and Rifkin after a Generation of Union Financial Activism in the U.S.," *Journal of Business Ethics* 52, no. 1 (2004): 109.
23. Ibid.
24. Richard Marens, "Extending Frames and Breaking Windows: Labor Activists as Shareholder Advocates," *Ephemera* 7, no. 3 (2007): 457, http://www.ephemerajournal.org/sites/default/files/7-3marens.pdf (accessed March 23, 2019).
25. "1,000+ Divestment Commitments," Fossil Free, https://gofossilfree.org/divestment/commitments/ (accessed March 15, 2019).
26. ICLEI, *New York City Moves to Divest Pension Funds from Billions of Dollars in Fossil Fuel Reserves,* 2018, http://icleiusa.org/wp-content/uploads/2018/09/NYC-Divestment-Case-Study-ICLEI-USA.pdf (accessed March 23, 2019), 9.
27. Oliver Milman, "New York City Plans to Divest $5bn from Fossil Fuels and Sue Oil Companies," *The Guardian,* January 10, 2018, https://www.theguardian.com/us-news/2018/jan/10/new-york-city-plans-to-divest-5bn-from-fossil-fuels-and-sue-oil-companies (accessed February 4, 2019).
28. City of New York, Community Development Block Grant Disaster Recovery, "Impact of Hurricane Sandy," https://www1.nyc.gov/site/cdbgdr/about/About%20Hurricane%20Sandy.page (accessed February 26, 2019).
29. Emily Cassidy, "5 Major Cities Threatened by Climate Change and Sea Level Rise," *The City Fix,* October 15, 2018, https://thecityfix.com/blog/5-major-cities-threatened-climate-change-sea-level-rise-emily-cassidy/ (accessed March 23, 2019).
30. ICLEI, *New York City Moves to Divest,* 13.
31. City of New York, *One New York: The Plan for a Just and Strong City,* 2015, http://www.nyc.gov/html/onenyc/downloads/pdf/publications/OneNYC.pdf (accessed March 23, 2019), 166.
32. Bill de Blasio and Sadiq Khan, "As New York and London Mayors, We Call on All Cities to Divest from Fossil Fuels," *The Guardian,* September 10, 2018,

https://www.theguardian.com/commentisfree/2018/sep/10/london-new-york-cities-divest-fossil-fuels-bill-de-blasio-sadiq-khan (accessed March 24, 2019).

33. Ibid.

34. Gail Moss, "Biggest US Pension Funds 'Must Consider Climate-Related Risks,'" *Investments & Pensions Europe,* September 3, 2018, https://www.ipe.com/news/esg/biggest-us-pension-funds-must-consider-climate-related-risks-updated/10026446.article (accessed March 23, 2019).

35. California State Legislature, "Bill Information," SB-964, Public Employees' Retirement Fund and Teachers' Retirement Fund: Investments: Climate-Related Financial Risk (2017–18), https://leginfo.legislature.ca.gov/faces/billStatusClient.xhtml?bill_id=201720180SB964 (accessed March 23, 2019).

36. Ibid.

37. California State Teachers' Retirement System, "CalSTRS at a Glance," fact sheet, January 2019, https://www.calstrs.com/sites/main/files/file-attachments/calstrsataglance.pdf (accessed February 26, 2019).

38. CalPERS, "CalPERS Board Elects Henry Jones as President, Theresa Taylor as Vice President," news release, January 22, 2019, https://www.calpers.ca.gov/page/newsroom/calpers-news/2019/board-elects-president-vice-president (accessed March 24, 2019).

39. Ivan Penn and Peter Eavis, "PG&E is Cleared in Deadly Tubbs Fire of 2017," *The New York Times,* January 24, 2019, https://www.nytimes.com/2019/01/24/business/energy-environment/pge-tubbs-fire.html (accessed March 4, 2019).

40. Rob Smith, "The World's Biggest Economies in 2018," World Economic Forum, April 18, 2018, https://www.weforum.org/agenda/2018/04/the-worlds-biggest-economies-in-2018/ (accessed March 23, 2019).

41. Patrick Collinson and Julia Kollewe, "UK Pension Funds Get Green Light to Dump Fossil Fuel Investments," *The Guardian*, June 18, 2018, https://www.theguardian.com/business/2018/jun/18/uk-pension-funds-get-green-light-to-dump-fossil-fuel-investments (accessed February 26, 2019).

42. Ibid.

43. United Kingdom, Department for Work & Pensions, *Consultation on*

Clarifying and Strengthening Trustees' Investment Duties: The Occupational Pension Schemes (Investment and Disclosure) (Amendment) Regulations 2018, consultation (2018), 19.

44. UNISON, *Local Government Pension Funds—Divest from Carbon Campaign: A UNISON Guide,* January 2018, https://www.unison.org.uk/content/uploads/2018/01/Divest-from-carbon-campaign.pdf (accessed March 23, 2019), 2.

45. Nina Chestney, "Ireland Commits to Divesting Public Funds from Fossil Fuel Companies," Reuters, July 12, 2018, https://www.reuters.com/article/us-ireland-fossilfuels-divestment/ireland-commits-to-divesting-public-funds-from-fossil-fuel-companies-idUSKBN1K22AA (accessed February 19, 2019).

46. Richard Milne and David Sheppard, "Norway's $1tn Wealth Fund Set to Cut Oil and Gas Stocks," *Financial Times,* March 8, 2019, https://www.ft.com/content/d32142a8-418f-11e9-b896-fe36ec32aece (accessed March 8, 2019).

47. Douglas Appell, "South Korean Pension Funds Declare War on Coal," *Pensions & Investments,* October 5, 2018, https://www.pionline.com/article/20181005/ONLINE/181009888/south-korean-pension-funds-declare-war-on-coal (accessed February 19, 2019).

48. Korea Sustainability Investing Forum, "Two Korean Pension Funds Worth US$22 Billion Exit Coal Finance," 350.org, October 4, 2018, http://world.350.org/east-asia/two-korean-pension-funds-worth-us22-billion-exit-coal-finance/ (accessed February 19, 2019).

49. Peter Bosshard, *Insuring Coal No More: The 2018 Scorecard on Insurance, Coal, and Climate Change,* Unfriend Coal, December 2018, https://unfriendcoal.com/2018scorecard/ (accessed March 23, 2019), 4–6.

50. Consumer Watchdog, "Top Ten U.S. Insurance Companies' Investment in Climate Change," https://www.consumerwatchdog.org/top-ten-us-insurance-companies-investment-climate-change (accessed March 18, 2019); Aon Benfield, *Weather, Climate & Catastrophic Insight: 2017 Annual Report,* http://thoughtleadership.aonbenfield.com/Documents/20180124-ab-if-annual-report-weather-climate-2017.pdf (accessed March 23, 2019), 30.

51. Vitality Katsenelson, "Stocks Are Somewhere Between Tremendously and Enormously Overvalued," *Advisor Perspectives,* October 30, 2018, https://www.advisorperspectives.com/articles/2018/10/30/stocks-are-somewhere-between-tremendously-and-enormously-overvalued (accessed February 19, 2019).

52. Pew Charitable Trusts, "The State Pension Funding Gap: 2015," April 20, 2017, https://www.pewtrusts.org/en/research-and-analysis/issue-briefs/2017/04/the-state-pension-funding-gap-2015 (accessed February 19, 2019).

53. Tom Sanzillo, "IEEFA update: 2018 ends with energy sector in last place in the S&P 500," Institute for Energy Economics and Financial Analysis, January 2, 2019, http://ieefa.org/ieefa-update-2018-ends-with-energy-sector-in-last-place-in-the-sp-500/ (accessed April 8, 2019).

54. Alison Moodie, "New York Pension Fund Could Have Made Billions by Divesting from Fossil Fuels—Report," *The Guardian*, March 4, 2016, https://www.theguardian.com/sustainable-business/2016/mar/04/fossil-fuel-divestment-new-york-state-pension-fund-hurricane-sandy-ftse (accessed February 19, 2019).

● 第六章 经济转型：新社会资本主义

1. Morgan Stanley Institute for Sustainable Investing, *Sustainable Signals: New Data from the Individual Investor*, 2017, https://www.morganstanley.com/pub/content/dam/msdotcom/ideas/sustainable-signals/pdf/Sustainable_Signals_Whitepaper.pdf (accessed March 23, 2019), 1.

2. Forum for Sustainable and Responsible Investment, "Sustainable Investing Assets Reach $12 Trillion as Reported by the US SIF Foundation's Biennial Report on US Sustainable, Responsible and Impact Investing Trends," news release, October 31, 2018, https://www.ussif.org/files/US%20SIF%20Trends%20Report%202018%20Release.pdf (accessed February 19, 2019).

3. George Serafeim, *Public Sentiment and the Price of Corporate Sustainability*, Harvard Business School Working Paper 19-044, 2018, https://www.hbs.edu/faculty/Publication%20Files/19-044_a9bbfba2-55e1-4540-bda5-8411776a42ae.pdf (accessed March 4, 2019); Nadja Guenster, Jeroen Derwall, Rob Bauer, and

Kees Koedijk, "The Economic Value of Corporate Eco-Efficiency," *European Financial Management* 17, no. 4 (September 2011): 679–704, doi:10.1111/j.1468-036X.2009.00532.x; Gordon Clark, Andreas Finer, and Michael Viehs, *From the Stockholder to the Stakeholder: How Sustainability Can Drive Financial Outperformance,* University of Oxford and Arabesque Partners, March 2015, https://arabesque.com/research/From_the_stockholder_to_the_stakeholder_web.pdf (accessed March 24, 2019).

4. Jessica Taylor, Alex Lake, and Christina Weimann, *The Carbon Scorecard,* S&P Dow Jones Indices, May 2018, https://us.spindices.com/documents/research/research-the-carbon-scorecard-may-2018.pdf (accessed March 23, 2019), 1.

5. Ibid.

6. Jonathan Woetzel et al., *Bridging Infrastructure Gaps: Has the World Made Progress?* McKinsey & Company, October 2017, https://www.mckinsey.com/industries/capital-projects-and-infrastructure/our-insights/bridging-infrastructure-gaps-has-the-world-made-progress (accessed March 24, 2019), 5; Jeffery Stupak, *Economic Impact of Infrastructure Investment,* Congressional Research Service, https://fas.org/sgp/crs/misc/R44896.pdf (accessed March 24, 2019), 1.

7. Ipsos, "Global Infrastructure Index—Public Satisfaction and Priorities 2018," 2018, https://www.ipsos.com/en/global-infrastructure-index-public-satisfaction-and-priorities-2018 (accessed February 27, 2019), 5.

8. Lydia DePillis, "Trump Unveils Infrastructure Plan," CNN, February 12, 2018, https://money.cnn.com/2018/02/11/news/economy/trump-infrastructure-plan-details/index.html (accessed February 27, 2019).

9. Ed O'Keefe and Steven Mufson, "Senate Democrats Unveil a Trump-Size Infrastructure Plan," *The Washington Post,* January 24, 2017, https://www.washingtonpost.com/politics/democrats-set-to-unveil-a-trump-style-infrastructure-plan/2017/01/23/332be2dc-e1b3-11e6-a547-5fb9411d332c_story.html?utm_term=.0c4ac52f5d8c (accessed February 27, 2019).

10. "America's Splurge," *The Economist,* February 14, 2008, https://www.economist.com/briefing/2008/02/14/americas-splurge (accessed February 27,

2019).

11. "The Interstate Highway System," History (TV network), May 27, 2010, https://www.history.com/topics/us-states/interstate-highway-system (accessed February 27, 2019).

12. KEMA, *The U.S. Smart Grid Revolution: KEMA's Perspectives for Job Creation*, January 13, 2009, https://www.smartgrid.gov/files/The_US_Smart_Grid_Revolution_KEMA_Perspectives_for_Job_Cre_200907.pdf (accessed April 3, 2019), 1.

13. "Why President Dwight D. Eisenhower Understood We Needed the Interstate System," U.S. Department of Transportation Federal Highway Administration, updated July 24, 2017, https://www.fhwa.dot.gov/interstate/brainiacs/eisenhowerinterstate.cfm (accessed April 3, 2019).

14. Electric Power Research Institute, Estimating the Costs and Benefits of the Smart Grid: A Preliminary Estimate of the Investment Requirements and the Resultant Benefits of a Fully Functioning Smart Grid, March 2011, https://www.smartgrid.gov/files/Estimating_Costs_Benefits_Smart_Grid_Preliminary_Estimate_In_201103.pdf (accessed March 24, 2019), 1–4.

15. Terry Dinan, Federal Support for Developing, Producing, and Using Fuels and Energy *Technologies*, testimony (Congressional Budget Office, March 29, 2017): 3 https://www.cbo.gov/system/files/115th-congress-2017-2018/reports/52521-energytestimony.pdf; David Funkhouser, "How Much Do Renewables Actually Depend on Tax Breaks?" Earth Institute at Columbia University, March 16, 2018, accessed March 28, 2019, https://blogs.ei.columbia.edu/2018/03/16/how-much-do-renewables-actually-depend-on-tax-breaks/.

16. *The Plug-In Electric Vehicle Tax Credit,* report (Congressional Research Service, November 6, 2018).

17. *United States Building Energy Efficiency Retrofits: Market Sizing and Financing Models*, report (The Rockefeller Foundation and Deutsche Bank Group, March 2012): 3.

18. Weiss, Jürgen, J. Michael Hagerty, and María Castañer, *The Coming Electrification of the North American Economy Why We Need a Robust*

Transmission Grid, report (The Brattle Group, 2019).

19. Justin Gerdes, "Political Breakthroughs Brighten Outlook for Germany's Grid Expansion," Green Tech Media, June 13, 2019, https://www.greentechmedia.com/articles/read/political-breakthroughs-brighten-outlook-for-germanys-grid-expansion#gs.m4clol (accessed June 13, 2019).

20. Elizabeth McNichol, *It's Time for States to Invest in Infrastructure,* Center on Budget and Policy Priorities, 2017, https://www.cbpp.org/sites/default/files/atoms/files/2-23-16sfp.pdf (accessed March 23, 2019), 5.

21. Jonathan Woetzel et al., *Bridging Infrastructure Gaps: Has the World Made Progress?* McKinsey & Company, October 2017, https://www.mckinsey.com/industries/capital-projects-and-infrastructure/our-insights/bridging-infrastructure-gaps-has-the-world-made-progress (accessed March 24, 2019), 5.

22. Jeffery Werling and Ronald Horst, *Catching Up: Greater Focus Needed to Achieve a More Competitive Infrastructure,* report to the National Association of Manufacturers, September 2014, https://www.nam.org/Issues/Infrastructure/Surface-Infrastructure/Infrastructure-Full-Report-2014.pdf (accessed March 12, 2019), 9.

23. Jeff Stein, "Ocasio-Cortez Wants Higher Taxes on Very Rich Americans. Here's How Much Money That Could Raise," *The Washington Post,* January 05, 2019, https://www.washingtonpost.com/business/2019/01/05/ocasio-cortez-wants-higher-taxes-very-rich-americans-heres-how-much-money-could-that-raise/?utm_term=.bcc9d21df1ca (accessed March 28, 2019).

24. "The World's Billionaires, 2018 Ranking," *Forbes,* https://www.forbes.com/billionaires/list/ (accessed March 5, 2019).

25. Kathleen Elkins, "Bill Gates Suggests Higher Taxes on the Rich—The Current System Is 'Not Progressive Enough,' He Says," CNBC, February 14, 2019, https://www.cnbc.com/2019/02/13/bill-gates-suggests-higher-taxes-on-those-with-great-wealth.html (accessed March 1, 2019).

26. Emmie Martin, "Warren Buffett and Bill Gates Agree That the Rich Should Pay Higher Taxes—Here's What They Suggest," CNBC, February 26, 2019, https://www.cnbc.com/2019/02/25/warren-buffett-and-bill-gates-the-rich-should-pay-

higher-taxes.html (accessed March 1, 2019).

27. American Society of Civil Engineers, *The 2017 Infrastructure Report Card: A Comprehensive Assessment of America's Infrastructure,*, https://www.infrastructurereportcard.org/wp-content/uploads/2017/01/2017-Infrastructure-Report-Card.pdf (accessed March 12, 2019), 7.

28. Adam B. Smith, "2017 U.S. Billion-Dollar Weather and Climate Disasters: A Historic Year in Context," NOAA, January 8, 2018, https://www.climate.gov/news-features/blogs/beyond-data/2017-us-billion-dollar-weather-and-climate-disasters-historic-year (accessed February 27, 2019).

29. Jeff Stein, "U.S. Military Budget Inches Closer to $1 Trillion Mark, as Concerns over Federal Deficit Grow," *The Washington Post,* June 19, 2018, https://www.washingtonpost.com/news/wonk/wp/2018/06/19/u-s-military-budget-inches-closer-to-1-trillion-mark-as-concerns-over-federal-deficit-grow/?utm_term=.1f2b242af129 (accessed February 27, 2019).

30. Congressional Budget Office, "Weapon Systems," https://www.cbo.gov/topics/defense-and-national-security/weapon-systems (accessed February 27, 2019).

31. "U.S. Defense Spending Compared to Other Countries," Peter G. Peterson Foundation, May 7, 2018, accessed March 27, 2019, https://www.pgpf.org/chart-archive/0053_defense-comparison.

32. Dana Nuccitelli, "America Spends over $20bn per Year on Fossil Fuel Subsidies. Abolish Them," *The Guardian,* July 30, 2018, https://www.theguardian.com/environment/climate-consensus-97-per-cent/2018/jul/30/america-spends-over-20bn-per-year-on-fossil-fuel-subsidies-abolish-them (accessed May 13, 2019); Janet Redman, *Dirty Energy Dominance: Dependent on Denial*, Oil Change International, October 2017, http://priceofoil.org/content/uploads/2017/10/OCI_US-Fossil-Fuel-Subs-2015-16_Final_Oct2017.pdf (accessed May 14, 2019), 5.

33. Ingo Walter and Clive Lipshitz, "Public pensions and infrastructure: A match made in heaven," *The Hill*, February 14, 2019, accessed March 27, 2019, https://thehill.com/opinion/finance/430061-public-pensions-and-infrastructure-a-match-made-in-heaven.

34. "Green Bank Network Impact Through July 2018," Green Bank Network, https://greenbanknetwork.org/gbn-impact/ (accessed April 19, 2019).
35. International Trade Union Confederation, *What role for pension funds in financing climate change policies?* May 23, 2012 (accessed April 19, 2019).
36. Devashree Saha and Mark Muro, "Green Bank Bill Nods to States," Brookings, May 20, 2014, https://www.brookings.edu/blog/the-avenue/2014/05/20/green-bank-bill-nods-to-states/ (accessed April 19, 2019). The text of the bill is at https://www.congress.gov/bill/113th-congress/house-bill/4522/text.
37. "Example Green Banks," Coalition for Green Capital, http://coalitionforgreencapital.com/green-banks/ (accessed April 19, 2019).
38. Chijioke Onyekwelu, "Will a National Green Bank Act Win Support?" Clean Energy Finance Forum, July 18, 2017, https://www.cleanenergyfinanceforum.com/2017/07/18/will-national-green-bank-act-win-support (accessed April 19, 2019).
39. PwC and GIAA, *Global Infrastructure Investment: The Role of Private Capital in the Delivery of Essential Assets and Services,* 2017, https://www.pwc.com/gx/en/industries/assets/pwc-giia-global-infrastructure-investment-2017-web.pdf (accessed March 23, 2019), 5.
40. Caisse de depot et placement du Quebec, "Construction of the Reseau express metropolitain has officially started," news release, April 12, 2018, https://thehill.com/opinion/finance/430061-public-pensions-and-infrastructure-a-match-made-in-heaven (accessed May 10, 2019).
41. Ingo Walter and Clive Lipshitz, "Public Pensions and Infrastructure: A Match Made in Heaven," *The Hill*, February 14, 2019, https://thehill.com /opinion/finance/430061-public-pensions-and-infrastructure-a-match-made-in-heaven (accessed May 13, 2019).
42. Attracta Mooney, "Pension Funds Crave More Infrastructure Projects," *Financial Times,* October 21, 2016, https://www.ft.com/content/a05fe960-95ec-11e6-a1dc-bdf38d484582 (accessed February 27, 2019).
43. Ibid.
44. David Seltzer, "Potential New Federal Policy Tools to Encourage Pension Fund

Investment in Public Infrastructure," lecture, National Conference on Public Employee Retirement Systems, San Francisco, September 11, 2017.

45. Maryland Energy Administration, *Guide to Energy Performance Contracting for Local Governments,* July 2014, https://energy.maryland.gov/Documents/FINAL EPCAPLocalGovernmentEPCGuide071014.pdf (accessed March 22, 2019).

46. Hawaii State Energy Office, "Pros & Cons of Guaranteed Energy Savings vs. Shared Savings Performance Contracts," fact sheet, February 2013, https://energy.hawaii.gov/wp-content/uploads/2012/06/Pros-and-Cons-of-guaranteed-vs.-shared-energy-savings-2013.pdf (accessed March 23, 2019).

47. Energy Charter Secretariat, "China Energy Efficiency Report: Protocol on Energy Efficiency and Environmental Aspects," International Energy Charter, 2018, 107; Energy Efficiency 2017, International Energy Agency report, 2017, 13.

48. Ibid., 108.

49. Ibid.

50. "Study: Climate change damages US economy, increases inequality," Rutgers University, public release, June 29, 2017, https://www.eurekalert.org/pub_releases/2017-06/ru-scc062317.php.

51. C.A. Dieter et al., *Estimated use of water in the United States in 2015: U.S. Geological Survey Circular 1441,* June 19, 2018.

52. California Energy Commission, *California's Water-Energy Relationship, Final Staff Report,* November 2005.

53. Environmental Protection Agency, *Energy Efficiency in Water and Wastewater Facilities: A Guide to Developing and Implementing Greenhouse Gas Reduction Programs,* August 2, 2014, 1; *Statewide Assessment of Energy Use by the Municipal Water and Wastewater Sector. Final Report 08-17,* New York State Research November 2008.

54. Tom Machinchick and Benjamin Freas, *Navigant Research Leaderboard: ESCOs: Assessment of Strategy and Execution for 14 Energy Service Companies,* Navigant Research, 2017, 11.

● 第七章 动员社会：拯救地球上的生命

1. European Commission, *Communication from the Commission to the European Parliament, the European Council, the Council, the European Economic and Social Committee, the Committee of the Regions, and the European Investment Bank: A Clean Planet for All—A European Strategic Long-Term Vision for a Prosperous, Modern, Competitive, and Climate Neutral Economy,* November 28, 2018, 5.
2. "7th European Summit of Regions and Cities," European Committee of the Regions, https://cor.europa.eu/en/events/Pages/7th-European-Summit-of-Regions-and-Cities.aspx (accessed April 4, 2019).
3. Jeremy Rifkin, "A History of the Future—The World in 2025," lecture, European Central Bank, Frankfurt, January 31, 2019, https://www.youtube.com/watch?v=TUVeg-x9Za4&t=1s (accessed March 24, 2019).
4. "Investing in Europe: Building a Coalition of Smart Cities & Regions," European Committee of the Regions, https://cor.europa.eu/de/events/Pages/Investing-in-Europe-building-a-coalition-of-smart-cities--regions.aspx (accessed March 1, 2019).
5. European Commission, "The Commission Calls for a Climate Neutral Europe by 2050," news release, November 28, 2018, https://ec.europa.eu/clima/news/commission-calls-climate-neutral-europe-2050_en (accessed February 27, 2019).
6. European Commission, *Communication from the Commission,* 4.
7. Ibid., 5.
8. Ibid.
9. Jeremy Rifkin, *The Empathic Civilization* (New York: Tarcher/Penguin, 2009).
10. Laura He, "China is plugging pension hole by tapping into US$25 trillion in equity in state-owned enterprises," *South China Morning Post,* May 21, 2019, https://www.scmp.com/economy/china-economy/article/3010678/china-plugging-pension-hole-tapping-us25-trillion-equity (accessed August 19, 2019).
11. "China says will guarantee pensions amid warnings of funds drying up," *Reuters,* April 23, 2019, https://www.reuters.com/article/us-china-economy-

pension/china-says-will-guarantee-pensions-amid-warnings-of-funds-drying-up-idUSKCN1S001M (accessed August 19, 2019).

12. Laura He, "China is plugging pension hole by tapping into US$25 trillion in equity in state-owned enterprises," *South China Morning Post*, May 21, 2019, https://www.scmp.com/economy/china-economy/article/3010678/china-plugging-pension-hole-tapping-us25-trillion-equity (accessed August 19, 2019).

13. Ibid.

14. "China issues green bonds worth $31.2b in 2018," *Xinhua*, February 28, 2019, http://www.chinadaily.com.cn/a/201902/28/WS5c777243a3106c65c34ebf4c.html (accessed August 19, 2019).

15. Wang Yao and Simon Zadek, *Establishing China's Green Financial System: Progress Report*, The International Institute of Green Finance and UN Environment, 2017, 13.

16. Howhow Zhang and James Harte, "China Pensions Outlook: Evolution, diversification and convergence" KPMG report, 2017, 4.

17. "About the Green Bank Design Summit 2019," Green Bank Design Summit, https://greenbankdesign.org/about-the-gbds-2019/, (accessed June 25, 2019).

18. United Nations Industrial Development Organization (UNIDO). YouTube. November 29, 2011, https://www.youtube.com/watch?v=wJYuMTKG8bc, (accessed May 06, 2019).

19. Frankfurt School of Finance & Management, *Global Trends in Renewable Energy Investment 2018*, April 2018, http://www.iberglobal.com/files/2018/renewable_trends.pdf (accessed June 12, 2019), 11.

20. The International Energy Agency, "Energy Access Outlook 2017," report, October 19, 2017, https://www.iea.org/access2017/ (accessed June 17, 2019),11.

21. U.S. Department of Education, National Center for Education Statistics, Higher Education General Information Survey (HEGIS), "Table 303.70. Total undergraduate fall enrollment in degree-granting postsecondary institutions, by attendance status, sex of student, and control and level of institution: Selected years, 1970 through 2026", table, February 2017, https://nces.ed.gov/programs/digest/d16/tables/dt16_303.70.asp (accessed June 25, 2019).

22. Nargund, Geeta, "Declining birth rate in Developed Countries: A radical policy re-think is required." *Facts, views & vision in ObGyn* vol. 1,3 (2009), https://www.ncbi.nlm.nih.gov/pmc/articles/PMC4255510/, (accessed June 15, 2019), 191-193.
23. Arman Aghahosseini, Dmitrii Bogdanov, Larissa S.N.S. Barbosa, and Christian Breyer, "Analysing the Feasibility of Powering the Americas with Renewable Energy and Inter-regional Grid Interconnections by 2030," *Renewable and Sustainable Energy Reviews* 105 (2019): 187–204, doi:10.1016/j.rser.2019.01.046.
24. Arturs Purvin et al., "Submarine Power Cable Between Europe and North America: A Techno-economic Analysis," *Journal of Cleaner Production* 186 (2018): 131–45, doi:10.1016/j.jclepro.2018.03.095.
25. Lappeenranta University of Technology and Energy Watch Group, *Global Energy System based on 100% Renewable Energy - Power, Heat, Transport and Desalination Sectors*, March 2019, I – VII.
26. Ibid, foreword.
27. Kerstine Appun, Felix Bieler, and Julian Wettengel, "Germany's Energy Consumption and Power Mix in Charts," *Clean Energy Wire*, February 6, 2019; Rob Smith, "This Is How People in Europe Are Helping Lead the Energy Charge," World Economic Forum, April 25, 2018, https://www.weforum.org/agenda/2018/04/how-europe-s-energy-citizens-are-leading-the-way-to-100-renewable-power/ (accessed March 5, 2019).
28. Edith Bayer, *Report on the German Power System, Version 1.2,* ed. Mara Marthe Kleine, commissioned by Agora Energiewende, 2015, 9.
29. "State Renewable Portfolio Standards and Goals," National Conference of State Legislatures, February 1, 2019, accessed March 27, 2019, http://www.ncsl.org/research/energy/renewable-portfolio-standards.aspx.
30. Brad Plummer, "A 'Green New Deal' is Far From Reality, but Climate Action is Picking Up in the States," *The New York Times*, February 8, 2019, accessed March 27, 2019, https://www.nytimes.com/2019/02/08/climate/states-global-warming.html.

31. Ibid.
32. Tom Machinchick and Benjamin Freas, *Navigant Research Leaderboard: ESCOs: Assessment of Strategy and Execution for 14 Energy Services Companies,* Navigant Research, 2017, 7.
33. TIR Consulting Group, "Office of Jeremy Rifkin," https://www.foet.org/about/tir-consulting-group/ (accessed February 19, 2019).
34. "'The New Abnormal:' Gov. Brown Warns of 'Changed World' as Fires Ravage California," CBS Los Angeles, November 11, 2018, https://losangeles.cbslocal.com/2018/11/11/gov-brown-abnormal-fire/ (accessed February 19, 2019).